点亮童年

党旗下的100个教育故事

DIANLIANG TONGNIAN

DANGQIXIA DE 100GE JIAOYU GUSHI

崇文教育集团党委 编

吉林大学出版社
·长春·

《点亮童年》编委会

主　　任：俞国娣

副 主 任：葛娟飞

编　　委：葛娟飞　何慧玲　谭鹏飞　吴丽明　鲁哲清
　　　　　楼说行　邵建辉　谢　莹　孙晓燕　吕　娟

序

梅雨季,夏暑至;绿荫浓,风荷举。

与扑面而来的夏天气息一道的,是六月最美的风景。那风景,是夏风拂过故乡田野的麦香;那风景,是孩子脸上绽放的纯真笑颜;那风景,是莘莘学子扬帆起航的梦想。

孩子的成长总是很快,岁月的雕刻机在人像上循序渐进,牙牙学语的孩童转眼长成挺拔的少年。我常常感叹:时间都去哪儿了?幸运的是,在此刻,我遇见了崇文党员的100个育人故事。在历史的河流里,党员老师们用自己的文字留下了参与的痕迹。

细细翻看这本教育故事集,一种难以遏制的欣喜与感动一直在我的心底流淌。欣喜的是,我看到了崇文老师们在不断向上生长;感动的是,我再一次近距离触摸到了党员教师们"润物细无声"的付出。一个个鲜活的故事,印证着老教师们在教育理念上的顿悟以及在艺术技巧上的日臻完美,书写着年轻老师们的激情与热爱,把教育观念的自发变成自觉。

时间是留给有心人的,它会在勤勉人的面前留下注脚。我们的党员教师们啊,无论在哪个岗位上,都那么兢兢业业、任劳任怨、乐于奉献,永远和学生风雨同行;都那样默默地在三尺讲台上奉献着青春和热血;都那样默默地俯身倾听着每一朵花开的声音。

一遍遍读着这些故事,我在想,这样的敬业和勤奋源自哪里?

应该是源于党员老师们对生活的热爱。热爱每一个黄昏和朝霞,感谢每一次遇见,用灿烂的微笑迎接温润的时光。

应该是源于党员老师们对生命的敬畏。生命有其内在的生长力量。教育的过程,是生长,而非加工。他们给予孩子充分的信任,因为每个孩子都是善良的,每个孩子都希望得到爱、尊重与鼓励。他们对待孩子宽严有度,真正地站在孩子的立场去想问题,让孩子感受到老师发自内心的关心。他们相信"有教无类",每个孩子都是具体的、不一样的,成长的"花期"各有不同。

应该是源于党员老师们不断的学习,向书本学习、向同行学习、向经验学习、向家长学习、向学生学习。因为学习,让激励、唤醒、鼓舞成了真正的教育行为。

想及此,我眼眶湿润,想起了一句话:眼因多流泪水而愈见清明,心因饱经忧患而愈益温厚。

是为序。

曹 婕

2021年5月

目 录

第一篇　闪亮童年·制造五彩的烂漫时光

一封特殊的回信	王　婷 / 002
我的猪比你老	江彩邦 / 006
一个学生就是一个班级	许幼芳 / 009
每块石头都有自己的故事	顾云涛 / 012
最灿烂的笑	李　雪 / 017
"我终于戴上红领巾了！"	滕飞燕 / 020
他的蚂蚁币这么少，如何买到密码本？	顾丽英 / 023
人小鬼大	李　慧 / 026
你就是"队"的人	赵　怡 / 029
我的动感中队	祝淑萍 / 032

第二篇　师者大爱·用爱唤醒情感与智慧

因为相信，所以看见	章　晨 / 036
"哑巴"开口	孟　君 / 039
带一罐蜜糖，敲响你的门	吴　静 / 042
抄写本上的"精彩留言"	王心蔚 / 045
"钓鱼"记	钟家齐 / 047
一方舞台，绽放你的精彩	黄文婕 / 050

用爱心照亮月亮背后的世界	吕　娟 / 053
"小捣蛋"有了新形象	郑多闻 / 056
小小"饭团"　大大的爱	孟晓鸽 / 059
用沟通"烹饪"鸡米花	楼家权 / 062
欢声笑语是童年最美妙的乐章	范相旺 / 065
打动学生，方能引导学生	孙佳伦 / 068
一根盐津条的"味道"	徐　燕 / 070
宝贝，午安！	彭秋玲 / 073
爱，带来阳光	忻　菁 / 075
老师，能帮我画个怪盗基德吗？	高晓妍 / 077
悦纳的幸福	雷文科 / 080
倾听成长拔节的声音	施娇娥 / 083
我爱上幼儿园！	许雯晴 / 086
她的烦恼	陈　菲 / 089
"小胖"变形记	费春梅 / 091

第三篇　师生共长·成就最好的自己

借"健康墙"疏通心结　让"真心话"撬动成长	庄锋迪 / 094
听见你的声音	周露瑶 / 097
尊重，从放手开始	郁　晨 / 100
爱，是不能忘记的	郑裕琳 / 103
与你同行，彼此照亮	朱　军 / 106
夸奖是甜的	杜　磊 / 109
成为更好的自己	方雪瑶 / 112
童年的保护色	王芷君 / 115
心与心的叩击	季主怡 / 118

点亮你心中的灯火	董瑞欣 / 121
烈日下的足球小子	杨　豪 / 124
小改变，大转变	叶贞芹 / 127
是学生，也是老师	方媛媛 / 130
教孩子好好告别	徐　岚 / 132

第四篇　教师信仰·每一个孩子都值得尊重

尊重差异，激发潜能	谭鹏飞 / 136
爱的味道	王淑馨 / 139
孩子，你要永远相信光！	朱　良 / 142
在未来空间里，成就"小创客"	费　杰 / 145
因为有爱，所以不寂寞	邱　烁 / 148
"看见"孩子	虞冬玥 / 151
最好的同桌，最好的自己	陈淑霞 / 154
"明天你来取班牌"	范慧楚 / 157
小毛的"天才十分钟"	孙启隆 / 160
我不敢跳……	周碧云 / 163
一次"偷懒"的跑步	邱　胜 / 167
一次群聊的危机	陈　翚 / 169
无言的"小确幸"	陈　晓 / 172
方寸之间	张　旭 / 175
"藏在心里"的叹息	陈亦善 / 178
"慢慢"成长	吴　讷 / 181
做开心果园的快乐园丁	陈乂进 / 184
"声"入人心	项镇南 / 187
"你是一颗独特的星"	朱　蕾 / 190

第五篇　锐意课改·专业自成高格

"新班级教育"研究伴我成长	何慧玲 /	194
孰红花孰绿叶	张银香 /	197
窗台上的水仙花	孙云飞 /	200
双语记者不好当	宋　畅 /	203
小孩也要"面子"	李丽生 /	206
"小结巴"变形记	孙旻晗 /	210
红井水，润我心	章　燕 /	213
家乡长成什么样	李　梦 /	216
生活就是一堂美术课	刘　娟 /	219
小贴纸的大作用	位　爽 /	222
一个看上去不可能完成的任务	吴燕婷 /	225
我想做一个"生意人"	凌　楠 /	228
居家就不能学习吗？	鲁君文 /	231
这样学英语，我喜欢	曾敏芳 /	234
英雄画像	马亚丹 /	237
"挎"越障碍	周　健 /	240

第六篇　家校钮联·携手迈向同一个地方

为了你我曾经的约定	葛娟飞 /	244
照亮学生前行的路	汪小莉 /	247
我与"小哪吒"的故事	孙晓燕 /	251
爸爸在这儿	陈逸青 /	255
"百灵鸟"的故事	朱　莎 /	258

爱的秘密计划	张　婷	/ 261
架起心灵的桥梁	沈晓红	/ 264
美好，总会悄然而至	徐　聪	/ 268
战胜困难就是超越自我的起点	郭　祥	/ 271
看到你笑，我很幸福	吴凌放	/ 274
做孩子心灵的守护者	邹静雯	/ 277

第七篇　血色青春·青春是用来奋斗的

用青春书写崇文故事	曹林方	/ 280
坚　守	罗　靓	/ 283
做一颗不生锈的螺丝钉	吴丽明	/ 286
35节微课的故事	鲁哲清	/ 289
对爱的领悟	储　梅	/ 292
我的幸福教育梦	何旭业	/ 295
努力一小步，梦想一大步	吴　芳	/ 298
品书香之韵，沐红色之光	贺　文	/ 301
从一至百，成长蜕变	徐　赛	/ 303
后　记		/ 306

第一篇
闪亮童年·制造五彩的烂漫时光

捏个泥巴、敲个石头，铺满童年的道路；

蚂蚁币、动感中队，书写着小时代的创意生活；

挂上红领巾、参选大队委，一步一个脚印留下成长的汗水；

一场比赛的逆袭、一名队员的逆流而上，装点斑斓的回忆；

给学校提建议、为城市写倡议，小主人闪亮登场！

缤纷童年，治愈一生。

点亮童年

一封特殊的回信
——理想信念常在我心

王 婷

"习伯伯来信了!"

"习伯伯来信了!"

小海燕们一片沸腾!望着他们兴奋的小脸,雀跃的身姿,我也按捺不住内心的激动,回忆起践行环保的点点滴滴。

时间回到2006年。

当时,校内我们开展了丰富多彩的环保学习、调查、实践活动,小海燕们对环保实践自信满满,取得了丰硕的成果。

但是,校外却不尽人意。在一次队会中,小海燕们议论道:"大人们乱扔垃圾、随地吐痰,甚至有人还把塑料袋扔在杭州的饮用水源——贴沙河。但当我们对他们进行规劝的时候,他们理都不理。怎么才能够让大人们也和我们一样呢?"

大伙儿一筹莫展,队会一下子安静了!过了许久,传来一个声音,"我们给省委书记习伯伯写封信吧!他到我们学校参观指导过,请他出出点子吧!"

小海燕们的眼睛瞬间亮了!信,一气呵成。

仅仅隔了一周,一个阳光明媚的早上,恰逢第37个世界地球日,一封来自浙江省委办公厅的EMS邮件送到了俞国娣校长的办公室，这封邮件里装的就是习伯伯的回信！全校沉浸在一片喜悦之中，俞国娣校长向全校师生郑重地宣读了这封信。大伙认真倾听信中的一字一句，每个人的眼睛里都闪着光。

"走节约资源，保护环境之路，使人与自然永远和谐相处"是责任，更是使命！

2008年，我们中队被评为全国李四光中队。作为浙江唯一的中队代表，少先队员们赴北京参加表彰活动。环保成为班级的标志，我肩上的责任更大了。这一年，我又新推出了许多具体的环保活动，将环保教育进行到底。

我善于积累生活中细细碎碎的一些物品，并且在后续的活动中，将这些"宝贝"稍加制作，就又可以成为再次利用的好物件，既环保又高效。所以，很多在大家眼里不起眼的东西，都成了我的"宝贝"。每次换教室时，我要搬运的东西就特别多。记得有一次在搬教室的时候，我还被同事拍下一张"搬运阿姨"的照片。我通过这些实际的行动，来真正感染少先队员。

从每天的"低碳百米上学路""光盘行动"，到每周的"废纸换图书"和每年的"红领巾跳蚤市场""校服接力"，我们一直坚持不懈。爱心基金积少成多，我们以"崇文小海燕"的名义用于图书购买、梭梭树捐种等公益活动。十多年来，爱心基金在民勤县收获了一片独特的"崇文林"，这片绿意盎然的树林，为改善沙漠生态环境尽了一份力。我们为山区学校，援建了11个崇文书院图书馆。"冬日暖阳活动"我们将衣物、文具、图书循环使用，送至西藏那区、四川凉山等地，为那边的小伙伴们送去了温暖。

小海燕们年龄虽小，我仍然努力培养他们参政议政的主人翁意识。学校首届少代会，队员们提出了为校园添彩，为地球减负的少先队创新提案。这些提案包括直饮水的使用，学生校园绿化责任地的认养，设立废旧电池筒等提案，件件聚焦环保问题。"全国新时代好少年"俞果同学，还利用生活中不起眼的闲置物品进行发明创造，获得了"袜子固定器"和"多用挂钩"的国家实用新型专利。

　　善待地球就是善待我们自己,珍惜资源就是珍惜我们国家和民族的前途。我们对学校和自己生活的社区开展了垃圾分类的调查,在"垃圾分类,从我做起"的主题队会中,向全体少先队员以及身边的人发起垃圾分类的宣传倡议。在运动会开幕式上,队员们穿起自己制作的环保服装,进行了环保服装秀。毕业班画展也是环保主题,队员们在泡沫球上精心绘制了环保画,来宣传环保。

　　2018年,我们开展了难忘而又特殊的毕业旅行——安吉余村行。5月的余村"云青青兮欲雨,水澹澹兮生烟",人和自然和谐共处,共同发展。队员们从心里涌出热爱家乡的强烈情感。在那里,他们看到了总书记"绿水青山就是金山银山"的谆谆教导,明白了"善待地球就是善待我们自己"这句话的真正含义!

　　2020年疫情,同学们在家上网课,虽然师生只能在线上交流,但我们同样可以将环保践行到底。我在一对一个别辅导时,向学生提出"争做环保小达人"活动倡议,引导学生们在参加家务劳动、学习掌握生活技能的同时,不断思考,不断发现环保、高效的生活小窍门。我鼓励学生们把自己发现的生活环保小妙招通过照片、绘画、视频等各种形式分享到班级群,激发大家更多的灵感,调动大家的积极性,更好地倡导环保、低碳、高效的生活方式。此外,我们还通过"空中课堂"的围圈分享、班级圈、兴趣小组等形式来进一步增强同学之间的互动。通过家校协同,小手拉起大手,使得孩子和家长相互促进,引导全社会更好地来践行环保。

　　我还以节日为契机,开展一系列班级"环保"主题特色活动。如"学雷锋日"的小海燕爱心跳蚤市场;"植树节"的"喜迎建党百年,种下希望之树"四叶草中队亲子植树活动;"世界水日"引导身边的小伙伴用杯子接水喝;"世界气象日"参观浙江省气象防灾减灾中心"我是气象小主播"活动;"爱鸟周"的爱鸟护鸟嘉年华——"我为小鸟做个窝";"世界地球日"地球一小时;"世界无烟日"的"爸爸(爷爷、叔叔)别再抽烟啦"宣传活动;"世界环境日"的垃圾分类宣传活动；"世界防治荒漠化和干旱日"的"钉钉线上种树活动"等一系列环保主题节日活动。

我们，从每一件小事做起，哪怕只是小小的举动，我们都躬体力行。5年，10年，20年，甚至更久，我们都坚持始终如一。

前不久，在第52个世界地球日到来之际，我们的杨帆老师受自然资源部邀请，赴京参加了"弘扬李四光精神暨纪念第52个世界地球日座谈会"。我也和李四光中队一起参加了浙江省自然资源厅在杭州西溪国家湿地公园举行的纪念第52个世界地球日浙江主场活动。我不禁又一次重读总书记的回信：

"善待地球就是善待我们自己，珍惜资源就是珍惜我们国家和民族的前途，持续发展就是为我们的子孙后代创造良好的发展环境和条件。在浙江这片美丽的充满生机和活力的沃土上，需要每一个人都来珍惜每一片森林、每一条江河、每一寸土地、每一座矿山，走节约资源、保护生态环境的建设之路，使人与自然永远和谐相处……"

总书记要求我们通过各种活动，节约资源，保护环境，为营造人人保护资源和环境的良好氛围，为浙江的生态省建设，为建设资源节约型和环境友好型社会，贡献自己的力量。我们一定会不忘初心，把习总书记的嘱托牢记心中，让"李四光中队"的这把火炬代代相传，坚定不移动地将环保进行到底！

点亮童年

我的猪比你老

江彩邦

又一次陶艺课开始了，一二年级的小朋友背着书包叽叽喳喳进入陶艺厅。放下书包就迫不及待冲向我，"老师，老师，今天做什么呀？""哇，我好开心，又要跟小泥巴见面了"……随着上课铃声响起，我和孩子们围着桌子一一坐下。

随着孩子们急不可耐的眼神，我拿起泥巴先搓了一个球，孩子们目光炯炯地盯着我手里的泥巴逐渐变化，从圆到扁，加上了长长的鼻子，水滴形的耳朵，再用工具刻上眼睛，孩子们异口同声地说"哇！今天做小猪哎！""老师，还应该加上猪的打卷的细尾巴呢"。这群小可爱们马上跃跃欲试，我继续说"同学们，今天我们不仅每位同学要完成一只与众不同的小猪，而且还要小组合作，把你们组'所有的猪'有趣地摆在桌上。"

孩子们兴奋地拿起小泥巴，搓着泥球、黏上泥片开始创作属于他们的猪了，有的身体肥硕，有的头上戴上了蝴蝶结，有的是小小猪……边做边你一句我一言小组内"策划"等下如何摆放"猪"。看着热火朝天的陶艺厅，我沾沾自喜，孩子们一直喜欢陶艺课，拿到泥就兴奋，每次午休时间总有"爱泥人士"三两一群进行自由创作，陶艺公园更是孩子们饭后消食的必去打卡点。看样子今天的题材泥塑小猪同样合他们的胃口。

忽然，一个刺耳的声音钻入我的耳朵"不行！我的猪比你老……"我迅速走向事发组,发现小Z和小Y两位男生面红耳赤。小Z此时正挣扎着把自己的"猪"从"猪猪队伍"中拿出来,放在另一只"猪"的前面。此时,小Y大叫一声"不行"立刻把"猪"放回队伍原位。我看着怒气冲冲的两位争执者,听着同伴们的一阵阵暖心安慰,终于明白,原来这一组的同学在每人完成"猪"后,讨论决定把他们创作的泥塑猪按照年龄大小进行排列,作品名称为"大猪带小猪"呈现小组作品。小Z和小Y两位小男生就因为自己创作的"猪"放在队伍的前后而争论不休。

看着如此投入的两位同学,为了让自己的猪在"年纪老"上更胜一筹,不断地向其他同伴摆事实:"你们看,我的猪额头上有皱纹!""哼,我的猪就是比你的老,身体都长得比你的大这么多!"争论声吸引了其他组的很多小观众,众说纷纭!

我灵机一动,马上招呼所有的孩子静下来,说道:"为了做一位公平的裁判,我们首先应该来确认一下从哪些特征可以断定猪的年龄?"一位同学说:"当然是大小啊,小猪身体小,年龄大一点的猪肯定身体会大一点。"另一位马上补充:"我们可以从动作上来断定,年龄小的猪肯定调皮好动!"为了增加难度,我故意为难地拿起两种体型和动作都比较相似的"猪",问道:"那这两只像双胞胎的小猪,我们又该怎么区分它们的年龄呢?"同学们瞬间静了下来,忽然有一位小姑娘举起了手,奶声奶气地说"上周,'大手拉小手'参观校园时,六年级的姐姐带我参观陶艺展厅,姐姐给我介绍的一件陶艺作品,其中鸡妈妈和鸡宝宝,可爱的鸡宝宝嘴上有奶嘴,我也想给其中一只猪的嘴上加上奶嘴。"受到她的启发,马上更多的小朋友举起了手"我可以把其中一只小猪放在猪妈妈的身边,体现她在妈妈这里撒娇呢。""我可以让其中一只背上书包。""……"

显然,在大家的讨论中,从原先如何让自己创作的猪与众不同直接缩小至"如何体现猪的不同年龄"。刚刚那两位争执的男生小Z和小Y也若有所思地静了下来,拿起自己的猪准备再加工。

为了让孩子们在新问题情境中进行更多的同伴交流,同时激发新的合作创意,我马上提出新的合作建议:"同学们,每一组能否升级挑战任务。根据小组内创作的不同年龄的猪,讨论一下,这些不同年龄的猪在一起可能会发生什么故事呢?请再次合作进行表现,加油!"说干就干,孩子们立马拿起泥巴,"修一修""添一添""摆一摆",有的组把不同年龄的猪创意成了其乐融融的"猪猪一家";有的是"我有弟弟了"……刚刚"我的猪比你老"争执组,出现了一只戴着老花镜,拄着拐杖,满脸皱纹的猪大爷,原来他们组表现的是"猪爷爷我们来扶您"。

听着孩子们介绍着不同猪的年龄,以及不同的故事,大家都乐开了花!

第二天的"消食"时间,陶艺公园一如既往地人丁兴旺,有的继续在观赏仿佛永远也看不够的陶艺作品;有的跟伙伴手拉手穿梭在作品与小树迷宫之间;还有一群资深"爱虫"人士,继续在翻着陶艺作品下的几块草皮,抓各种虫子,因为他们坚信"学校的虫子也喜欢与陶艺为伍"。而此时,我发现一旁的陶艺展厅却比往常热闹很多,在一排展示柜面前摇晃着好多个小脑蛋。我还惊讶地发现了昨天为"猪的年龄"争论不休的小Z和小Y,糟糕,莫非今天他们又在为了什么开始争执?一阵紧张,我得赶紧去"救火"!

"你们看,那只剑龙肯定是宝宝,它回头在喊边上的妈妈呢。"小Z对着边上的同学自信地说道。一旁的小Y频频点头认同,"绝对是的!你们看那边那只暴王龙绝对是这里的恐龙王,看它那眼神就知道,而且它正在张大嘴怒吼呢。"一旁的同学在他们的指点下,你一言我一语继续着他们"恐龙园"探秘……看着眼前这画面,原来是我虚惊一场。

一个学生就是一个班级

许幼芳

五月的早晨,温暖的阳光透过窗外的大树,在80方大教室里洒下斑驳的亮黄色;同学们坐得笔挺,双手捧着《经典诵读》,全神贯注;语文老师漫步同学之间,领着同学们铿锵有力地诵读:

"怒发冲冠,凭栏处、潇潇雨歇。抬望眼、仰天长啸,壮怀激烈。三十功名尘与土,八千里路云和月。莫等闲、白了少年头,空悲切……"

"唰——"一架草稿纸折成的纸飞机突然飞到了后讲台。

不想打断老师和同学们浪漫而富有激情的早读课,在后讲台批作业的我使劲儿寻找这个始作俑者。终于,发现了低头的YHH同学,他正撕下一张纸,快速地折第二架纸飞机,眼看就要折好了,准备抛出……

我真想一个箭步冲上去,夺下他手里的纸飞机,再狠狠地批他一顿;耳边突然响起了陶行知先生的《教师歌》:

来!来!来!
来到小孩子的队伍里,
发现你的小孩。
你不能教导小孩,
除非是发现了你的小孩。

点亮童年

……

除非是了解了你的小孩。

除非是解放了你的小孩。

除非是相信了你的小孩。

除非是变成了一个小孩。

发现、了解、解放、信仰一个小孩,我都做到了吗?

我可以尝试变成他吗?

不,还没有!

我下决心要读懂这个孩子。

悄悄走上前去,从他手中轻轻取下纸飞机,我拍拍他的背,凑近耳朵对他说:"这么漂亮的纸飞机,先借老师研究一下,早读结束后,你教我折好吗,现在好好早读哦!"

YYH愣了一下,拿起了经典诵读课本。

这个名叫YYH的男孩子,一年级开始就喜欢上课翘凳子、折飞机。一听见铃声,就跑出教室玩耍,不愿意写作业。2020年,新冠疫情控制后返校,学校进行心理筛查,他的高抑郁、高焦虑和强"伪装性"成为学校特别关注的"特需生"。疫情期间的不自律,让他的学业成绩和交往能力明显下降,和之前相比,他漠视所有的学习活动,对老师的评价置若罔闻,对作业和成绩毫不关心,不仅课堂上折纸飞机,还公然在课堂上扔纸飞机。

崇文是全国第一所专门为小班化教育设计建造的学校,每班班额不超过30人。在这样的小班中,怎能让一个学生明显"掉队"呢?我和自己说:要不把YYH同学当作一个班级来教吧,以前是30人的一个班级,现在只不过是29人的一个班级和1人的一个班级进行复式教学罢了。

说做就做,我开始为他认真地设计学习计划,定制鼓励策略:

如果缺少正向肯定而丧失自信，那就让老师带着放大镜寻找你的优点吧；

如果喜欢折纸飞机，那好，我们约定，实行积分奖励制度，达到一定额度，期末赠送《折纸飞机》专业书一本；

如果害怕达不到其他的同学们标准，那就改变思维，你的竞争对象就是你自己，你只需和自己比：

准时交作业，加1积分；

当天作业能在学校订正完毕，加1积分；

回家作业提前在学校完成，双倍积分；

只要有进步，老师就会在全班大声表扬YYH同学；同时向家长反馈；

……

改变悄悄开始了。

从来不主动交作业的他主动交作业了；从来不肯主动订正作业的他，主动找老师订正作业了；从来不重视回家作业的他，回家作业质量慢慢提升了；从来不做课前准备的他，破天荒地自己放好了下节课的学习用品；课堂中，再也没有出现满教室飞的纸飞机了……

期末休业仪式上，我双手为YYH同学递上一本《折纸飞机》书，全班同学一起为他鼓掌，掌声持久而热烈。YYH同学双手接过礼物，小脸涨得通红。放学前，YYH同学特意来到教师休息室，郑重地送给我一架新折的五彩缤纷的纸飞机，飞机机身上醒目地写着几个歪歪扭扭的字："谢谢您，老师！"

每块石头都有自己的故事

顾云涛

在昆仑山口海拔4200米的大西滩,学校定制课程"崇文科考队"的一群孩子气喘吁吁地跑过来围着我,举着手中的石块,问这些石头是不是昆仑玉。

"这是昆仑山口,是不是会有传说中的昆仑玉?"
"你看我这块石头颜色是浅白色带点红的,很像是昆仑玉。"
"昆仑玉就是这里产的。我这块全白的,挺特别的,应该也是昆仑玉。"
"你这个是方解石吧,棱角这么清楚。"
"我看你这块会不会是棱角被磨圆了的石英或者长石呢?"

边上有个一直不吭声的孩子已经从背包里拿出了"装备",一枚钉子和一个铜钥匙,"给我吧,我们测试下岩石的硬度。"说完,娴熟地使用钉子、铜钥匙在岩石的边角一侧用力各刻划了一下,并用放大镜作了细致的观察。

"岩石的硬度对于岩石种类的判断是非常重要的,通过刚才的刻划测试,我觉得它不会是昆仑玉,更有可能是一种萤石,我判断的依据是……"

"我们带回去再研究求证吧。"看着远处旅行车司机焦急催促的眼神,我无奈打断了这次研讨,吩咐孩子们先把石块收起来带回去。

这是一个对岩石矿物有着高度热情的孩子。我对这个孩子的第一印象,源自上个学期一次定制课程"旅途中的科学课——聆听火山述说"。课程选址是江浙沿海为数不多的保存完整火山机构的新生代火山遗址,嵊州福泉山。按照考察计划,我们将途径火山各个位置,采集不同类型的火山岩石和矿物标本,通过观察研究,耐心聆听这些标本的"诉说",推测距今一千万年前此处所发生的一切。

我清晰地记得,这个孩子在徒步考察期间,先是在火山口装了满满一书包的气孔状玄武岩,随后又在一处人工断崖下发现了大量富含橄榄石的火山玢岩。估计是因为贪多求快,没有小心翼翼地收纳,备用塑料袋被锋利又沉重的火山玢岩给划破了。无奈之下他放弃了部分标本。临下山前,他的手上又变戏法似的捧着一大块硅藻泥说是要给妈妈做面膜的。

下山途中,我看了看他有点脱线的书包,脸颊上爬满慢慢往下蠕动的汗水,但却是满脸的坚毅。我觉得挺有趣,就好奇地问了他:"为什么不少拿一点?这么重背回去,会不会被家里人笑话?"

孩子回我:"多了才能深入研究、归纳得出科学结论来。我还要去五大连池、长白山和腾冲背一些回来。如果有可能,还要去夏威夷和冰岛背回来,我想研究火山。"

我追问:"为什么要研究火山呢?"

孩子愣了一下,说:"好像就是喜欢,没有为什么。"

"你在做一件很了不起的事,人类在地球上存在的时间太短暂了,我们想要了解过去、预知未来,就需要像你这样孜孜不倦地去读一读地球这本无字之书,只要你有足够的耐心,这些石头会向你讲述自己的故事,让你了解你想了解的一切。"我鼓励他。

夏季慢慢来临,天气转热,连续几个周末不是下雨就是高温,户外活动被迫中止。这段时间,我明显感觉到孩子们对岩石的研究热情在慢慢转凉。我给崇文科考队的孩子提供了一些"特权"。比如,午间港湾活动时间与老师、同学们定期分享岩石的故事,在科学实验室展示区自由布展的机会,申请优先获得外出考察的机会等等。孩子们对此饶有兴致,但问得最多的,还是那句:我们什么时候能出去采集岩石标本?

我也想啊,可是天不如愿没有办法呀!我绞尽脑汁想了个"大招":让孩子们参观我的石头"仓库"。这是我存放岩石标本的库房,位于地下车库,就在我的停车位边上,装卸沉重的岩石标本非常方便。仓库沿墙摆放了四个又大又结实的钢制货架,大大小小、或色彩斑斓、或积满灰尘的岩石和矿物标本堆满了货架。中间是一张大大的桌子,也是乱糟糟堆放着一些岩石标本、资料、工具和文具。

显然孩子们被"惊艳"到了,时不时大呼小叫,因为陌生而好奇,也因为熟悉而兴奋。当一个孩子招呼大家过去看那些我们从嵊州火山上带回来的岩石和矿物时,气氛变了,有个孩子毫无征兆突然就"哇"的一下子哭出了声,头也不回地跑出了仓库。我连忙追上去询问原因,这才得知,他从嵊州火山辛辛苦苦带回来的岩石标本,全被妈妈扔掉了。这些标本,本来是存放在床底下的,没料到,妈妈在搞卫生的时候,从床底下爬出来一只蜘蛛,这下子着实被吓得不轻,于是就对床底进行了彻底清理,最终认定这堆脏兮兮的岩石标本就是"罪魁祸首",于是就被当作垃圾给扔了。

那可是自己收藏已久的宝贝啊!他跟妈妈大吵了一场:"这都是科学课的标本,很重要的岩石标本,我辛辛苦苦背回来的,里面还有我想为你研究的面膜材料——硅藻泥!"

很遗憾,垃圾清运车已经带走了这些"宝贝"。

孩子非常希望能有我这样一个仓库用来存放石头,只是苦于家里没有这样的场所可用。自从那次争吵之后,他和妈妈的关系已经降到了冰点。妈妈觉得他"玩物丧志",为了参加崇文科考队的周末考察课程,奥数课多次请假,对学科成绩不够重视。想让父母支持自己显然是困难重重。

我让他别放弃,答应跟他一起想办法解决这个问题。近期的岩石标本先放在学校里,家里建石头仓库的事,我会慢慢跟家长沟通。我鼓励他要有石头一样的坚毅和韧劲去做成自己想做的事。

7月暑假的家访,我特地选择了这个孩子家庭,事先做足了"功课",打算说服孩子爸妈能为孩子提供一个可供存放物品的"自由空间"。

孩子一家住在高层,地下车库就是一个线框而已。我已经有点担心石头仓库的可行性了。交谈过程中,老师的建设性意见家长非常认同。可是,这么一个窗明几净、一尘不沾的精致室内空间,哪里还能摆放一个让孩子心仪的"乱石堆"呢?怎么放都显得不协调啊!

孩子纠缠着想要放几个大货架的声音越来越微弱,而我也觉得,这确实很难。我提议,可以将孩子的部分岩石做成景观石,摆放在家中作为装饰点缀。家长欣然接受,觉得可以试试,孩子听说可以将石头带回家展览了,也挺高兴的。可是该怎么做呢?孩子还是有点迷惘。

我从孩子收藏的石头中精心挑选了一块造型美观的火山石,和孩子一起将石头洗刷干净,配上精致的有机玻璃底座,让孩子写好文字台签,带回了家。这样的事连续做了有3次。期间,也有过跟家长的沟通,电话那头孩子妈妈显得有些小兴奋,说孩子带来的石头被摆放在了玄关处、客厅茶几上。每逢家里来客人,孩子就滔滔不绝讲述自己这些岩石宝贝的故事,让来访的亲戚朋友们又惊喜又羡慕,赞不绝口。

我和孩子暗暗高兴,这正是我们想要的结果。

一个月之后,我选择了一个阳光灿烂的周末,盛情邀请孩子和家长一起来学校参观我的石头仓库。经过近一个月的整理和清洗,我的石头仓库已经容光焕发,我这次"别有用心"的邀请也显现出了成效。家长惊叹于石头种类的丰富,更是被石头背后生动的故事所触动。

临走前,沉思了片刻的妈妈对孩子说:"我决定了,我的瑜伽房给你做石头仓库吧。"

"可是,这样的话,你去哪里练瑜伽呢?"孩子似乎有点不相信,不好意思地问道。

"就在客厅练吧。只是你要小心木地板,别被坚硬的石头磕坏了,我们得先铺个厚一点硬一点的地毯。"妈妈笑眯眯地说。

"好的妈妈!我们还应该将白墙保护起来,不然,也是很容易弄脏的。"孩子开始兴奋起来,眼里闪着光。他顿了顿说:"我会尽量保持整洁,让石头仓库更像一个展览馆!既适合收藏,又像是展览!"

"这个主意很好!亲朋好友来了,你要给他们介绍你的石头宝贝哦!"我也很高兴地替孩子帮腔。

母子俩开心地抱在一起。孩子看我的眼神中有笑意、有感激,闪着泪光。

这个孩子后来一直是崇文科考队的核心成员,脚步遍历世界各地,采集标本无数。他对岩石和矿物如数家珍,他的口头禅是:我的每一块石头都有一个动人的故事。

在孩子心里,每块石头都有一个动人的故事,而在我的心里,每个孩子都像石头一样有着自己的故事。

最灿烂的笑

李 雪

虽然才五月,但已经有了初夏的味道。

今天的日头不算大,可是空气很闷,让人的心情难以平静下来。头顶上大红色的横幅赫然醒目,提醒着我们马上进行的是一年一度数学节中最紧张刺激的比赛——团队吉尼斯。三年级的比赛项目是口算接力,顾名思义就是既要接力跑,又要算口算。不仅跑得快,还得算得又快又对,这可没那么简单。

同学们早已集中在风雨操场,让原本就闷热的空气显得更热了几分。3班的孩子们把小宇团团围住,你一言我一语地说着:

"小宇加油,不要紧张,你可以的。"

"小宇,等会跑快点哦!"

"这次比的是速度和正确率,如果做不出来就放弃,我们会帮你追回来的。"

去年此时,3班以微弱的差距与擂主宝座失之交臂,今年大家发誓要夺回擂主。经过综合考虑,大家决定把口算最弱的小宇安排在中间。大概还是放心不下,现在纷纷叮嘱他。小宇更紧张了,他一动不动地站在人群中央,牙关紧咬,两个拳头攥得紧紧的,屏息注视着不远处的答题台。

因为是团体比赛,人人都要参与。我明白他此刻的压力有多大,可不知该怎样宽慰他,只能静静地陪在他的身旁。

点亮童年

"嘟——"

随着哨声响起,比赛开始。第一位同学像箭一般冲了出去,笔尖轻触纸面,"唰唰"地写着。才几秒钟时间,他们就纷纷放下笔,折返回去。

一切都顺利地进行着,3班是最快的。当前面一位同学冲出后,小宇站到了起跑线。他做好准备,深呼一口气,眼睛直直地看向前方。

"啪!"两掌相击,小宇出发。他两只胳膊拼命甩着,全身用力往前跑,不一会儿就冲到了桌前,肚子狠狠地撞上桌沿。他"嘶"了一声,拿起笔,眼睛快速扫了一眼题目,就写好了两个答案。到最后一题了,他的眉头一下子皱了起来。只见他眼睛紧盯着题目,左手在桌面上轻轻点着,嘴巴也不停地翕动着。我凑近一看,这题是混合运算,比较难。他能顺利完成吗?我的心也不由地提了起来。身后的加油声越来越响,小宇的额头渗出了豆大的汗珠,顺着脸颊往下流。他写下答案,犹豫了一下,又划去了。时间一秒一秒地过去,其他班的同学已经陆续返回。小宇在桌上轻轻地打着草稿,又仔细检查了一遍,重新写下答案,把笔重重地拍在桌上,飞快地跑了回去。

回到队伍里的小宇暗暗地松了一口气,但他并没有展露开心的笑容,看来他自己也没有十足的把握。我又瞟了一眼那道题,心里开始计算起来。

比赛仍在继续。因为小宇耽误了一些时间,后面的同学更加卖力地奔跑,拼命追赶。

"嘟——"结束的哨声响起,3班以第三名的速度完成了比赛。但比赛还未结束,裁判老师还要计算正确率。如果正确率高,我们还有逆风翻盘的可能。同学们又紧张了起来,有的站立不动,眼睛一直盯着裁判老师;有的小声交流着,分析哪个班可能成为擂主;还有的直接瘫倒在地,似乎刚才的比赛耗尽了他所有的精力。小宇站在队伍里,捏着衣角,不停摩挲着。我再一次站在他的身旁,轻轻地拍着他的肩膀。他抬头看了我一眼,又暗暗低下了头。

"各班,全体立正!"许老师走到了队伍前面,拿着麦克风大声喊。原本散漫的队伍一下子整齐了,每位同学的眼睛里都透着光。

"这次团体吉尼斯比赛的成绩已经在我手上了,大家想知道吗?"

"想!"

许老师清了清嗓子,开始宣布名次。"本次数学团体吉尼斯比赛的第三名是4班,第二名是2班……"随着名次的陆续公布,欢呼声一阵接着一阵。

"第一名是——"许老师顿了顿,抬眼看了看大家。大家的心都提到嗓子眼儿了。我搭在小宇肩上的手也不自觉地往下压了压。

"3班!用时14分06秒42,正确率为……100%。"

"耶——"我的耳边顿时响起震耳欲聋的欢呼声。同学们紧紧地抱住小宇,不停地跳着。

等待领奖的间隙,我们围坐在操场上,每个人的脸上都洋溢着胜利的喜悦。我看了一眼他们,说:"大家刚才紧张吗?"

"紧张!"

"那你们觉得今天为什么能逆袭呢?"

"因为我们都做对啦!特别是小宇,他那么难的题都做对了。"

"是啊,每一个人都做对了自己的那3道题,才使得我们的正确率达到100%。"我顿了顿,说,"可是小宇答题时花了很长时间,如果今天没有拿到擂主,你们会怪他吗?"

班长小优率先开了口,说:"当然不会,他虽然花的时间长,但他是在努力思考,想做全对的啊!"

"是啊,是啊。我还看到他在桌上打草稿,写了划,划了写,反复修改后才写上正确答案的。"

我微笑着,点点头,说:"你们说得太好了!小宇的种种举动是为自己的答案负责,你们每个人也在为自己的答案负责,这才换来此刻的成功。李老师希望,将来你们无论做什么,也要像刚才这样为自己做的事负责,能做到吗?"

"能!"那一声,响彻云霄。不知是谁说了一声"3班最棒,小宇最棒!",其他同学也跟着喊了起来。大家笑啊叫啊,别提有多开心了。小宇呢,是人群中笑得最灿烂的那一个。

点亮童年

"我终于戴上红领巾了!"

滕飞燕

5月31日,随着《中国少年先锋队队歌》的鼓乐在世纪讲坛奏响,学校2021年新队员入队仪式暨中队成立仪式在世纪讲坛庄严召开。一年级的家长们也来到现场,见证了孩子们这一重要的人生时刻。

"我们是共产主义接班人,继承革命先辈的光荣传统……"嘹亮的歌声响起,有着直击人心的力量,一张张稚嫩的脸庞上写满了认真和期待,一双双眼睛闪着透亮的光。 终于到了激动人心的佩戴红领巾环节,大队长郑重宣布一年级每一位新队员的名字,五年级的大哥哥大姐姐"大手拉小手",要帮助新队员将每一块红领巾整齐娴熟地佩戴在胸前。我的小w同学此刻一动不动地站在台上,目不转睛地盯着他面前这位大哥哥手上的红领巾。戴上红领巾之后,他深吸一口气,飞速地抚摸了一下胸前的红领巾,便立刻微微抬起下巴,挺起自己的胸膛,敬队礼回应大哥哥。这是少年先锋队的荣誉加冕,更是红色基因的代代相传。当鲜艳的红领巾在胸前飘扬,当响亮的呼号声在世纪讲坛回响,当标准的队礼齐刷刷地举过头顶,我的小w一下子长大了。在第二天的心情日记中,我的小w这样写道:"我终于dài上红领巾了!我真是太开心了!长大了之后,我还要像滕老师那样,dài上党huī。"

看到他歪歪扭扭的"党徽"二字,我想起了第一次给孩子们上党史课的场景。我站在讲台上,郑重其事地戴上鲜艳的红领巾,戴好党徽,告诉孩子们:"滕老师是一名党员,我胸前戴着的是党徽。"那次课上,我带着孩子们了解国旗的内涵和意义。小w问道:"滕老师,哥哥姐姐们戴的红领巾是不是国旗的一角呀?"我回答:"是的,红领巾是少先队员的标志,是红旗的一角。等到五月底,你们也能戴上鲜艳的红领巾了。"教师里一下子就兴奋起来,"我早就想戴红领巾了!""哈哈,太好了!"看着孩子们一个个激动的样子,我的心里很是感动,红色基因早就悄然流淌在每一个孩子的血脉之中。再看看我的小w,此时的他坐得笔挺,眼神里透出少有的认真劲儿。那节课,他听得格外认真,我在全班同学面前大力地夸了他,他的背挺得更直了。

要知道,我的小w可是班里不折不扣的"小调皮鬼"。之前,每天总有几个学生来告小w的状。"滕老师,小w刚刚跑过来打了我一下。""滕老师,在排队的时候,小w总是要推我。""他抢我橡皮!"我苦口婆心地教育他很多次,可是效果并不明显。从那天起,他悄悄地有了不少的改变;从那天起,我更关注我的小w了——

外教英语课上,我发现我的小w眼睛虽然看着英语老师,可放在桌上的小手却在偷偷地抠玩桌子,我上前拍拍他的肩膀,他便立刻停下了手上的动作。

数学课上,我的小w见同桌没注意,悄悄将手伸向了他的橡皮,还没等我提醒,小w就自己默默收回了手,将手攥成拳头,牢牢地捏着。我微笑着给他竖了一个大拇指。他小背一挺,便继续听课了。

要出操了,我的小w排在队伍里,手臂甩得老高,打到了排在他前面的同学。"手臂摆直,不要比肩膀高。"小w听了,认真地朝我点点头,马上调整了自己的动作。我笑眯眯地看着他,摸了摸他的脑袋。

我可爱的小w是真的在努力改变自己啊!

一次中午闲暇时间,我悄悄地问小w:"你最近的进步怎么这么大呀?"他不好意思地挠挠头,支吾了好一会儿,才小声和我说:"我最近知道了很多少先队的知识,我真的很想戴红领巾。还有……还有就是滕老师最近老是鼓励我、表扬我,我真的很开心!"是啊,胸前挂上鲜艳的红领巾是他的期盼,老师、同学的赞许是他的力量。

入队前一天,我在班里盘点孩子们的进步,同学们互相点赞。"我发现,最近班里有一位同学进步特别大!""是小w,是小w!"同学们都连声喊道。小w的脸"刷"地一下红了,不好意思地低下了头。我认真地告诉全班同学:"小w同学真是了不起!他这段时间每天都有进步,他越来越知道怎么和同学们相处,上课的时候也听得很认真。他一直在为成为一名合格的少先队员而努力,所以小w真的很棒!"教室里自发地响起了阵阵掌声。

"红色基因代代相传,红色江山永不褪色。"回想小w的转变,我抚摸胸前的这枚小小的党徽,它似乎更闪亮了,它代表着我的责任,承载着我的动力。小w胸前这条鲜艳的红领巾,犹如一簇跳动的火苗,在往后的日子里定将给予他无穷的力量,伴随他不断成长!

他的蚂蚁币这么少，如何买到密码本？

顾丽英

教室的中央，一张张课桌围成特殊的造型，桌上摆放着文具、书籍、益智玩具……一家温馨的小店铺就布置好了。售货员是班中的孩子，光临本店的顾客也是班中的孩子，更有意思的是，大家使用中队特有的班币——蚂蚁币。

班币是只限于在一个班级内流通的"人民币"，根据同学们的表现进行相应的奖惩。我们利用班会课，大家集思广益，师生共同讨论奖惩制度、措施，设计班币。班币币面有学校小海燕和小蚂蚁中队的Logo，面值和我们的人民币一一对应：1元、5元、10元、20元、50元以及100元。以一学期为单位，期末"小蚂蚁店铺"营业，班级变成一个购物场。这样的活动不仅锻炼了学生购买、销售等能力，更是利于学生正确认识平时养成好习惯的重要性，借此促使学生形成良好的行为规范以及自主管理能力。实践证明，孩子们喜欢这样的"经济制度"，大大激发了各方面的积极性。

期末将至，一学期一次的小蚂蚁商铺即将营业！同学们攥着蚂蚁币，看着琳琅满目的"商品"，一个个跃跃欲试。随着中队长一声"小蚂蚁商铺开张啦！"教室立刻沸腾起来，大家精心挑选着自己喜欢的东西，一个个脸上洋溢着收获的笑容，手上也慢慢地沉甸起来。

在教室里卖密码本的"摊位"前，小w停了许久，手托着下巴好像在想着什么,他仔细地打量着每一本密码本,看得出来他一定很喜欢。小w紧紧攥着手中的蚂蚁币,看看密码本,显得有些不知所措,时不时忸怩地看着地面,时不时失落地缩回了手。我见状赶紧走上前去问他:"小w,你今天买了什么东西?"小w支支吾吾说不出话来:"顾老师,我这学期比较特殊,蚂蚁币是班里获得最少的一位,其他东西我也不想买,我只想买一本密码本。我想将平时发生的难忘的、开心的或不开心的事记在密码本上,就像平时我们将日记记在《成长手册》上那样。老师,我后悔了,平时……"

见小w说着说着不禁低下了头,我心里有说不出的滋味。按照小w平时的表现,每次奖励到的班币实在不多,到了期末自然买不到多少商品,长此以往,孩子不免失去信心。细细琢磨,我们实行班币不就是为了激励孩子吗?我决定抓住这一教育契机,给孩子一次机会。我一边拉着他的手一边说:"经历过今天这件事,老师相信你一定明白养成好习惯的重要性了,要不老师提前将下学期的蚂蚁币预支你一部分,咱们下学期努力养成好习惯,多多赚取蚂蚁币好吗?"小w听了,兴奋极了,连连点头。

"小蚂蚁商铺"继续在热卖中……

没过多久,教室里传来一位男孩的声音:"老师,不对不对,我的同桌小w一学期下来,他平时的表现和纪律都不好,没有多少蚂蚁币,他的蚂蚁币这么少如何买到密码本?他的这本密码本怎么来的一定有问题。"

话音刚落,大家都愣住了,寻声找去,只见小w的同桌指着小w手里的密码本,一副满不服气的样子。

这时教室里立刻议论纷纷,有的人应声说道:"说得对,说得对,小w这么少的蚂蚁币不可能买到这本密码本,会不会是小w偷的?"

"老师,这样太不公平了,我们都是经过一学期的努力,积攒蚂蚁币购买小蚂蚁商铺的商品,可小w……"

"我们不喜欢小偷……"

霎时间,小w满脸通红,说不出话来……教室里同学们的情绪愈加激动,指责声一片,大家不约而同地看着我这位班主任。

小w沉默了许久,终于鼓起勇气,站到黑板前,举着密码本对大家说:"同学们,请你们相信我,这的确是我买的,不是偷来的。"

"可是你的蚂蚁币这么少,怎么可能买到密码本呢?"

"大家听我说,这本来是我和顾老师之间的一个小秘密,现在就让我告诉大家吧。刚才是顾老师给了我机会,她提前将下学期的蚂蚁币预支我一部分,并和我约定下学期一定要努力养成好习惯,多多赚取蚂蚁币。我很开心,终于买到了我喜欢的密码本,我体会到了平常的表现是多么重要,下学期请大家好好督促我好吗?"顿时,教室里响起了热烈的掌声。

放学后,我一个人静坐在教室里,回想着小w激动地走下台的样子。可是我心里清楚,小w平时调皮、自律性欠缺,要改掉坏习惯实属不易。这是对孩子的挑战,也是对我的考验。作为老师,我要用自己的爱心、耐心、热心以及专业知识和预见性,为孩子铺设隐形的台阶,助力孩子更有勇气朝着预期的目标自信走向未来。我又一次陷入了沉思⋯⋯

点亮童年

人小鬼大

李 慧

2019年5月15日。午餐后,我依照惯例巡视校园,走到法布尔湿地,看到孩子们三五成群在玩耍,有的蹲在岸边观察水生动植物,有的漫步湿地闲聊趣事。这时,三(2)班的小郑同学跑到我面前,对我说:

"李老师好!李老师,你去过西溪湿地吗?"

我一脸疑惑地看着小郑同学,心想他为什么要问这样的问题呢。

"去过啊!我还带着同学们到西溪湿地春游呢!"我回答道。

"我觉得吧,我们学校的法布尔湿地和西溪湿地一样漂亮!李老师你看,湿地里有这么多荷花,还有很多小鱼,我还发现了青蛙。但是……"

这时,小郑同学皱起了眉头,挠了挠头。

"怎么了?你是不是发现了什么问题?"我赶紧追问。

"李老师,你有没有觉得我们的湿地少了点什么?"

"就像你说的,这里已经有这么多的动植物,还少什么呢?"我反问到。

"嗯!我们的湿地动植物确实有不少,但是还少一样设备。在西溪湿地,游客如果走累了,可以在路边的石凳、长椅上坐下来休息。在我们的法布尔湿地,就没有这样的长椅,如果我们这里也有长椅,就太好了!同学们如果玩累了可以休息,还可以在这里看书。对了,我们还可以在这里上美术课!"小郑同学越说越激动。

"李老师，我还想到了，还可以在这里设置观景平台，这样我们就能近距离接触湿地，近距离观察水里的动植物了。"

听了小郑同学的话，我心里一阵激动，一个小屁孩儿，居然能提出这么有建设性的建议，看来真不能小看这些"小鬼"啊！

"哇！你太会观察了，也很爱思考。今年暑假，学校会进行景观改造，这段时间正在进行方案的设计，我想请你一起参加方案讨论，你看怎么样？到时候你可以把你的想法，和设计师们一起交流。"

小郑同学听了我的话，也很激动，连忙点头答应。

小郑同学要参加设计讨论啦！一时间，在校园里传开了。同学们纷纷议论，"他真厉害……""学校答应他的建议了……""我们也可以向学校提建议吗？"

终于，设计师们采纳了小郑同学的建议，在设计图上增加了观景平台、增加了休憩长椅。在暑假景观改造中，实现了小郑同学的建议。现在的法布尔湿地已是学生观察生物、开展学习的场所，成为教育发生的地方。

从那以后，我走在校园里，总会有一群群的"小鬼"围着我，提各种建议。我们希望在《成长手册》上增加"今日阅读"与"今日劳动"，为每天坚持四个"30分钟"做好记录；我们希望在大操场的东侧跑道，增加休息长廊，既可以供同学们在运动后休息，又可以栽种一些藤蔓植物，美化校园。每当收到"小鬼们"的建议后，后勤处都会认真考虑，进行改进。现在的《小海燕成长手册》已经采纳了"小鬼"的建议，增设了"今日阅读"与"今日劳动"两栏；校园的跑道东侧，也竖起了长长的廊架，紫藤和凌霄正沿着廊架向上爬升。

"李老师真是万能的，我们要向李老师提更多的建议"。在2021年的校少代会上，"小鬼们"又开始提出建议了，并且要求我在少代会上现场解答。他们发现，教学楼内直饮水设备有很多，每层楼每个港湾都有水源，但是在大操场没有。希望在学校大操场增设直饮水设备，方便同学们在运动后能第一时间喝水。在大会上，我对"小鬼们"的提案进行了答复，大大表

点亮童年

扬点赞！告诉他们，在今年暑假会解决水源及排水的问题，并且确保安装完毕。

现在，在我的后勤日常工作中，总会收到来自"小鬼们"的建议：

他们会通过平日的细致观察，把看到的、想到的，及时向我提出建议；

他们会在每年的少代会上，通过个人、集体等方式提出提案；

每年六年级毕业班，在离开母校之前，也会对生活、学习了六年的校园，提出建议，给学弟学妹们创造更好的环境。

校园里有这样一群爱提建议的"小鬼"是幸福的。后勤服务就是要契合学生需求。我想，后勤就是不断地为教育教学搭台子、竖梯子、建场子，用我们理想的服务实现孩子们的梦想。

你就是"队"的人

赵 怡

一年一度的大队委员改选又要开始了。作为大队辅导员的我把所有中队长召集起来开会,商讨大队委员的改选方案。

"你们认为新一届的大队委员应该具备怎样的条件呢?"我向他们征询意见。

有人觉得学业优秀是基本条件。有人觉得行为习惯优秀才能起到表率作用。有人觉得,大队委员最重要的就是具备演讲的才能,这更体现一个大队委员的领袖气质。在七嘴八舌的讨论之后,我把大家的意见汇总在一起,向各中队发布了《大队委员竞选方案》。

发布后不久,小Z敲开了我的办公室的门。

"赵老师,我想找您聊一聊。看到您发布的方案,我感觉自己被中队推荐上来的机会很小。"小Z低下头说。

"为什么?学校运动会上你拿了那么多的金牌,大家可崇拜你了。"我笑着鼓励他。

"中队推荐的第一个考核标准就是演讲。可是,我不太会演讲。每次走上舞台,我就会脸红心跳,一点都不敢直视大家的目光。"小Z道出了心中的难处。

确实,小Z是一个很努力的孩子。学业上,他用骄人的成绩,向大家展示自己的勤奋刻苦。他参加运动会,积极备战,拼搏进取,为学校赢得许多的荣誉。可是,演讲却是他很难克服的短板。他来找我,一定是想让我帮助他在演讲方面提升自信。

于是从那天起,小Z每天在我的指导下练习演讲。"不对,这里应该断句,这个词要重读。说到这句话时,你应该把手里的金牌展示给他们看。"在他练习时,我用红笔在稿子上圈圈画画,红色的指导语布满了整张纸。不知不觉,时间就在这样的练习中悄悄流逝。

一周之后,我收到了小Z获得中队推荐资格的好消息。

"祝贺你,这是你努力练习的结果。接下来,你还要练胆子,克服对演讲的心理障碍。"我又带着小Z走进一年级各班,为入队的小同学讲解少先队知识。我示范着讲一遍,他再模仿一遍。我做什么动作,他就做什么动作。我教小同学们一句句唱队歌,他也学着一句句教唱。就这样,他有了在大家面前侃侃而谈的勇气,赢得了一年级老师们的赞赏,还受到了小弟弟小妹妹们的欢迎。

"接下来是面向全校的演讲,你准备怎么做呢?"我问小Z。

"赵老师,之前都是你带着我做。这次,我想自己来。我想靠自己的努力,走上全校的演讲台。"

小Z这么说,也是这么做的。每天放学,小Z都会留在教室里练习演讲。他还会邀请几位同学留下来,当他的小听众,给自己提意见。

在全校演讲的前一天,我邀请小Z在报告厅的舞台上试讲一遍。他的演讲和以前大不一样了,一个动作,一个断句,一个重音,都足以证明他在背后付出的努力。当时报告厅的灯光并不明亮,但坐在台下的我,能感受到小Z在闪光,那是自信的光芒。

试讲结束,我大大表扬了小Z。可他还想在演讲中做一些新尝试——制作一个有创意的道具,让演讲在听觉和视觉上更丰富。我肯定了他的想法,和他一起制作道具到深夜。那晚,我们看着合作完成的道具,对即将到来的全校演讲满怀期待。

终于等到了全校演讲的那一天。在大家注视下,小Z从容地走上舞台。"请为我投上神圣的一票,让我光荣地戴上这枚大队标志。请相信,我就是你们心目中对的选择!"他一边自信地演讲,一边把一枚大队标志贴到了海报上。这时,全场都响起了阵阵掌声。

"他不仅讲得好,最后的结束语还很有创意呢。"

"听说他每天放学后都要练习演讲,怪不得今天一点都不怯场。"

听到现场少代会代表们的表扬,我知道,小Z的演讲大获成功。

"下面,由我来宣布新一届大队委员名单,他们是……"当我说出小Z的名字时,台下爆发出一片欢呼声。我望向小Z的方向,他的眼里闪着泪光。

如今的小Z,演讲不再是他的短板。在学校少先队的各个舞台上,主持、演讲、表演,都少不了他活跃的身影。每当他上台讲话,大家都倍感期待。每当他结束演讲,台下总会爆发出热烈的掌声。

"赵老师,谢谢您,让我在大家面前勇敢展示自己。我也会继续努力,成为大家心目中对的选择。"

是的,孩子,要相信自己,你就是那个"队"的人。

点亮童年

我的动感中队

祝淑萍

"祝贺六2中队的队员们,你们的大风车中队被全国少工委授予'全国优秀动感中队'称号!"中队长贝贝从俞国娣校长手中接过沉甸甸的奖状,会场上响起了雷鸣般的掌声。

队员们欢呼着、雀跃着,每一张笑脸都是那么熠熠生辉。我的视线渐渐模糊,思绪也飘回了创建"动感中队"的那段时光。

2017年9月,孩子们刚升入三年级。翻看每个队员的成长档案,更是惊喜连连,几乎每人都有技艺傍身,大风车中队可谓卧虎藏龙。但是,有本事的人多了也有多的问题,开展一个活动,每个人都有自己的主意,而且谁也不服谁,乱哄哄一片是常事。

这怎么办呢?一番争论后,我们决定通过自荐、他荐、竞技等方式,将某方面有优势特长的队员分类登记造册,建立一个中队"人才资源库"。这样做,既是对队员的赏识、肯定,又能让我自己非常清晰地了解队员的才能。学习器乐的,进入器乐人才库;喜爱写文章的,进入写作人才库;擅长体育的、绘画的、计算机的等等,只要有一技之长,就能进入相应的人才库。开展活动时,我们就根据活动内容,让有特长的队员来筹划。自此,混乱的局面就很少再出现了。

有了人才,就要量才而用。作为辅导员,一方面,我推荐队员参加学校的专业社团,让他们得到才能展示的同时提升能力。另一方面,设立各种服务岗位,给队员提供自我成长的机会,让他们参与班级管理。

没想到,小队长的竞选最激烈。最后当选的是公认的四个点子多、人缘好的队员。队员们认为人缘好的队员,开朗豁达,善解人意,能够比较好地处理人际关系;点子多的队员则聪明,有创意,组织的小队活动会更有趣、更有意义。我尊重队员的意愿,但在小队组建上,我提议要优化组合,人才互补。

很快,四个小队组建完成,并根据《全国少工委关于积极开展"动感中队"创建活动通知》的要求,确定了活动内容。绿之源小队关注五水共治,捍卫者小队开展普法教育,爱之翼小队组织志愿者服务,城市之光小队品味亚运。

让我印象最深的是"品味亚运"。在开展的过程中,我们遇到了很多麻烦。当时,亚运会主体育馆"莲花碗"还没有竣工,去探寻什么,谁来解说,少先队员能为亚运做点什么等等都是问题。

活动前,我和队员多次商讨方案,由爱好写作的三名队员执笔,在一次次推倒重来中确定了主题构思、拍摄脚本和PPT大纲。我鼓励绘画特长的队员去参加亚运会会标、吉祥物的设计比赛。队员们热情很高,纷纷走进图书馆查阅相关资料,贡献创作思路,最后由萱萱和承舆完成了设计。瞧,吉祥物阿虎,身着汉服,站在莲花上打太极,虎虎生威,一时成了我们的中队的团宠。

拍摄前的准备工作是最困难的。首先,我调动家长资源帮助队员解决了进入场地、邀请专家的问题。其次,我对队员的采访礼仪进行培训。最后,我组织队员面向全校征集对亚运最感兴趣的问题。整个活动中,人人都是主角,或解说,或采访,或设计,每个队员都充分发挥了潜能,交往能力和合作能力也得到了提升。

活动有开展,就要有总结交流,这样有助于了解活动的得失,检验活动的效果,总结经验教训。我组织开展了"崇文海燕,杭州骄傲——我是红领巾小主人"主题观摩队课。课上,队员们对法律、五水共治、社会公益、城市规划等热点问题的探讨、交流,充分展现了新时代少先队员的风采。

  "动感中队"的创建,充分调动和激发了中队集体的活力,增强了少先队集体的凝聚力,培养了少先队员的集体主义精神和小主人意识。作为一名中队辅导员,要发挥聪明才智,找准中队活动的生长点,拓展活动的空间与时间,点燃少先队员的参与热情,才能真正实现"动感中队,活力无限"。

第二篇
师者大爱·用爱唤醒情感与智慧

大爱无言,润物无声
当你俯下身子倾听
你会听到生命成长拔节的声音
当你用心凝视
你会读懂每一个孩子眼中对尊重的渴望
当你敞开怀抱
你会拥抱到孩子最纯真的善意
用爱心呵护纯真,用智慧孕育成长,用真诚开启心灵
静待每一朵花开

点亮童年

因为相信，所以看见

章 晨

春节本是全家团圆，喜迎新年的时候，但2020年的春节因新冠疫情的突袭变得不同寻常，不少人都在这段特殊时期，提前回到了工作岗位，我们班的家长也不例外：加班加点的医生，坚守岗位的机关公务员，忙忙碌碌的社区工作人员等，通过与每一个家庭的电话寻访，我了解到班里有6位孩子不在父母身边，其中有4位较长时间留守老家，而小R同学引起了我的特别关注。

因工作需要，大年三十刚过完，小R父母就回杭坚守岗位。我至今还记得，刚拨通电话，那一头就传来小R失落的声音："哎，爸爸妈妈都要上班，我第一次这么长时间在老家，也不知道什么时候能回去，好希望能快点开学啊！"从年初一算起，到4月20号开学，这是小R头一回这么长时间离开父母，独自面对生活。从他断断续续的话语中，我发现除了孤独，还因为对网络学习束手无策而着急。原来，学校海燕翱翔课堂即将启动，但小R对钉钉软件的操作一筹莫展，父母不在身边，爷爷奶奶也帮不上忙，原本就内向的他变得沉默寡言。

留意到孩子的特殊状况，我想首先要稳定他的情绪。于是，我每隔几天就和小R妈妈联系，了解孩子的身心变化。我还和小R约定每天视频连线，一步步学习钉钉操作：看直播课，递交作业，模式切换……。有一次，我偶然在班级钉钉文件夹中,居然发现小R成功递交了作业,还学会了更改文件名,我大大地表扬了他,鼓励他继续大胆尝试。后来他非常开心地告诉我,自己还能用钉钉与妈妈视频连线,汇报每天的收获了呢!

　　长时间与父母的分离,除了缺少亲情陪伴外,近三个月的宅家生活,对小R也充满了挑战。几次交流中,我发现他晚睡晚起的情况多起来了,身材也圆润了不少。我意识到,建立有规律的生活作息、履行有计划的学习生活,是度过非常时期的第一步。根据他的个性特点,我循序渐进、有步骤地和他商讨制定每日计划:第一阶段,调整作息,坚持锻炼;第二阶段,保持有规律作息,完成海燕资源包的学习;第三阶段:完善计划表,养成良好生活习惯,按时递交各科作业。三个阶段的计划推进,小R做得一次比一次好,他会在电话里告诉我今天投篮进了几个球,会和我分享自己做的美食照片,红润润的脸庞充满了喜悦。

　　一次晚上7点连线,孩子气喘吁吁地跑来说正在阳台上看星星,这引发了我的好奇。原来爱好科学的小R,喜欢用天文望远镜观星。那天他正好发现了一颗红色的星星,说到这里孩子的话匣子顿时打开了,他告诉我,那颗星星上面可能有丰富的铁元素,也有可能那颗星星上环绕的都是气体,这已经是连续好几天观测到这颗红色的星星了。于是,我建议他可以连续多日观测,做好记录看看有什么变化,也可以通过网络查询相关信息。从他兴奋的语气里,我感觉到他内心抑制不住的激动:"章老师,你亲眼看到过月球上的环形山吗?我看到过!那些坑有的还很深呢!对了,你有没有看到过土星的'腰带'?我猜它是……",许多观星知识他都如数家珍,"冬天的深夜在阳台上观星,会不会很冷啊?"我关切地问他,毕竟观星这件事需要长时间的耐心与毅力,而小R却噗嗤一笑,淡淡地说了一句:"我觉得我总能找到的。"在日后与小R的交流中,小R总是很乐意向我敞开心扉,几乎无话不谈,他告诉我对科学课非常感兴趣,关于乐高机器人的小论文也在酝酿当中,他还饶有兴趣的拍摄了课本剧《郑人买履》在班级圈分享,作业也做得一次比一次认真。

点亮童年

  随着小R又重新回到熟悉的课堂，他的父母一次次发来长长的感谢：疫情让我们措手不及，而孩子的教育令我们心有余而力不足，但今天他的点滴变化让我们惊喜，是你们教会了他从"新"出发，从"心"做起，再次感谢老师们无微不至的关怀！

  如今，每当我回想起小R那句"我觉得我总能找到的"，依然让我久久不能忘怀。是啊，因为相信，所以看见，每一个孩子就像是未经雕琢的璞玉，在人生长长的赛道上，每个人都在寻找那颗属于自己的星星，而我们就像是夜空中的守护人，等待他们适时发芽，努力生长。

"哑巴"开口

孟 君

那年,接了一个四年级的班,有一个比较特殊的孩子。

小H,小小的个子,亮亮的眼睛,在班里素有"哑巴"的称号。课堂上,他从不愿个别读课文,哪怕只是片言只语。奇怪的是,当大家集体读课文时,你若走过他身边,能听到他的声音;老师授课时,他也会偶尔的插嘴,但是,倘若让他一个人发言,他立即"哑巴"了。接班后的一次"新年送祝福"活动,我算是见识了他的"怪"。大家都准备好了给小区居民的礼物,包括他。可是,当大家都争先恐后地跑上前把礼物送出去后,他却怎么也不愿意"和陌生人说话",最后只得叫别的同学帮忙去送。

而且,他也不愿意和同学们交流,大家活动时,他总是离得远远的。

一个孩子,对我来说,只是30分之一,可对一个家庭来说,却是100%。怎么办呢?

"知己知彼,百战不殆",我先按兵不动,通过与其余学生,与家长个别聊,分析成因并寻找良机。

一段时间后,机会终于来了。

低年级的课堂,经常会使用"开火车"的方法,让孩子们轮流站起来大声答题。为了让小H不觉得我是故意要让他在大家面前发声,我在中年级的课堂中,也常常开起"火车"。那天,我们的火车又开起来了。第一列,离他较远,慢慢地开近……开到他这儿,"火车"竟然没有断!他第一次站起来,认读了一个词语!尽管声音极轻,但已足以让我振奋!从孩子们的表情中,我也看出了他们的诧异。

几节课后,我又让孩子们"开火车"分自然段读课文。先预测了一下,留给他的自然段只有一句话。轮到他了,他再次站起来诵读!语音不太标准,而我当然大大表扬了他:"真棒!能不能把声音再放大些?"同学们在下面已经禁不住叫了起来:"啊!'哑巴'开口……"我连忙用眼神提醒大家课堂上不要随意说话,然后装作什么也没发生……

"哑巴"就这么开始化冰。

真的很感谢《三国演义》!一次语文课中,我们讲到了有关《三国》的歇后语,当我问及谁知道诸葛亮挥泪斩马谡的由来时,小H突然振奋了起来:因为,他自小就爱读《三国演义》,对这里面的故事,烂熟于心。为了让他能充分展示自己,我特意拉长了讲这些歇后语的时间。这一天的讲台,有一半时间是让给他的,说起《三国》,他如数家珍。后续学习中,我又不失时机地插播了易中天的《品三国》,并由他来做导播。回忆那段孩子们讨论"三国"的时间啊,小H可谓出足了风头。自信的荣光,闪烁在小H的脸庞上。

喜欢玩游戏,是孩子们的天性,而游戏,又是让孩子们融入集体的,最强的媒介。每周四下午,集体游戏就这么玩起来啦!

"特殊的椅子",几个人紧挨着围成圈后,放心地往后坐在后面那位伙伴的腿上。只要每个人都充分信任自己的伙伴,"椅子"就能搭建完成。

小H和以往一样,直接逃到了一边,不想参加。

游戏热火朝天地进行了一会儿,我来到一组同学面前叫了起来:"呀!这把'椅子'不够稳,不算成功!如果能有个稍小点个子的同学加在这儿就好了!哎,小H,来,这个位置你最合适!"就这样,小H腼腆地参与进来了。当他发现,这组有了他的"椅子"真的更稳固,这里的这个位置,看上去真的是非他莫属的时候,他的小脸,兴奋得有些发红!随着游戏的继续进行,他脸上的紧张,也慢慢消退了。

"布袋跳""我喜欢你"……小H在游戏中,越来越活泼。

不过,小H身边,还是缺乏伙伴。

每天的午间话题分享,我们常会围绕一些话题进行头脑风暴式畅聊。记得那个下午,我们的话题是,"怎样才能交到朋友"。畅聊后,大家共同得出了一些交朋友的策略——"主动出击,找到共同爱好;包容对方,因为人无完人;懂得分享,因为快乐会加倍;乐于助人,雪中送炭才是真朋友;和睦相处,争吵只会伤害朋友情;坦诚相待,信任是友谊的基础……"谈完这些后,我从讲台上看下去,小H的眼睛是那么亮亮地看着我。

一天体育课,有个同学摔伤了,小H一声不吭地过去搀扶他到医务室……他懂得了只有付出,才有可能有回报。想要交到朋友,必须为朋友提供无私的帮助。

四年级即将结束,小H的个子长高了不少,更为可喜的是,他变得越来越乐观、开朗、热心,交到了好几个朋友!

"哑巴",已经消失无踪了……

带一罐蜜糖,敲响你的门

吴 静

时间,一幕一幕倒回到2017年初秋,我和"百变小朱"的故事,在悄然间一帧一帧开始刻画……

初 见

"清晨来到树下读书,温暖的阳光照在脸上……"伴着优美的音乐,9月1日7点40分,我满怀激动地站在教室门口迎接着我的孩子们。只见不远处有一位小男孩,瘦瘦小小的,四肢纤细,白净的脸上满是紧张不安,紧紧攥着爸爸的手朝我走来。

"小朋友你好啊,我是吴老师。"

"吴老师,你好。"藏在爸爸身后的小男孩,犹豫片刻后终于大胆开口了。

"吴老师您好,我是小朱爸爸,今天来送孩子上学,也是想跟您见一面。我下午就要动身'去四川参加东西部扶贫协作任务'了,要去三年。"突然,旁边微弱的小声音响起了:"爸爸,你再陪陪我。"

没有想到初为人师的我,第一天就红了眼眶。初见,我暗暗下定决心,要弥补给小朱"数不清的爱"!

漫画家小朱

果然,爸爸扶贫离家,妈妈一人带三娃很难照顾全面。小朱开始不写日记也不完成作业了,怎么办呢?我批评他,不管用;我试图通过聊天感化他,却发现效果甚微;终于有一天我抓到了机会,这日记上的画真是生动逼真啊!

"同学们,今天我们班出了个重磅事件,甚至可以上新闻热搜!"我故作神秘卖着关子说道。"我们班!出了一位漫画家,这个人,就是小朱!"消息一出,小朱张大了嘴巴,神情震惊,整个班级也沸腾了。

"小朱,你走上台,给大家介绍一下你的画作吧。"

"啊?老师,你没说错吧,这个人是我吗?"

"小朱,就是你!"我鼓励着朝他微笑。

"同学们,我今天没写日记但是画了外星人马丁、怪兽马丁、教授马丁,我画了很多……"

不知是谁,突然开始喊道:"漫画家,漫画家……"全班都在鼓掌,小朱的背也挺得越来越直!

不出所料,"漫画家小朱"的作业愈发认真,就连平时不爱抄写的词语都能写得端正整洁。"你看,漫画家就是不一样,今天的作业完成得特别棒,第一个完成哦!"我不断给小朱鼓励,每天"带着一罐蜜糖敲响他的门",我相信:帮他撕掉"我不行"的标签,小朱肯定会变得更努力!

戴神奇眼镜的小朱

转眼过了一学期,漫画家小朱竟然近视了。可是即使整天眯着眼睛看黑板,怎么劝,他还是不愿意戴上眼镜。仔细询问后,小朱的答案令我无奈又感慨:

"老师,我戴眼镜就不帅了,这样真不好看,你别让我戴了。"

"要是和爸爸视频,这个黑框框也会让爸爸看不清我的眼睛。"见我没说话，他又小声说道。

顿时我竟不知道说什么了。原本只是以为孩子爱美，没想到，还因为要视频见爸爸。我始终都知道，爸爸是他的榜样，虽然扶贫离家远但一直保持着每天都视频通话，他很在乎爸爸的想法。这一刻，我有些心疼。

"小朱，吴老师觉得你可以试一下，这个眼镜戴上，会让你看得清楚，学习都能省力不少呢，这是'神奇眼镜'啊！你爸爸会很欣慰的。""同学们，你们说，小朱戴眼镜帅不帅？""很帅！"同学们很给面子地齐声说道。

小朱终于犹犹豫豫地戴上眼镜，那天，我不停"带着蜜糖"表扬他："戴上了神奇眼镜的小朱哦，发言都变多了！""我爱上了你的神奇眼镜，这节课多亏了它啊……"

我 们

就这样，课间，我跟同学们悄悄商量如何鼓励他。晚上，我再抓准时机，与爸爸妈妈交流近日的情况，为他制定短期目标。我们就这样看着小小的身体，一点点散发着大大的能量。从害羞、习惯性拒绝新事物到现如今的自信、开朗、勇于解决问题、与同学友善相处……我和小朱的爸爸妈妈都很欣慰，颇有"吾家有儿初长成"之感。

我和"百变小朱"的故事未完待续……在他身上，我看到了"蜜糖系"孩子的无限可能。你听："每个孩子心中最隐秘的一角，都有一扇不一样的门，敲响它就会发出特有的音响。"

快和我一起，带上一罐蜜糖，敲响孩子的门吧！

抄写本上的"精彩留言"

王心蔚

带着对未来美好的向往,带着对教育事业无限的憧憬,带着一颗年轻火热的心,毕业后,我来到了美丽的崇文校园。和孩子们甜蜜快乐的小事溢满了我的心房。和他们在一起,我是幸福的,是快乐的,更是感恩的。课堂发言也好,八卦分享也罢,孩子们总是用最动听的声音,欢迎我走进他们的世界。脑海中印象最深的,是位名叫Coco的可爱女孩。还记得第一次和Coco见面的情景,她有着一双大大的眼睛,看上去特别的机灵,让我非常期待与她进行的课堂互动。然而,都快临近下课了,她却一次也没有举起过手。于是,我主动发出邀请:"Hello,what's your name?"迟疑许久,她终于站了起来:"My,my,my name…",她的声音越来越轻。我急忙进行了鼓励,看到她有些失落地坐了下去,感到十分心疼。这,便是我和Coco的第一次课堂互动。

下课后我赶忙请教了Coco的班主任,又和她妈妈进行了沟通。原来英语学习,一直是Coco的心病。本来她紧张时,会有些口吃,而对自己的英语发音,又很不自信,所以每逢课上发言,总会有些磕磕巴巴。可能是身边同学的笑声,可能是对自己的失望,让她越来越不敢发言,也越来越不喜欢英语了。听到这儿,眼前又浮现出Coco的眼神,该怎么帮助她呢,我陷入了思考。

点亮童年

从那天起,我便开始了自己的Coco成长计划。俗话说:亲其师,方能信其道。所以我的第一步,便想着走近Coco,倾听她的心声。没想到,一本小小的抄写本,竟然成了我们沟通的好助手。以往,Coco的抄写作业总是拖拖拉拉,偶尔还自配插图,留下几句随笔。一次,我又发现了她的大作,本想找她谈话,但转念一想,她这样不正是在用自己的方法来诠释课文吗?于是我不再纠结,仔细批改并画上了一个笑脸。这之后,每当遇到她的作品,我都会稍作留言,或肯定或鼓励,并附上一个笑脸。渐渐地,我发现Coco的作业更加认真,态度也更积极了,而她的精彩留言也越来越多了,聊聊心事,分享快乐。她说,她发现英语学习变得有趣起来了。

开学后,每周我都会抽二十分钟时间,和她单独进行英语交流,她已经越来越敢说,也越来越爱说英语了。但对于课堂发言,她还是犹豫了。"这样吧,我们先定一个小目标,每节课回答一个问题,可以吗?"她肯定地点点头。第二天上课,在我期盼的目光中,那只小手依旧没有举起来。第二天,第三天,第四天……终于,在快下课时,Coco举起了小手。"How do you..."她拿出准备好的纸条,念了出来。"这个方法很不错,如果同学们希望回答得更到位,也可以动笔写一写。大家觉得,Coco回答得怎么样?"教室里响起了阵阵掌声。Coco抬起红彤彤的小脸,对我露出了一个真诚的微笑。后面的两周,Coco总会在课前提前备好纸和笔,仔细地写,认真地答。课堂上发言时,Coco越来越自信,也越来越流利。终于,第三周时,在我们班的英语公开课上,Coco放下纸笔,流利又清晰地回答了老师的提问。在同学们热烈的掌声中,Coco露出了幸福的微笑。

每一个孩子,都是一个天使,无论是安静听话的还是调皮好动的,他们的眼神都在渴盼,渴盼爱的阳光洒在他们身上。作为教师,要学会发现,要学会信任,更要学会给孩子自由。我们要善于发现每个孩子的特别之处,发现他们的潜能与个性,让他们真正地成为自己。一旦孩子发现了自己,找到了自我,他会爆发出我们难以想象的力量。让我们用心中的爱,发出那小小的一束光,温暖身边每一个孩子,陪伴他们快乐成长。

"钓鱼"记

钟家齐

"我最讨厌英语课了!"

这是小言对我说的第一句话。这个刚上一年级的小男孩,眉宇间却始终萦绕着一股忧愁,就像一条离群的"小鱼",找不到自己溯游的方向。

第一节课,小言就用这句石破天惊的"宣言"和各种古怪的举动给我留下了深刻的印象。他总是皱着眉,呆呆地看着前方。每当我想请他发言时,前一秒还圆瞪着双眼的他,会立马趴在桌上,把小脑袋深深地埋进臂弯里,任你千呼百唤,他自岿然不动。几番往复后,我也就不再勉强,只提醒道:"小言,要坐端正哦!"然而这却仿佛成了压垮骆驼的最后一根稻草,小言突然情绪崩溃,一边大喊着"我最讨厌英语课了!我不要上英语课!"一边冲出了教室。班主任老师连忙去追小言,而我则一边快速平复自己的心情,一边安抚教室里被这番举动惊呆的孩子们,继续我们的英语课。

下课后,我找到小言,轻声问他怎么了。而他只是紧闭着双眼,捂住耳朵,一言不发,浑身上下都写满了"拒绝沟通"四个大字。无奈之下,我先拨通了小言妈妈的电话,与她沟通了此事。小言妈妈听完也有些诧异,不知道为什么小言会有这么激烈的抵触情绪,打算等小言回到家后再好好问问。那天晚上,小言妈妈给我打来了电话,她说小言对英语课有些莫名的紧张,能不能允许他暂时在教室后面的活动区域坐着,不参与课堂活动,等他的情绪慢慢缓和了再回归课堂。我与班主任老师沟通后，同意了小言妈妈的提议。

第二天，小言果然一上课便坐到了教室最后面的游戏区，但依然是捂着耳朵，闭着眼睛，表现出强烈的抵触情绪。然而在上课过程中我发现，每当我带着小朋友们一起唱唱英语歌、玩玩单词小游戏时，小言便会不由自主地被我们吸引，放下了捂着耳朵的双手，睁开了紧闭着的双眼，人也在不知不觉中，走到了教室的中部。看到这样的小言，我也在心里稍稍松了一口气——也许他不是不喜欢英语。我没有立即请小言回到我们的课堂，而是在之后不断加入更多生动有趣的活动和各式各样的奖励，等待着小言这条"小鱼"主动咬住英语课的"饵"。

一天、两天、三天……到第五天时，小言这条"小鱼"已经"上钩"了。从那天起，他每节课都能自觉地坐回座位，没有了之前的排斥。而我也趁热打铁，一直与小言妈妈保持着联系，询问小言对每一节英语课的感受。虽然小言依然不举手、不发言、不参与小组合作，但只要他愿意迈出"回到课堂"这第一步，我相信接下来的路，一定会越走越顺。

在观察了一段时间后，我发现小言其实是一个自尊心很强的孩子，他的一切古怪行为，都可以归因为"害怕失败"。他害怕自己学不好英语，便"先发制人"，宣布自己根本不喜欢也不想学。他害怕自己回答错误，便从一开始就拒绝发言，避免出错。我一下子明白了小言眉宇间那股挥之不去的忧愁到底缘何而来，那是一个完美主义者对犯错的恐惧，对不完美的抗拒，更是对自己的一种束缚与禁锢。我想，面对这样的一个孩子，我能做的就是帮他建立信心，给他敢于犯错的勇气与安全感。明白了这一点，我立即开启了投放"花式饵料"模式。小言上课不发言，我便夸他坐姿端正，倾听认真。小言举手回答，我便夸他积极参与，大胆发言。就算是回答错了，我也能找到夸奖的理由——声音响亮，敢于尝试。经过一段时间"狂轰滥炸"式的夸奖后，小言在英语课上越来越有自信，参与的课堂活动也越来越多。甚至会主动让妈妈录下自己在家朗读课文的视频发给我，等待老师的评价。

一个学期匆匆过去。休业式那天,一个害羞的身影出现在了教师休息室门口。小言捧着一个小盒子,里面是他这学期在英语课上获得的全部奖励卡。小言还是那样内向而羞于表达,他将盒子举到我面前,别过头去轻轻说:"钟老师,我现在好喜欢英语课!"

这条离群的"小鱼",终于能在英语的海洋中畅游了!

点亮童年

一方舞台,绽放你的精彩

黄文婕

小海燕艺术节的一个早晨,我走进教学楼的中走廊,耳边就传来了肖邦《辉煌的大圆舞曲》,琴声中充满着热情,强弱力度的变化恰到好处,旋律流畅富有动力。我想,能把肖邦的乐曲弹奏得如此清晰而又细腻,一定是她。靠近八号场地,孩子们已经把小舞台围得是里三层外三层,有的坐着,有的站着,但每个人都非常安静,沉浸在音乐中。台上的女孩儿一身白纱裙,纤细的手指在琴键上灵活地跳动着。

果然是小C!看着面前这位阳光、自信的女孩儿,我的脑海中不禁浮现三年前那个紧张又纠结的女孩儿的身影。

从中班就开始学习钢琴的小C,跟大多数琴童一样,总是得在家长的"威逼利诱"下,才弹几下琴。所以到了一年级,小C一直也没能弹一首像样的曲子。放学时,妈妈在校门口碰到我,说起小C非常抵触练琴的情况。可是到了第一学期期末一对一家长会,她妈妈一进门,就开心地说:"黄老师,你真是不知道,这孩子现在省心多了,能够自觉地练琴,不用我天天催着了。她说看了艺术节五天的表演,她自己也想在艺术节上秀一把。真没想到,艺术节活动有这么大的魅力。她说上次那个大哥哥太厉害了,钢琴原来可以这么酷。""那真是太好了!下学期请她来参加中午的小舞台音乐会吧!"我热情地发出了邀请。

转眼到了下学期。一天,小C咬着嘴唇,胆怯地跑到教室里来找我。

我问她:"最近琴练习得怎样啦?"

她不好意思地低着头,轻声地说:"嗯,每天都在练,但我很紧张,能不能下次再表演?"

"哦,不想再试试吗?"我仍然想鼓励她试一试。

她使劲儿地摇摇头,眼泪都要快掉出来了。

"没关系,那等你什么时候准备好了,随时来参加。"虽然遗憾,我还是微笑地安慰她,"能够坚持练习已经非常了不起了。"

她像放下了重担一样,吁了口气,微微一笑。

小C的练琴之路到这里似乎陷入了瓶颈。我也在苦恼,如何让她更加自信地展现自己?作为她的音乐老师,我想我应该推她一把,而不只是没有作为地"静待花开"。

一次音乐课下课,我跟小C说:"黄老师需要一名钢琴助理,专门弹奏课前的练声曲,你愿意帮助老师吗?这样我就可以做个专业的'指挥'了。"小C虽然有些犹豫,但还是接下了她的"工作"。就这样,每节音乐课前,她会主动坐到钢琴前。一开始,她还是比较紧张,总是弹错。之后我布置了几条练习曲,让她回去练习,并告诉她不同的指挥手势分别代表什么意思。渐渐地,她只要看我一下,就知道该怎么弹,哪里要换气呼吸。我们配合得越来越默契,同学们都称她为"首席助理",她也信心十足。

就这样从小助理开始,她不断地活跃在音乐港湾、小舞台音乐会等学校艺术活动中,变得愈发自信。几年的历练,现在的小C就是故事开头那个充满自信、活力的小女孩,在她最期待的一年一度学校艺术节街头秀上精彩亮相!

每个人都渴望拥有属于一个自己的舞台,渴望自己能在舞台上绽放自己的人生。这一方舞台,就是艺术种子成长的沃土,不断激发着孩子们对艺术的热情。成长过程中,教师的一个微笑,一个赞赏的目光,一个小小的仪式,正如阳光与雨露,让这颗种子发芽成长。

点亮童年

现在,我的"小助理"也越来越多,他们走出音乐课堂,登上校园的小舞台、走向社会的大舞台。让我们与孩子手牵手,一起创造一个个展示自我的舞台,绽放孩子们独特的精彩。

用爱心照亮月亮背后的世界

吕 娟

二十年沧海桑田,二十年青葱岁月。记得2000年7月,未满二十岁的我从衢州师范毕业,踏入工作岗位,成了一名老师。

那时的我,踌躇满志。没想到校长告诉我,我的班里有一位随班就读的孤独症儿童——小L(化名)。这是一种全世界万分之五发病率的罕见病症,有人形容狂躁症患者,说他们一直想从这个世界出去,而孤独症患者却从来没有到过这个世界。

安静的课堂上,他会突然乱叫,离开教室。他不会和老师对视,也不会和同学进行整句话的交流,心理年龄在三岁左右。有时,他会在课堂上大吵大闹,甚至在教室里走来走去,动辄冲出教室。有时,小L还会情绪冲动抓破同学,把同桌弄哭。

小L妈妈作为第三十一位学生每日坐在教室后面,观摩这个班所有老师的每一节课。初出茅庐的我不知道如何和这样的孩子交流,不知道怎么让他融入班集体。

于是,爱读书的我把能找到的心理学、特殊儿童教育书籍都买来,又借来国外和台湾、香港的杂志、资料学习。我每天观察记录小L的学习生活、交往表现,赴浙大、华师大、市教科所求教。每天和小L妈妈交流、想办法,在课堂上鼓励他发言,课间鼓励孩子们和他交往。

点亮童年

在当时的小班，汇集的学生都是很多来自高知识、高收入的独生子女家庭。他们的家长对孩子的成长寄予了厚望，也很难接受一个对自己孩子学习有影响的特殊儿童。对小L的同桌我采用自己报名、班干部带头的形式。没想到，几乎所有的孩子都高高举起了手，有的孩子还因为没安排为小L的同桌而"耿耿于怀"。在这几位同桌中，值得一提的是一位名叫小鱼的女孩子，这位女孩个性非常倔强，在幼儿园时曾经创下过到园长办公室拍桌子的"伟大事迹"。小鱼报名和小L一起同桌，在前几任同桌的模范作用下，她一改蛮横无理的脾气，对小L格外宽容，经常像小姐姐一样提醒小L做这做那。

这样过了两周，小鱼的妈妈委婉地打电话向我暗示，可以给小鱼换换同桌了。我一口答应下来，并说已经在考虑了。我绝口不提家长的"小心眼"，满口夸奖起小鱼的进步：就是因为小L与其他同学的不同，所以小鱼在和小L同桌时，很忍耐自己的小脾气，时常帮助小L。同学们也特别喜欢这样温顺、乐于助人的小鱼！这下，本想提提小L影响的小鱼妈妈一下子不好意思起来，反倒说了自己对小L妈妈平常对小鱼生活上帮助的感谢！第二周，在老师的表扬下，小鱼很不情愿地从小L边上换了座位。但是，以后的日子里，只要是小L换同桌，小鱼就和很多同学一样把手举得高高！小鱼的妈妈再也没有打过这样"委婉"的电话来。

像这样的事例在当时的班级里，还有很多很多。都说独生子女很自我中心，但是，这个班级的孩子从未有谁对小L说过任何歧视的话，这个班级的家长从未对小L的存在表示过任何不满。

作为孤独症儿童的小L，有很多刻板行为，在学习上也有普通孩子没有的困难。为了给小L筛选适合其学习的课程内容。我搜集了国内随班就读的课题研究资料，制定了一份各科学习的学期纲要表。拿着这份纲要，我和每位课任老师讨论小L必须掌握的基本知识和技能，并且把各科老师对小L课堂和各科内容的学习逐条纪录，讨教各科学习的一些基本方法。

从小L的座位到讲台桌，小L总是走固定的路线，中间的过道很挤，他也会使劲力气，从"夹缝"中穿过，这是孤独症儿童典型的刻板行为。为此，我特地学习了心理学本科生才攻读的《行为矫正学》，从中学习了消退刻板行为的方法。设计了多种路线，并安排了干扰情境。这短短的二十几步距离，我在纸上画了几个方案，晚上，我独自一人背着手在教室里模拟走这个过程。没想到，这个矫正训练竟然用了两次就帮小L适应了变化，真是令人兴奋和惊喜！

多少次，我和小L妈妈一起想办法教他拼音，磨破了嘴皮，也不能让他分清b和p；多少次，我又示范又讲解，才教会了他一节广播操……

担任小L班主任的三年，我吃过的苦数不胜数，伴随着汗水、泪水，也迎来了掌声和鲜花。我和小L的故事登上了《浙江日报》，作为三年教龄的老师，我荣获了"上城区十佳爱心教师"的称号，"孤独症儿童随班就读的案例研究"获得了杭州市教育科研优秀成果奖。但最让我欣慰的是，小L的脸上经常洋溢起笑容，全班的同学都把他当成"高个子小弟弟"。友爱和宽容、悦纳特殊，深深植入了全班家长、全班同学的心田。

在之后的岁月里，我碰到过父母离异、性格孤僻的孩子；碰到过性格暴躁、能和老师拍桌子的孩子；碰到过学习成绩落后、自卑焦虑的孩子。但是，我都不害怕、不彷徨了，因为我相信，只要用爱去浇灌，用专业的态度去引领，总能收获孩子的成长！而他们的成长也引领着我的成长。

点亮童年

"小捣蛋"有了新形象

郑多闻

他叫小P，医生诊断他患有"亚斯伯格症"，在学校里常表现得性格孤僻、脾气暴躁，不做作业，从不听讲，还经常欺负同学，是出了名的"小捣蛋"。家长对孩子听之任之，更增添了老师教育的难度。我是他的隔壁班老师，也是他的结队党员导师，我常想，面对这样的孩子，我们真的无能为力了吗？

有一天，我刚上完课，听到隔壁班发出了很大的声响。我连忙走到走廊上，看见孩子们都在拍门呼喊。"怎么回事？"我问一个孩子。"小P把门反锁了。""小P开门！"他却充耳不闻。许久，门开了。"咚"一声闷响后传来了一阵哭声，原来第一个进门的小徐被小P狠狠推倒在了地上。我刚扶起小徐，又听到教室后面传来了凄厉的尖叫声。只见小P躺在地上，嚎啕大哭，四周的桌椅也全被踢翻。我伸手想把他扶起来，他却一咕噜起身就往教室外冲，眨眼已经趴在了走廊的窗台。我急忙一把将他死死拽住。他不肯下来，我不敢放手，我们就这么僵持着。"我要跳下去！""你跳下，会受伤，爸爸妈妈还有老师都会难过的。"一番劝导后，小P的身子总算从窗口上缩了回来。

我请他到教师休息室坐坐，他的心情逐渐平复下来，并和我讲了许多他脑子里的奇怪想法："'恐怖分子'已侵入大脑逼着我打人，我能组织我的

'和平战队'消灭他,狠捶一下自己的脑袋就可以消灭他们……"

我耐心地听他说完:"看来这些'恐怖分子'只得乖乖听话了,你真行!"

"我还有一万多种方法能控制它。"听了表扬,小P得意起来。

"那好,老师相信,只要你有决心,一定能打败它。"

我们彼此会心地笑了。

小P对我的坦言与信任,增添了我教育引导他的信心。那天晚上我反复思考两个问题:为什么孩子会注意力不集中,情绪失控,脑海里有"恐怖分子"和"和平战队"? 我们应该用什么方法帮助他重新认识自我,融入集体? 我坚信每个孩子都能向阳生长,对待这样特殊的孩子,付出加倍的努力、表现出更多的耐心、给予更多的关心一定也会有成效的。

于是第二天,我和班主任约法三章:

1. 做好家校沟通,合力育人;

2. 认真倾听孩子,增加信任;

3. 及时发现优点,树立信心。

为了对小P进行引导和教育,我和班主任首先与家长进行沟通,我们约定每天发送一个孩子的闪光点,家长则每天转告孩子,并强调老师真喜欢你。于是,孩子的闪光点从"弯腰拾起纸屑"到"完成的纸艺作品精美绝伦"……一个月以后,我惊喜地发现,孩子在每天的夸奖下,闪光点越来越多了。

有了自信以后,小P为自己定了一个新的学期目标——成为"数学免试生"。课堂上他常常能表达出非常有趣的想法,下课时,他也常走到我身边,要我陪他一起看书、做作业。久而久之,他有了更强的学习意识,有时候还会在放学前问我:"郑老师,我今天的作业做完了吗?"时间一天天过去,小P在课上的神情越来越专注……终于,他如愿成了"数学免试生"。这是他入学三年来第一次成为免试生,看着同学们一个个崇拜的眼神,小P第一次害羞地笑了。从此以后,我们的"小捣蛋"有了新形象。

作为育人者,我们应该谨记"教育无小事"。在我们的教育教学中,教师的一个灿烂笑脸、一句赞扬话语、一种习惯性行为,都有可能成为学生心目中意想不到的支点。正如周弘所说:"把孩子看圆了,孩子就像打足了气的轮胎,一跃千里;把孩子看扁了,孩子就泄了气,无力跬步。"在未来的日子里,我将更加关爱"特需生",学会理解、欣赏特别的他,耐心帮助特需生体验成功、树立信心。教育是大爱者的事业,它永远是有遗憾不完美,但关乎每个人心灵的艺术。

小小"饭团" 大大的爱

孟晓鸽

幼儿老师,不仅是孩子们的老师,更像孩子们的妈妈。让孩子们好好吃饭,拥有健康的体魄是我关心的头等大事。

如何让孩子们都爱上吃饭,快快乐乐地享受每天的午餐时间呢?我思考了很久,终于想到一个办法,那就是利用孩子们对于新鲜事物的好奇心,变着法子地为他们准备一些小"惊喜",让他们对我们每天的午餐时间都充满期待。于是,我开始潜心研究各种创意菜谱,利用幼儿园提供的食材为孩子们准备各种造型的可爱饭团。

开始我试探性地做了一个没有任何装饰的圆饭团,孩子们吃饭的时候发现了这个变化,都很开心,还有4个孩子竟然做到了光盘,这让我信心倍增。

于是,我决定用创意饭团来奖励这些吃饭光盘的孩子,从而激励更多的孩子加入光盘队伍,最终达到人人爱上吃饭的目的。这天晚上,我提前研究了第二天的菜谱,看能如何"因材施用"。我想出了两种造型,一种是茼蒿做头发,青豆做眼睛,玉米做嘴巴的可爱脸蛋,另一种是哈密瓜做耳朵,青豆做眼睛,玉米做嘴巴的卡通小兔。吃饭时间一到,孩子们发现了这些创意饭团,都围了过来,"为什么我没有呢?""他们昨天中午吃饭的时候都光盘了,所以孟老师给他们做了光盘饭团。""那我今天也要光盘,老师明天能不能也帮我做一个。""当然可以!"自从那以后,光盘的孩子越来越多。

我还结合孩子们的特殊情况给予特殊奖励。比如当孩子敢于尝试吃自己不爱吃的食物,比如孩子生病几天重返学校,我都会给他们做一个特别的饭团。孩子们不喜欢吃的一些菜,都会成为我的素材,不喜欢的菜都成了美味开心地吃下去了。看着孩子们吃饭时露出开心的笑容,我比他们更满足。

因为疱疹性咽峡炎的原因,我们班不得不停课10天。停课的这几天里,在与孩子们视频联系的时候,很多孩子都会说起,想念孟老师的饭团。正好这10天里有着孩子们心心念念许久的六一儿童节。这是孩子们在理想国的第一个六一,作为他们的老师,我们希望为孩子们准备一个难忘的节日。可是如何让每个在家的孩子都能感受到这份不一样的节日祝福呢?我向其他两位老师提议,要让孩子们过一个有意义的节日,既然孩子们回不来,那我们就走出去。我们亲手将来自理想国大家庭的这份节日祝福传递给我们的每一位孩子。

既然饭团不能为孩子们做,那可以把孩子们平时最喜欢吃的饼干,做成卡通形状送给他们。于是马上下单买材料,精心挑选卡通模具,包装。家人都觉得这个任务有点重,但我居然用了两天时间完成了这个"不可能完成的任务"。

六一下午,我们三个老师提着给孩子们准备的礼物,在30度左右的天气里,穿着厚厚的小猪佩奇衣服,带着重重的头套分三路出发了。当小朋友看到我的时候先是呆住了,然后嘴里叫着"孟老师"飞奔过来抱住我,亲我的头。当我拿下重重的头套的时候,有几个孩子看着我热的通红的脸和被汗水打湿的凌乱的头发,有的向妈妈拿来餐巾纸要帮我擦,有的关切地说"孟老师太热了,你把衣服脱下来吧。"给他们递上礼物里,看到我给他们做的卡通饼干,激动地对妈妈说:"妈妈你看,有小狗,小猫,小熊,小兔……,我好想现在就吃一个。"这半天的时间,我们满城跑,虽然很热很累，看到孩子们开心的笑脸，听到孩子们暖心的话语，这感觉比吃了蜂蜜都甜。

好的教育是富有生命、充满温度的，而爱则是教育的真谛。作为孩子们的"孟老师妈妈"，我愿意用自己所有的爱心、耐心和责任心，给予他们最温暖的陪伴。

点亮童年

用沟通"烹饪"鸡米花

楼家权

他叫小C，戴着框架眼镜，瘦瘦高高，教室里调皮捣蛋的事儿可没少做，平时喜欢和老师们斗智斗勇。作为班主任，我听到最多的话就是同学们的小报告：

"老师，小C在我的海报上乱涂乱画。"

"老师，小C把拖把丢进厕所了。"

"老师，小C把我的课本藏起来了，他还不肯还给我！"

小C需要老师的不断关注和提醒，就怕一不留神，又准备了"惊喜"。

一天中午，食堂除了准备常规的饭菜外，还准备了3盒鸡米花。孩子们刚到食堂坐下，就有人问我，"楼老师，我能不能吃几块鸡米花呀？"我告诉同学们："想吃鸡米花就要先'光盘'！"同学们听罢开始埋头用餐，不一会就有人拿着空空如也的餐盒到我这拿鸡米花。

过了七八分钟，三盒鸡米花就只剩下一盒了，小C同学怯生生地走过来，跟我说道。

"老师，我也全部吃完了。"

说罢，他直接把手伸了过来，想从我面前把鸡米花一把拿走。

我问他："你吃完了吗？吃完的话要拿着空的餐盒到我这儿检查才可以。"

他涨红着脸,说道,"我……我……我吃完了,我已经清空了餐盒,就在那!"

我说:"想要吃鸡米花就要遵守规定,既然拿不出空的餐盒,就不拿鸡米花。"

同时一旁的同学提醒我,"老师,小C没有吃完,他把餐盘里的饭菜都倒掉了。"

我点了点头,继续吃饭。不料小C突然杀了一个回马枪,从我桌子上飞快夺过鸡米花就往食堂一楼跑,我赶紧放下手中的筷子,起身就追。等我迈开步子,三步两步就追上了小C,他突然丢下手中的鸡米花,恼羞成怒,开始在过道上大喊大叫。

"我不过就是想吃鸡米花,我有什么错?"他大声喊着,同时挥舞着手臂,不让我接近。

我在一旁等着他情绪宣泄,几分钟后小C慢慢平静了下来,我才拉着他的手回到饭桌上。

小C坐在我旁边,我与他边吃边聊。小C觉得得不到的东西,只要抢到了,就是他的。我能做得最简单有效的事,就是让小C明是非,分黑白。我直接明了地告诉小C,不论在任何时候,抢东西是不对的,跑也是不对的,如果有自己想做的事,不如先沟通,告诉老师自己的想法。

小C认识到了自己的问题,把头低得很低,坐在凳子上一言不发。我知道他正在后悔今天的所作所为,食堂有这么多人都看到了他抢东西的动作,简直令这个好面子小家伙追悔莫及。我知道他后悔了,于是摸了摸他的头。

对他说道:"知错能改,善莫大焉。这样的孩子老师非常欣赏。"

小C的表情逐渐放松,"真的吗,老师你还是喜欢我的对不对?"

末了我拿出几块鸡米花给他品尝,脸上这才绽放出了笑容,他大呼美味。我告诉他这是沟通才有的美味,要想以后多多品尝,就要多多沟通,抢解决不了任何问题。小C用力点了点头,咀嚼着这份美味佳肴。

后来小C仍然出现过想抢东西的念头。

这学期休业式的发放奖学金红包的环节中,小C没有奖学金。他轻轻跟我说:"老师,我要去抢小Z的红包,因为他有很多,但是我一个也没有。"

我笑着看着他,对着他摇了摇头。他马上会意了。

比起之前,小C已经学会了表达自己真实的想法和情感,学会了控制自己的行为,这正是小C的进步。

中年级孩子的沟通能力参差不齐,有的孩子能用语言准确表达出自己的内心想法并付诸行动,但也有一部分孩子的表达能力较弱,当沟通表达有困难时,会用鲁莽的行为代替语言表达,此时就需要教师们循循善诱,用耐心和爱心鼓励孩子们表达和沟通,教给他们沟通与交往的技巧,毕竟鸡米花的美味,靠沟通才品尝到。

欢声笑语是童年最美妙的乐章

范相旺

"范老师,你快回来吧!小C要把我吓死了!你赶紧回来啊!"

我收起正在批改的试卷满怀疑惑地向教室走去。课间的教室热闹非凡,孩子们正三三两两欢快地聊着校园趣事,还有几个女孩子坐在榻榻米上读着同一本书。放眼望去,只有小C趴在桌子上,侧着脸望向窗外,是在观察云朵飘游的路线吗?

"范老师,刚才小C过来跟我说,他这次语文要是再不优秀,他就结束自己的生命!"何老师站起身来,凑到我的耳边轻声讲道。

"啥?你再说一遍!"我也不知是自己被吓到了,还是真的没有听清,当何老师在我耳边吐出"结束生命"四个字时,我脊背一凉,怵在了角落,算是真切体验了一回晴天霹雳,职业的敏感让我意识到了空前未有的危机。我叮嘱何老师不要向任何人说起这件事,我会及时跟进处理。说完便一如往常一样,走到学生里面,和孩子们各种打趣,还故意拍了拍小C的肩膀,和他说道:"今天天气不错哦,你累了中午可以去操场上晒晒太阳。""嗯,好的!"小C从桌子上仰起脸来,使劲朝我挤出了一脸笑容。

今天恰逢小C值日,我支开了其他几位值日生,让小C最后一位离开,借故要送他去校门口。一路上,我拉起他柔软的小手和他聊起班级里发生的各种好玩的事儿,他的心情渐渐好了起来,笑容在脸上荡漾开去。他也

开始和我讲起了最近新学的科学知识，言语之中，皆是好奇。小C妈妈已在校门口等候，看见孩子和老师开心地聊天，她也是笑容满面。

晚上七点，我打通了小C妈妈的电话，电话接通前我一直在翻阅刚罗列的交流步骤。我将今天孩子在校园里发生的事情完整而又客观地讲给他妈妈听，小C妈妈听完后顿时声音哽咽，将最近在小C身上发生的事情全盘托出。原来小C患上了"抽动症"，症发严重时常常手眼不受控制地抖动，有时甚至用拳头捶打头部。每天上学前小C妈妈都会让小C服用药物，减少症发概率。怪不得，在课堂上难以观察到异常举动。

医生认为是孩子承受了过度的压力从而导致了抽动症。回想起来，小C的每个假期都被妈妈安排得满满当当，钢琴、编程、科学等等课外班都是小C周末经常光顾的地方。凡是钢琴比赛，小C都被要求参加，并且赛前接受高强度的集训。九岁儿童，过得却比一个成年人累，每天精神紧绷，难免出现问题。学业成绩的下滑也让小C妈妈心生焦虑。种种原因，才造成今天那句骇人之语。

"小C妈妈，孩子的身体才是我们现在应该关注的。"我劝导小C妈妈停掉所有课外辅导班，关注孩子的健康辅导，用自己的行为营造良好的家庭环境。

为了舒缓小C的心情，每天午餐后我都会和他相约。午后的阳光温暖而轻柔，我如父亲般拉起他的手，和他漫步在绿茵场上。微风夹杂着花草的寄语，滑过我的肩膀，从小C指间悄悄溜走。我低下头来问小C："你觉得什么是成功？"小C用手托起下巴开始沉思。"你觉得爱因斯坦成功吗？""肯定是，他是一个伟大的科学家！""那你觉得牛顿成功吗？""这还用问吗？肯定！"提起科学家，他的眼睛里充满了向往的光彩。"可是，他们两个小时候却并不聪明，牛顿计算都没你快呢。""啊？这怎么可能呢？"小C疑惑地摸起来了脑袋，一副吃惊的样子。"你看，即使小时候表现并不出众的人，只要他们找到了属于自己的那片钻研的热土，谁也阻挡不了他们攀登人生的高度，是不是呀？"小C听懂了我的话，朝我开心地扬起了稚嫩的脸庞。就这样,两个人每天午后在操场上漫步,你一句,我一句,有时是双休日发生的趣事,有时是心中遗留的问题,有时是最想吃的美食。

渐渐地,除了和我聊天,他也开始热情地和班级里的同学分享见闻,他讲的笑话常常让小T笑得肚子痛。每天放学时,和同学们愉快地互道"再见",还要加上自己独创的POSE。

我会将小C每天的表现写在日志中,同时在"家校留言"中夸一夸小C今天的作为,给小C妈妈每天进行反馈,交流从未间断,双方都为了孩子更好地发展而不断努力。因为我们始终坚信:我们的孩子我们共同来教育!

一段时间过后,结果喜人。那个趴在桌子上的小C现在已是同学心中的科学家和笑话王,小C和同学聊天时那爽朗的笑声是给我最好的慰藉。今年期初家长会,小C妈妈将这个故事坦诚地分享给了我们班所有的家长,她讲道:"欢声笑语是童年最美妙的乐章。"

小C带给我的不仅是一段难忘的教育经历,更让我懂得了育人先育"人"。

打动学生，方能引导学生

孙佳伦

"只有打动学生，才能引导学生"，这是习近平总书记在学校思想政治理论课教师座谈会上讲的话。作为教师，我严格要求自己，以赤诚的教育情怀，默默耕耘，打动学生，方能引导学生。

记得几年前的初春，万物复苏，我也趁着暖阳，褪去了臃肿的冬装，着一身轻便的春装，开开心心地跟孩子们玩耍了。女孩小可笑嘻嘻地看着我，说："老师，原来你这么苗条！"正在窃喜之时，调皮鬼小汪突然冒出来一句："苗条是什么意思？"我看看他，无奈地说："就是说老师很瘦啊！"他看看我，眼睛骨碌一转，说道："那……那是不是'薯条'的条？"刚想忽视他这个奇怪的问题，跟女孩子们去跳绳，转念一想，这个孩子的问题，恰恰透露了他的智慧呢！我赶忙跟机灵的小汪聊了起来，我问他："你还能说出什么条呢？"他嘻嘻笑着，说："油条、面条、柳条。""那这些东西有什么共同点呢？""嗯……形状都是细细长长的。"是啊，对于孩子幼稚的小问题，我没有选择忽视，而是善于抓住生成点，引导孩子去思考、去探究，真正让孩子在生活中学习、运用知识，这才是真正意义上的"打动学生"。

当然，孩子是智慧的，又是狡黠的。一次课间休息时，小钟大摇大摆地走向垃圾桶，一脚踩下踏板，愤怒地丢下垃圾，转身张牙舞爪地离开。旁边的同学们看到了，都哈哈大笑起来。这一切，被我看在了眼里，如果我不及时干预,会有更多的孩子去模仿。于是,我轻轻地问:"小钟,你干什么呢?"小钟不以为然地说:"我在丢垃圾啊!"我继续追问:"那你是怎么丢垃圾的呢?"小钟满不在乎地回答:"我就走过去丢啊!""那你能不能说得再详细点儿呢?"我微笑着看着他。"嗯?"他丈二和尚摸不着头脑。"同学们,谁来帮帮他呢?"同学们争先恐后地举起小手,有说他大摇大摆模样的,有说他重重地踩踏板的,还有说他夸张的面部表情的。我偷偷看看小钟,他有点不好意思了。"小钟,你能不能完整地说一说你的整个动作?""嗯。我大摇大摆地走到垃圾桶旁边,重重地踩下踏板,狠狠地将垃圾丢进去,然后扬长而去。"他不好意思地说道。"哦,小钟这一番话说得多棒啊,把他丢垃圾的整个过程都说清楚了。让我们给他鼓鼓掌吧!"同学们都为他鼓起掌来,小钟也自豪地笑了。"不过,"我话锋一转,"你们觉得这样丢垃圾可以吗?同学们是不是觉得这样丢垃圾挺有意思的。不过,我们如果轻轻地走过去,轻轻地踩下踏板,再轻轻地走回来,就不会引起那么多人旁观了。对吧?"说完,我注意到同学们都轻轻地点点头。整个过程中,我并没有训斥,也没有放任不管,而是站在与孩子平等的角度,尝试运用语言艺术去顺势引导。再看小钟,脸上尴尬的表情已经消失殆尽,转而是一种知错悔改的表情。果然,小钟后来在丢垃圾时,都是轻手轻脚,生怕打扰到同学。我想,以后不论他在哪里丢垃圾,脑海里总会浮现出这一幕;以后不管他做什么事情,都会考虑到身边人的感受。教育孩子要走心,真正地为孩子考虑,从心里去打动他,而不是用忽视或粗暴来对待他,这就是"只有打动学生,才能引导学生"的真正含义吧!

"你高,我便退去,绝不淹没你的优长;你低,我便涌来,绝不暴露你的缺陷。"客观公正地对待学生,用欣赏的眼光去看待学生,用互补的方式去引导学生,这便是师德的开始。身为一名党员教师,我将牢记习近平总书记的嘱托,包容学生的缺点和不足,善于发现每一个学生的长处和闪光点,让所有的学生都成长为有用之才。

点亮童年

一根盐津条的"味道"

徐 燕

有人说,人生好比五味瓶。的确,从我们出生的那一刻起,人生的瓶子就被瞬间打翻,此后酸、甜、苦、辣、咸陆续上演。而在幼学园,一场小小的"味道抢夺战"悄然打响,五味杂陈也瞬间显现。

记得那一天,小Z弯着小腰,手捂着小肚来到保健室,说自己肚子痛。我检查后没什么问题,就让其安静卧床休息会儿。没过多久,小D也来了,一样的情况,一样的处理。一张小床上躺不下两个人,我就让他们俩并排坐着休息。时间滴答滴答过去了十几分钟,小T来了,最后三个人排排坐在一张诊疗床上。孩子们凑到一起就开始滔滔不绝,一个肚子痛可以说好多好多,房间里一下热闹开了。突然小T说:"徐医生,我早上喝了中药,现在嘴巴很难受,肚子也难受。"我突然想到办公室的抽屉里还有一罐盐津条,于是我就拿出一根递给了他。当然为了公平起见,我给另外两个孩子也一人递了一根。"呀,徐医生,这个东西酸酸甜甜的,真好吃!"小小的房间里,充斥着孩子们满意的笑声和咝溜咝溜的吞咽声,一个个如小馋猫般,吃得不亦乐乎。

吃完了手上的这一根,大家都还想要。可是只剩最后一根了,该给谁好呢?一场"战争"立马打响了,三个小朋友为了争夺一根盐津条纷纷开始争论,房间里像炸开了锅似的,十分热闹。小T得意地说:"因为我嘴巴不舒服,所以徐医生才分享给大家的,我一根不够,我应该再享受一根才是"。平时性格有点内向的小Z一听,马上就不乐意了,嘟囔着小嘴说:"那怎么行,现在我们三个都是病人,怎么可以你一个享受这样的福利呢?哼,这不公平!"话音刚落,小D结结巴巴地说:"在我们家,哥哥什么好吃的好玩的都让给我。在这里,我是最小的,你们两个也都要让着我。"说着说着,小D还委屈地哭了起来。这时小T扯着嗓子喊道:"别哭了,我们石头剪刀布,赢的人说了算。"平日在班级里,小T也很有自己的想法,是一个特别有主见的孩子。每次大家都会听取或同意他的提议。今天也不例外,三个小朋友马上达成一致意见,"那就听你的吧!"并开始了一轮又一轮的角逐。

三个孩子,六只小眼睛,紧紧盯着自己的小手。经过紧张激烈的比赛后,小Z脱颖而出。按照比赛规则,在一旁静观其变的我就将剩下的最后一根盐津条递给了她。让我意外的是,她居然把一根盐津条平均分成三段,依次递给了另外两位小朋友。当他们再次一起分享美味的时候,欢声笑语又充满了整个房间。虽然只有指节般大小,但孩子们感到无比满足,这场战争就这么和平地结束了。

一段时间过去了,有一天小T突然很兴奋地跑到我这里,拎着一盒一模一样的盐津条,笑眯眯地递给我说:"徐医生,我找到跟你上次给我吃的那种盐津条了。上次你请我吃,这次我要返请你。"我也很惊奇,时间过去那么久了,孩子竟然还记得这件小事。当时我的心中倍感温暖,仿佛如春风般,盈满心间。看着小T稚嫩、灿烂的笑脸,我也笑了。

如此简单的一件事,幸福感却充满心间。孩子,真的是上天赐予我们最好的礼物,带给我们那么多的幸福。在孩子的世界里,没有战争,只有和平;没有计较,只有天真、童趣、公平和规则。我深深地体会到,孩子远比我们成人想象得要能干、强大。一件事情,他们的处理方式也许会比我们想象得更合理,他们也许会有更让我们惊叹的思维方式。有时候来自成人过多的关注或过多的干预,反而会对他们造成一定的干扰,不利于培养他们独立思考、自主判断、自立自强的品质。作为他们成长路上的支持者、陪伴者，我们可以尝试着放下心中的那份"不放心"，放手让他们自由讨论，自主选择，自主商议并决定，从"决策者"变成"观察者"。也许，在我们的思维和角色转变之后，会收到意想不到的"惊喜"。

宝贝，午安！

彭秋玲

陶行知先生说得好："捧着一颗心来，不带半根草去。"这正是教师无私奉献的写照。作为一名党员教师，在二十多年的工作实践中，我懂得了"爱是教育的灵魂。"2018年，我迎来了一群天真可爱的宝贝们，很荣幸地成为了小(3)班的班主任，每天用爱陪伴着孩子们健康快乐地成长！

午睡时光，楼下传来了"咚咚咚"的声响，我迅速扫了一眼小K的小床，果然是他，又悄悄溜到了楼下。我轻轻来到楼下，发现小帐篷里有动静，打开小帐篷一看，小K光着脚，趴在地上正在玩小汽车，他的身边扔满了各种玩具，嘴里还发出"嘟嘟嘟"的声响，小汽车也在互相撞击中发出各种响声。看到此景，我顿时火冒三丈，正想发怒，小K伸出手来把小车递给了我："老师，我们一起玩吧！"看到小K稚嫩的小脸上忽闪的大眼睛想邀请我一起玩，我的心融化了，孩子那么小，刚离开了熟悉的家，来到一个陌生的环境，就让他再玩一会儿吧！于是，我也钻到帐篷里，轻声告诉他："小K，我们再玩一会儿就睡午觉好吗？"小K不理睬我，继续玩。这时候，楼上午睡房又传来了哭声，我连忙上楼查看，当我再次返回小帐篷时，小K竟然不见了，这小家伙又跑到哪里去了呢？我四处寻找，教室里每个角落都没有他的踪迹，难道跑到外面去了吗？教室外就是侏罗纪庭院，他很有可能玩沙去了，想到这，我又急忙跑到侏罗纪庭院寻找，果然，这小家伙拿着小车在玩沙,满头满脸都是沙。这可不行呀,太自由散漫了,每天不睡午觉对健康也不利,我得想办法让他适应幼儿园的作息,好好睡午睡。于是,我抱起他,他在我怀里扭来扭去,大声抗议:"我不要睡觉!"他的叫声把其他小朋友也吵醒了。

我依然没放弃,把他整理干净后,将他抱回了小床,他开始睡不着,我就坐在他旁边,用讲故事玩游戏的方式,边讲故事边让他躺下来,再配合故事用不同的手法动作安抚他,当我讲到河水哗啦啦时,我用手上下在他背部滑动,当我讲到小狗敲门时,我又轻轻地拍拍他,让他身心放松,听着好听的故事,他渐渐安静了下来。因为小K很喜欢帮助老师做事情,所以我就在他耳边轻轻地和他说"宝贝快睡吧,睡醒我请你来当我的小助手,帮我发点心好吗?"小K点点头。过了一会竟然懒洋洋地对我说:"做老师没那么容易的,要有耐心、有智慧,还要有勇气。"我听了怔住了,又好气又好笑:"对啊!做不睡觉小朋友的老师更不容易,看我陪你那么有耐心,你就让我容易点,睡觉吧!"然后,我静静地坐在他身边,轻轻地拍拍他,看到他平静下来,就轻轻地和他说说他搭的乐高很棒,起床让他再搭一幢高楼……聊着聊着,慢慢摸摸他的额头,终于,他渐渐闭上了眼睛,睡着啦!

孩子,需要老师和他产生共鸣,需要老师更多的耐心走进他的心里,需要老师给他一个台阶下,更需要让他感受到老师的爱。他们其实也能理解成人的心,和孩子们谈谈自己的感受,打张感情牌,顺着孩子的兴趣点去赢得他对你的信任,是走进孩子心里的好办法。在此基础上,再设立规则,孩子便会心甘情愿地去遵守,去执行。每个儿童在成长的过程中都会出现一些障碍或问题,作为幼儿教师,迫在眉睫的事情并不是急于施教育人,而是要耐心细致地观察孩子,客观、冷静地审视成因,及时反思自己的工作,并且为了孩子去调整、改进教育策略。

"润物细无声。"一分耕耘,一分收获。这就是爱的力量、教育的力量!这就是一种无私的奉献!作为一名教师,我深感任重而道远;作为一名党员,我将牢记使命,为崇文这片教育热土燃烧激情,贡献力量。

爱，带来阳光

忻 菁

那一年暑假新生家访，她一头短发，一双会说话的大眼睛，个子小小，与妈妈手挽手来迎接我。这是一个文静的女孩，我这样想。"老师，您喝水。"她起身向我递水，然后又在我身边坐下。我环视周围，一个单间房，收拾得整整齐齐，上下铺床，一张小方桌。我向妈妈问起孩子的情况，"小S的父亲是大学教授，一家人原本生活得很幸福。但却因一场重病在她3岁时去世了。我一边工作，一边抚养孩子。"小S妈妈眼里泛着泪花，接着说，"好在女儿很懂事，从不让我操心，还经常会帮我分担家务"。小S一会看看妈妈，一会又看向我，腼腆地笑了笑。

学期初，我悄悄地观察小S。她是同学们心目中品学兼优孩子，课堂上专注倾听，作业字迹端正漂亮，但总是让人感觉不似其他孩子那样爱说话，她总是那样小心翼翼。渐渐地，我发现她并没有我想象的那样坚强与阳光。有一次，她数学考了91分。发下试卷那一刻，她脸色不太好。那天晚上，小S妈妈打电话给我："老师，小S这次考得这么不好。我这么辛苦打工赚钱养她，她就考了这么差的成绩来回报我。我打了她，她还不说话。我也不和她说话，她真是没法管了。"小S妈妈说着说着就哭起来。我明白一个单亲母亲把未来的期望都寄托在孩子身上的焦虑，只要孩子学习上有点偷懒或者行为上有点问题，她母亲就表现很忧郁、伤心，甚至做出一些极端的举动——训斥、打骂或是干脆对她不管不顾。我终于明白，小S的阳光与开朗并不是真实的,她的内心是孤独,也是压抑的。

如何改变这种让人心疼的现状呢?作为班主任,我抛开"导"和"育"的角色,而是给予她更多的爱与关心。那一年班干部竞选,她获选了班级的生活委员,放学时,我把她叫到我身边,握着她的手说:"小S,祝贺你成为班级的生活委员。你今天一定很开心吧!老师也为你高兴。你的努力,你的善解人意,大家都看在眼里,高票获选就是最好的证明,说明你在同学们心目中是一个值得信任的人。你要好好为班级同学服务哦!"她红扑扑的小脸上带着甜甜的微笑,腼腆地点点头。接下来的日子里,我寻找各种机会让她为班级做事,她变得忙碌起来。她的字特别漂亮,于是我嘱咐她每天在黑板上抄写课表。我拍拍她的肩膀,笑眯眯地对她说:"你的字真好看,老师一天的好心情从这里开始!"她因为常常帮妈妈分担家务,动手能力特别强,于是我鼓励她协助卫生委员做好班级卫生值日。我会悄悄把她叫到身边,塞给她一块巧克力或糖果作为奖励,对她说:"你太能干了,如果老师有你这样一个贴心乖巧的女儿该有多好!"她咧着嘴对我说:"老师,别开我玩笑啦!"渐渐地,我发现小S特别喜欢和我在一起,有时我在课堂上走过她身边,她会悄悄抓住我的裤角。当她考试不理想时,她会难过地跑到我这里倾诉。也许她真的觉得在学校里我就是她的妈妈。

那之后,她那双会说话的大眼睛里有了更多的色彩,脸上总是洋溢着自信与阳光,操场上还总能听到她银铃般的笑声……

时光飞逝,小S已经毕业了很多年。但是,每当她通过自己努力获得成功时,就会想起在小学最伤心无助时,曾经有这样一位老师给予她关怀与温暖。她会来一个电话向我轻声汇报自己的进步,一句温暖的问候关心曾经的老师。我想,她内心里曾经脆弱孤独的小种子早已长成参天大树,她成了一位积极乐观向上的人。

如果教育没有了爱,就如同池塘里没有水一样。教育,不仅要教给学生知识,更是要教会他们做人。每一个孩子心中也都有这样一粒种子,需要教师用爱心浇灌,用我们言行去引领他们健康茁壮地成长。爱可以带来阳光,让阳光浸润他们的心田,让爱在心底深根发芽。

老师，能帮我画个怪盗基德吗？

高晓妍

L同学是这个班乃至全年级、全校都赫赫有名的"大人物"，每个听到他名字的老师都会应和一声：哦，是他啊。

当然这个班不仅只有他这一个"人物"，他们不是跟不上，也不是不想学。作为一名新教师，第一年教学就遇到一个棘手的班级，先不说教学内容是否能落实，课堂常规对于我来说就是个难题。

在这期间，我们的L同学情况更糟糕，一直就是不愿意画画的那一个，绘画工具从来不准备，基础薄弱，不守纪律，很多书掉在地上不愿意整理，课桌都是乱糟糟的。我想了许多办法，起初我以为他只是没有绘画的兴趣，但通过不断地交流与引导我发现，L同学喜欢一些卡通、动漫人物，对绘画的兴趣还是有的。

对于那些绘画基础薄弱的学生，我开始树立他们的自信心，但对于L同学，我试了好多方法还是没有太大的起色。某天L同学看到了我为其他学生画的卡通动漫人物以后，在我巡回指导的时候，来到了我的身旁，试探性地问："高老师，能帮我画个怪盗基德吗？给我画一个，我就好好上课，好好画画。"

"你平时都不画画，我为什么要给你画怪盗基德呢？"我想了想他之前的上课表现便拒绝了他。

"那现在我听课、画画,你能帮我画一个怪盗基德吗?"L同学急忙追加了交换条件。

我思考了一下说:"那你一定要认真听课,每节课都必须好好画画,只要你能做到这两项,我就给你画怪盗基德。"

"好!"他坚定地说道。

属于我们俩之间的"交易"就这样达成了。回到休息室之后,我就对照着他选择的怪盗基德图片画了起来,准备在下节课的时候送给他。

那几天,他经过我休息室的时候会时不时眼巴巴地往里面张望,在走廊看到我的时候也会眼睛一亮跑过来问我:"高老师,怪盗基德画好了吗?"

我都告诉他:"想要拿到怪盗基德的画还要看你的表现哦。"

等到了下周美术课,我一踏进教室,L同学就兴奋地朝我扑来,一边还大声地问:"高老师,怪盗基德的画带来了吗?"

我反问他:"那你的课前准备做好了吗?"

"当然!"他略带骄傲地带我走到他课桌前。

本来我预想的是他拿到怪盗基德的画之后再认真听课画画,但出乎我意料的是,他真的带了一整套绘画工具,水彩、水粉、彩铅、油画棒应有尽有。他做到了他提出的条件,所以一上课我就当着全班同学的面将怪盗基德的画奖励给了他,也鼓励其他学生向他学习。

自那以后,L同学变了,每次课前准备都做得非常充分,绘画工具都带齐,上课开小差、乱讲话的现象也少了,有时候他还提醒别的学生专心听课呢。这件事深切地让我感受到孩子的潜能是巨大的,我们不能小看了每一个孩子。L同学提出的这个交换条件,在当时对他束手无策的我看来,就像看到了希望,即使不抱以太大期望也还是想试试,拉他一把,万一成功了呢?!

作为教师的我们要常常鼓励、赞美学生,发现他们的"闪光点",用他们的身上的长处去克服他们的缺点,用积极的心态克服消极的心态。往往教师不经意间的一句赞美,会给学生开辟另一片天地。很多学生在我的鼓励下放心大胆地绘画,哪里不会画的就来寻求我的帮助,可能是画一个小动物,可能是画一个物品,也可能是一个卡通动漫人物,久而久之认真画画的学生就多了。

这让我更加有信心,在今后的教育生涯中,作为一名党员教师,我会待人以德、爱生以情,真爱自己的职业,真爱每一位学生,用自己的实际行动忠诚于党的教育事业,并为之奋斗终生。

悦纳的幸福

雷文科

朱永新老师在《致教师》中说道:"作为教师,我们要相信每一个生命都有着与生俱来的力量,只是有待于教育来挖掘和唤醒。人无完人。最好的教育是不教之教,是帮助每一个人认识他自己,成为他自己。"

拥抱不足,包容自己和他人的不足,帮助孩子成为最好的自己。从接班的第一天开始,我逐渐地将自己的想法和理念渗透到孩子和家长的意识中,我希望用我的专业知识引领学生和家长学会悦纳,拥抱不足。

新的班级里,有这样一位特征鲜明的小朋友小C。她是班里年龄最小的,自理能力相对弱一些,每天的书包和桌面都是乱乱的,经常找不到作业和书本。久而久之,只要有作业没有交或者丢了东西的,小朋友们第一个想到的就是小C。小C看起来也很无奈,有些失落,有些孤独。

我觉得自己有责任和能力改变小C同学的这种状况,我相信随着年龄的增长,小C的自理能力会越来越好。于是,我决定先带着同学们一起来找她的优点,通过无限地扩大优点,让孩子们看到她的地方,慢慢悦纳她的不足。在一次"围圈分享"中,我出示了一张小C拉着小A的照片,画面十分温馨。我问孩子们:"你们猜猜发生了什么事?"同学们七嘴八舌地议论起来,甚至有几个同学大声说:"是小C一定非要拉着小A去玩……""小C总是这样强迫别人……"听到这里,我微笑地看着小A,提示她主动说出事情的经过。小A也非常配合地站起来，大声说了一句："不是，你们不要乱说。是我上厕所时不小心摔了一跤，哭着爬起来的时候，小C看到了，就过来安慰我。她担心我继续摔跤，所以拉着我的手一起走……"话音刚落，孩子们的眼光齐刷刷地看向小C，尤其是刚才那几个说她不好的同学，脸上露出了十分难堪的表情。看到这个情形，我赶紧说了一句："大家有什么想说的吗？"刚才那个声音最大的孩子慢慢站起来，低着头说："对不起小C，是我误会你了……"此时，其他孩子也纷纷举手，不停地夸赞小C，有的同学一边对小C竖起大拇指一边说："你做得真棒！我要向你学习！"还有的同学说："你这种品质非常好，要继续保持哦！"……同学们表扬了小C乐于助人、关心同学的好品质。甚至有几位同学还说出了小C同学乐于助人的事例，比如她会主动借给同学铅笔、特别会安慰同学等。渐渐的，同学们投向小C的目光由最初的吃惊变成钦佩。一张照片，让同学们都知道了小C乐于助人的好品质。小C在同学们面前也变得越来越自信，越来越阳光了。

通过这样的"互相表扬"，孩子们渐渐学会了用欣赏的眼光看待同伴，经常会肯定和夸赞同学。但是我们知道，孩子们都是在不断的犯错中成长的，我们除了"互相表扬"，还要进行"定期反思"。一次课前，小C的同桌告诉我小C忘记带卡纸了，看向一旁的小C，她气呼呼地说道："老师，他们就让我带卡纸，他们都不带。""那不是你自己说你带卡纸的吗？"同学反驳到。"那也不能就让我一个人带呀"，小C不甘示弱。"拜托，你要说到做到呀"，"我是准备好了的，但是昨天晚上忘记装进书包了"……小C终于承认自己忘带了。看到小C生气又委屈的样子，我知道此刻和她讲道理是讲不通了。下午"围圈分享"的时候，我带着孩子们对自己这一周的课前准备进行反思，并且把"带齐学习用品"作为这一周的自理目标。和孩子们一起努力，在班级里开展"时时表扬、定期反思"，班级里同学之间更加团结、包容，大家看到了同伴身上更多的闪光点，也能悦纳同伴与自己的不同和不足，并且真心地予以帮助。我也通过家长会以及和家长的个别化沟通，将悦纳的理念传递给家长，对于孩子的教育,我们一起做到"时时表扬、定期反思"。

悦纳,让孩子感受到更多的幸福!如果不能一视同仁,那么教师最需要关注的,恰恰是那些缺乏关注、不惹人怜爱的孩子。协助无力的孩子挖掘潜力,协助无知的孩子发现自我,正是教育的价值,也是教师的意义。作为一名党员教师,我希望我的家长们和我一起悦纳孩子的不足,帮助孩子挖掘潜力、发现自我,成为最好的自己。

倾听成长拔节的声音

施娇娥

小林和姐姐生活在一个富裕的家庭,有外公外婆宠着,爸爸妈妈疼着,还有两位保姆伺候着。这样一个受尽宠爱,一直被大人小心呵护长大的孩子,不能受一丁点儿的委屈。

第一天开学,下大雨,全班孩子都到齐了,小林却迟迟还未到。我正要打电话给小林的家长,手机响了。小林妈妈向我求救:"施老师,小林同学在闹脾气,不肯进校门!"我快步走到校门口,原来是外公只准备了一把大伞,让姐弟俩一起撑,姐姐下车时,走得快了一点,伞拿偏了一点,没顾得上小林同学,小林同学就认定姐姐不给他撑伞,赖着不走了。姐姐看她发脾气了,也懒得理他,自己先进了校门。

于是,我笑着问:"衣服有没有淋湿?"他见我说话和气,眉头轻轻一松,点点头说:"一点点!"接着我告诉小林:"姐姐可能是太着急上学,没顾得上你。我们一起相信姐姐不是故意的,好吗?一会儿我们一起去姐姐班级找她,让她向你道个歉,我相信你这么大气肯定会原谅姐姐的,对吧?"

"那……那……好吧!你说话算话,我就跟你进去上课!"

开学一个星期了。小林经常和小朋友们吵闹,不喜欢待在教室。他总是跟我躲猫猫似的,就连上课,他也一会儿在小树迷宫,一会儿在阅览室,一会儿在洗手间。

今天，我找到他之后，和他进行了深入的交流。我先请他自己说一说不上课的原因，接着我很认真地问他："别人都在上课，你在外面晃荡，吃亏的是你自己，别人都比你学得多，你就比别人落后了，你愿意吗？"

他怯生生地说："不愿意！"

"总是离开教室不上课，这可是逃课呀！无缘无故地逃课是要被批评的。如果经常逃课，学校是不会收这样的小朋友的。"

"那……那……现在我已逃了很多次课，学校还会收我吗？"他小心翼翼地问。

"那就得看你接下来的表现了。如果知错就改，学校就不追究。但如果再犯同样的错，就不受欢迎了。"

"那好吧！我听你的，我去上课！"

看着他乖乖地离开，我松了一口气。

开学近一个月了，小林的行为悄悄地发生了变化。小林不再像刚开学那样吵吵闹闹，也不再逃课了。他的转变缘于一次表扬。在一次写数字比赛中，小林的数字写得虽然算不上最好，但很认真、很工整，被评了优秀奖，班级只有十人获奖。他拿到奖状时，手舞足蹈地高呼："我获奖了！获奖了！"

我想，机会来了，一定要好好表扬他，让他树立信心。于是，我找小林谈话："小林，祝贺你获得优胜奖！看你这段时间表现不错，老师奖励你这一周的中午午饭后尽情地去小树迷宫玩。"

他惊讶地看着我说："真的吗？"

我很肯定地回答："千真万确！不过你愿意和我达成一个小小的约定吗？"

他很爽快地说："行，没问题，我听你的！"

于是我也和他约法三章：

一、不能擅自离开教室不上课；

二、和同学之间闹小矛盾，不苦恼，学会自己解决。如果解决不了，再找老师帮忙；

三、要与人交流，必须看着对方的眼睛。

一段时间之后，他对自己越来越有信心了，慢慢地喜欢上学校。

学校里，像小林这样自我意识强、任性敏感和耐挫力低的孩子不少，刚入小学，面对全新的学习、生活环境，难免更加的紧张、不适。对于这样状况频出的孩子，老师更应该设身处地地去理解他们。首先，老师要善于倾听孩子的心声，给予正面的积极引导。其次，老师要信任孩子是可以转变的，对孩子要有信心。再者，根据孩子的实际表现，在肯定的基础上逐步提出新的成长目标，帮助孩子学会相处之道，从而正确认识自己。

倾听，让我们听到生命成长拔节的声音，这是一种美妙的声音；

信任，让我们看到发自内心深处的真诚，这是一种美妙的感觉！

点亮童年

我爱上幼儿园！

许雯晴

2020年9月，当我得知自己要开始当小班班主任时，又激动又忐忑。听老教师们说，新小班入园的第一个月简直就是噩梦，总会有孩子们大哭一整天，老师就像是"抢孩子的坏人"。到了开学的时候，所幸情况要比预想中好一点，班里一共二十五个孩子，哭得严重的有七八个，有几个哭着哭着就会被老师有趣的活动所吸引，不哭了。

但是，有一位小姑娘——琳琳，她的年龄是班级里最小的，琳琳不仅哭得撕心裂肺，连教室的门都不肯踏进一步。看到女儿哭得如此伤心，她的妈妈也很焦虑，每天不到11点，就早早来幼儿园把琳琳接回了家。

我立马跟妈妈聊了一下如何解决琳琳入园焦虑的问题，才知道原来琳琳从未踏出过家门一步。在家中一直有专门的阿姨陪伴，平时就待在家里和阿姨、妈妈相处，哪怕是坐电梯，只要这个电梯里面有陌生人，琳琳也是不愿意坐的。我知道这个情况以后，明白了原来上幼儿园对于琳琳来说，是十分没有安全感、十分困难的一件事情，是需要更多的时间和策略的。

在第一学期，琳琳每天来幼儿园，我都会抱着琳琳跟她说："琳琳，老师和小朋友们都很喜欢你的，都是很爱很爱你的。"每天都重复跟她说，让她对老师和同学建立安全感、信任感。逐渐地，琳琳慢慢习惯了班级的老师和同学,但是依旧是只上半天的幼儿园。

　　琳琳从小没有同龄的玩伴,一直都是和大人玩。在班级里,她也总是自己看书、自己玩玩具,或者拉着老师陪她一起玩,当她看到小朋友们在一起玩时,我能从她的眼神里看出她的渴望。她也想和小朋友们一起玩,她也想要一个朋友,但她缺乏社会交往经验,不知该怎样向小朋友表示她的友好。但是她也慢慢开始尝试,她很喜欢班级里的一位女生小A,想和她玩,琳琳先是盯着小A,然后突然用手去抓小A的脸,小A觉得琳琳在攻击她,一躲,小A的脸上立刻出现了一条抓痕,小A大哭,琳琳不知所措地站在原地。此时我马上进行处理,先是处理小A的伤口,然后将小A和琳琳叫到一起,我问琳琳:"琳琳,你为什么要去抓她的脸呢?"琳琳低着头委屈地说:"我想和她玩。"我理解了琳琳只是不知如何表达友好,我耐心地对她说:"琳琳,如果你想和别人一起玩,可以先主动问问她,说可不可以一起玩,或者轻轻地拉拉她的小手,都是可以的。"琳琳似懂非懂地点点头。本以为琳琳经过这一次的事件不会再抓人了,但让我没想到的是,琳琳在第二天又抓了其他小朋友。我意识到,琳琳有很强的与他人交往的欲望,但是没有正确、友好的方法,我便主动带着琳琳跟她一起去交朋友,去轻轻地拉一拉别人的小手,友好的和其他小朋友抱一抱,鼓励她主动跟别人发出邀约,同时,我也引导班级中其他孩子主动带着琳琳一起游戏,慢慢地,琳琳不再抓人了,情绪也越来越开朗了。

　　到这一学期,琳琳的挑战目标是在幼儿园睡觉并且待一整天。一开始,琳琳怎么也不肯睡,要抱抱睡,要边走边唱歌睡,于是午睡的时候,我就抱着她在楼道里边走边唱摇篮曲。逐渐地,我发现我只是抱着,但是不走,她也能睡着了,后来我尝试将她放在小床上,坐在旁边哄她睡,逐渐地,大半个学期过去了,琳琳已经可以和小朋友们一起在午睡房睡觉了,她一点一滴的进步都让我十分欣喜。

　　现在的琳琳,每天早上可以自己背着小书包,开开心心走到教室,琳琳真的爱上了幼儿园。看到琳琳如此大的变化和进步,我也越来越体会到身为一名教育者的幸福感,也在这一步一步帮助琳琳成长的过程当中,我明白了没有所谓的特别学生,没有所谓的不能解决的问题,只要老师用心守护、用爱育人,每一位孩子都可以绽放出独特的光彩!

她的烦恼

陈 菲

  班里总有几位学生，学习优异，能力出众，就像天生带着主角光环，令人忍不住心生欢喜。我们班就有这样一位出众的女生小X，不仅学习好、运动强、跳舞赞，经常有各种展示自己的机会和平台，做事又利索能干，还是学校大队干部。

  转眼又到新一单元的单元自查，考试结束后，却有同学跑上前来悄悄和我说看到小X和后面的某位同学在传纸条，另一位同学也表示看到了相同的情况。看着同学们窃窃私语，议论纷纷，我趁着课间的间隙，不动声色地将小X叫到了身边。

  小X满脸通红，心虚地支支吾吾，泪流满面。我轻轻地问她今天是怎么了？随着她断断续续的讲述，我了解到原来啊，为了迎接小升初，小X妈妈给女儿报了初中科学学习的课外班，而初中的学习内容是针对初中生的认知水平来设计的，对于还是小学生的小X来说，太难消化了，导致在课外班一头雾水的小X在学校课堂上也明显兴趣和自信心不足，这是最近退步明显的主要原因。乖孩子做久了，又不敢和妈妈提出这个问题，所以现在问题就越来越严重了，才在考试中铤而走险。

  听着她的话，我也深深地感受到，我们眼中优秀的她也是背负着很大压力的。于是我就轻轻地拍拍她的肩膀，对她说："谁都有犯错误的时候，今天的事老师也相信你只是一时冲动。关于培训班的事情,你有没有向爸爸妈妈提出过自己的想法?"她烦恼地点点头,说:"我和妈妈说了,可是她依然要求我上培训班。""那你需要小菲老师帮你和妈妈沟通吗?"她红着眼睛,眼神中充满了无助。我已了然于心,摸摸她的脑袋,对她说:"你以后有什么烦恼,可以尽管与小菲老师说,我们都是你的倾听者。如果你不好意思,还可以通过心情日记写给我。"

事后,我就和小X妈妈面对面地聊了她最近的学习状态。她妈妈这才意识到,女儿光环的背后,原来已经压抑了这么长的时间。回家后,她与女儿进行了深入的交谈,根据兴趣和需求制定了课外班的计划。一段时间以后,小X脸上的笑容又回来了,感觉她整个人都轻松了,学习上又回到了原来的水平。

在后来的学习生活中,我会有意无意地关注她的表现。在面临一些挑战时,她会犹豫再三,止步不前,我会鼓励她丢掉包袱,轻装上阵;在和同学交往时,她会很在意同学对她的评价,我会微笑着告诉她勇敢地做自己。在学优生的光环下,往往容易被我们忽略的是:他们大多自尊心强,不能正确面对生活和学习中的成败得失,逆商低是产生心理健康问题中的主要原因。作为党员教师,我希望能以自己的正能量,通过正确的引导,帮助更多的崇文海燕在阳光下自由翱翔,飞向更广阔的天空。

不忘自己的教育初心,是我一直坚持的追求与向往,从教以来,捧着这颗初心,带着这股力量,一直与学生站在一起,学生的快乐与成长,就是对我工作最大的馈赠。

"小胖"变形记

费春梅

2019年暑假,我接手了新班级。暑期全员家访过程中,不少家长或委婉或直接地向我这个新任班主任提出要求:我的孩子不和"小胖"坐在一起。原班主任也特意叮嘱我,"小胖"是个需要特别关注的学生,学习成绩和行为习惯都令人担忧,在班级中是个不受欢迎的孩子。

开学以后,通过观察和谈话调查,我对"小胖"的学习情况、行为规范、交友方式、家庭关系等方面有了更具体的了解。同时,我也发现了"小胖"身上的很多"闪光点":能歌善舞、在校做作业积极、讲义气……我决定采取行动,改善"小胖"在班中的地位,让他通过自己行为上的改变得到更多人的认可。

班级"小讲师"活动正是一个契机,我向"小胖"发出了邀请。记得那天中午,我叫来"小胖",他有些紧张,抓耳挠腮,以为自己又犯了什么错误被同学或是老师告状。

"胖儿,小讲师活动你也报个名吧。"我微笑地看着他。

"不行,我哪会啊!"他第一反应拒绝了我。

有备而来的我,怎肯罢休?

"胖儿,这个忙只有你能帮我。"被拒绝后,我先示弱。

"啊?那我说啥呢?"看我一脸真诚地求帮助,"小胖"也有了几分动摇。

点亮童年

"这学期我们不是要参加军事体验课程嘛,可是同学们都没什么经验。你暑假里参加的军旅夏令营经历,非常适合拿来讲讲,激发下同学们的兴趣,也刚好让大家知道要做些什么准备。"

听着我的述说,小胖的脸色由羞赧,渐渐有了光彩。受到启发,"小胖"觉得小讲师活动并没想象中那么难,欣然接受了我的邀请。

准备过程中,"小胖"格外积极,先是写了稿子,让我帮他修改,又将整个"军旅夏令营相册集"带到学校,和我讨论演讲PPT中该放哪几张照片。看他为一件事认真努力的样子,作为班主任格外欣慰。

"小胖"的讲座基本顺利地讲完了,虽然全程不敢直视观众,最后呈现的讲座也不是最精彩的,但是这对于"小胖"来说已经是最大的自我突破了,全班同学都给予了他热烈的掌声,大家被他介绍的内容吸引。我在"小胖"的小讲师活动后,对他给予了极大的肯定,全班表扬;给家长打电话,肯定了他的精彩表现;一周反馈中"小胖"也登上了表扬榜;家长会上我将"小胖"做小讲师的照片呈现,为"小胖"在同学、家长面前营造良好舆论,让大家看到他切切实实的变化。

在发现"小胖"能歌善舞的特长后,我积极邀请他在班班有歌声活动中伴舞,让更多人看到他的特长。因为班班有歌声活动中的优异表现,他还被选中代表年级参加科技节开幕式的表演。当"小胖"劲歌热舞出现在小海燕电视台上时,全班同学前所未有地激动,他们拼命为"小胖"打call。结束表演,当"小胖"回到教室的那一刻,全班同学给予了他迎接凯旋英雄般的掌声。

一次次活动中的锤炼,"小胖"更有自信了,他偷偷告诉我,感觉同学们有点喜欢他了。我也为他高兴。

关注每一个孩子,让每个孩子都发光。作为教师,要善于发现每个孩子身上的"闪光点",借助活动平台,给予他们展示的机会,助力成长,让更多的"小胖"在活动中得到肯定,收获自信。

第三篇
师生共长·成就最好的自己

教育是师生之间的一场相遇

我不是在最美好的时光遇见了你们,而是因为遇见了你们

我才拥有了这段最美好的时光

生命的灿烂,源于师生的彼此成全,相互成就

师生本无一定的高下,教学也无十分的界限

相伴前行的日子里,一起探索、彼此尊重、教学相长

共同完成对自我的发现和超越

何尝不是生命中最美好的遇见

所以,感谢有你

在崇文"新班级教育"沃土的滋养下

我们一直同行,行走在每一个闪闪发光的日子里

借"健康墙"疏通心结 让"真心话"撬动成长

庄锋迪

"当发现小组的同学都像商量好了一样不让我承担任务时,我就觉得特别委屈;但是后来他们让我承担重要任务时,我又很担心,担心会让他们失望。"

"每一次当组长表扬我的时候,我总感觉很不舒服。因为她表扬我主要是为了批评或者提醒其他组员,我怕大家会因此远离我。"

"小组合作的时候,我们的组长太霸道。老师不在的时候她可凶了,大家都怕她。所以基本上都是她说了算,但是好几次我们发现她的决定不一定合适。我好心提意见,她却拿一件很小的事向老师告状说我不合作。真冤!"

……

上学期我带领学生开展《跟着节气去探究》的综合实践活动,以上是几位学生在成果交流与反思课上记录的困惑。读着学生在交往互动中微小且复杂的情绪体验,我陷入了沉思。

原来在我们看不见的角落,还有那么多的细枝末节引发他们内心翻江倒海的变化,原来眼前的每一个学生都有那么多的东西需要表达或质疑。但对于表达这件事,大量的学生也存在矛盾。一方面,他们自己分析处理的能力跟不上心中疑团产生的速度;另一方面,为了表现出自己是成熟的,他们往往会选择硬扛。有些疑团会随着学生认知水平的发展而消散,有些却会成为他们成长的路障。倘若家中的亲子沟通与教室里的师生交流趋向于"单向的指令",久而久之,他们也会慢慢"懂事",但也会慢慢地不再真实地表达自己,也许沮丧或抑郁因此而生。

基于以上思考,我提议在教室腾出一块区域专门用于"情绪表达",班里的学生都很赞成。每一天中午的闲暇时光,他们会去挂牌,以"高兴"或"不高兴"的表情展示心情状态。同时,我把一张"情绪认知脸谱图"贴在边上供学生对照,让他们尝试为自己的情绪命名。借着这面会表达的墙壁,特殊的谈话便在教室内悄悄发生。当墙上显示"不高兴"的表情时,我在下午茶等自由时间便会走近对应的学生,抛开学业或其他任务,纯粹扮演一个树洞,随时等候学生诉说。有时,我会收到一张纸条,如:"中午我很愤怒,但下午他来道歉了,我现在好了,已经没事啦,嘿嘿。"有时是简单的一句:"老师,人真的不可能长生不老吗?"有时等来的是一封长长的信……

"老师,我心里很不舒服,但是我不知道这种情绪到底叫什么。"S是一个微笑时眼神也会流露出冷漠的女孩,这次的她一如既往。

"哦?暂时没法命名,那就先描述一下吧。"我放下手中的任务,准备倾听。从平时的课堂发言与作业情况来看,这个女孩身上有同龄孩子少有的"老练"。担忧夹杂着好奇,我的心底涌动着同情与期待。

"这个很难用语言表达,我已经写了下来,一会儿我们全班都去上体育走班课的时候请您打开来看一看。"精美的信封,淡蓝色的信纸,是写给她爸爸的信。这封信让我知道了S那么多年的辛酸,明白了内心的孤独以及故作高冷的含义。信,显然没有也不打算交到爸爸手中,但对她而言,能够表达出来已实属不易。尽管我没有类似的遭遇,却也能领悟眼前这位学生的孤独。在家庭纷争与情感纠葛中生活过的孩子,会变得过于敏感、冷漠,他们会把自己包裹起来。对于这样的孩子来说,言语鼓励会比较乏力,因此我选择扮演她的树洞,坚持默默陪伴。

在接下来的每一次活力晨间,我会特意在S身边多待一会儿。有时暗示她融入和谐的群体，有时引导她大声笑出来，有时教她回击调皮男生的不礼貌。如今，她的话还是那么少，但表情变得丰富起来了，每一次看到S眼神中流露的暖意与笑意，我都会在心里为她祝福。

其实，学生面临的大部分难题我也解决不了，但至今学生依旧热衷于每天中饭后到"情绪表达"区域挂上心情牌，秀出自己的状态。每一次，我都抱着接纳的心态倾听，不评判、不说教，偶尔给予可能的建议供学生参考。在日复一日的坚持中，学生也逐渐将下午茶时间当成了不止于吃点心的知心时光。青春期前后的孩子情绪不稳定，这是人生特殊阶段正常的生理特点，古今中外都是如此。如果真诚的回应能让他们明白有人理解他，释放压力，宣泄情绪，减少因情绪问题导致的成长阻力，也是一份微小且有力的帮助。

与此同时，这样的尝试也激发了我进一步的探索，督促我在教育实践与理论学习的路上步履不停。一个个活生生的故事，一次次主动倾诉的烦恼，让我进一步了解学生的"气质类型"，考量其"学习风格"，分析其"心理需求"。慢慢地，我的谈话策略变得更加多样，也能更精准地组织团建活动。如学生因信心不足导致的烦恼增多时，我便组织主题为"优点大轰炸"的围圈分享；当因家长期望过高陪伴过少而导致的烦恼增多时，便设计"亲子对话"游戏，开设主题为"正面管教"的家长沙龙。

借"健康墙"疏通学生心结，让"真心话"撬动师生共成长。

听见你的声音

周露瑶

"校园",这两个字承载着我们对于童年、对于梦想所有最美好的想象。

毕业后,我来到杭州市崇文实验学校。"校园"二字,于我又有了非常不同的意义。这一次,这两个字关于烦恼,关于坚持,关于爱。而这一切,都从一段段声音开始。

刚走上岗位,校园教会我的第一件事就是——去倾听。刚开始的我是着急的,急于让孩子听明白,急于与家长达成一致。直到某一天放学后,偶然旁听到一位前辈老师与家长交谈孩子的问题。那位妈妈的声音不大,但语速很快,听起来令人感到些许焦虑。而前辈老师的话语并不多,更多时候静静地听着这位妈妈的诉说,直到她吐尽了所有想说的心声,教室里突然安静下来。这样的沉默持续了几秒,以至于我也不禁抬头望向那位前辈——她诚恳的眼神仿佛是在鼓励家长继续往下说。

那几秒的沉默,就这样印在了我的心里。校园里的故事,需要用耳朵去细心倾听。听那些无处不在的声音,也在无声之处静静等待。

我的班级里就有一位不太会表达的男孩。说他不太会表达,是因为他不喜欢参与课堂,课间也经常自己一个人倔强地在角落里玩耍,而平常与同伴有分歧时又经常吼叫或大打出手,不太懂得如何向他人表达自己的想法和情感。如果你试图私下与他沟通一些问题,他总会抿起嘴,紧张而戒备地望着你。在家访中我了解到，小C父母离异，他平时跟着妈妈，生活起居都由外婆照顾。妈妈也表示她对小C的"倔"脾气很不满，但因为工作太忙，不懂方法，也不够耐心，孩子的小毛病自己不能及时发现，问题大了也只能斥责、打骂，现在就造成了他这种自由散漫、随意发脾气的坏习惯。

那次家访后，我深深感到小C缺少的不是教育，而是陪伴与倾听。于是我尝试着课间主动与他聊天，但小C仍然非常戒备，更多时候是我说，他听。后来我又想，换个空间他会不会放松点儿呢？于是我开始了每天饭后与他的散步。不知不觉，在一年的校园生活中，我坚持着每天饭后都与小C共同散步回教室，一路弯弯绕绕，走走停停。慢慢地，小C已经能够对我倾吐一些平时从未对他人说过的故事和想法。在这个过程中，我也努力挖掘着孩子内在的特质。

有一次令我印象特别深刻。小C的手指受伤了，在内侧划了一个不小的口子。那天路上，他忽然主动说要告诉我一个秘密，我又惊讶又好奇。"老师，你可千万别让我外婆知道了，"他用小小的声音附在我的耳边，"今天我不小心在手指上划了个大口子。不然外婆肯定会很心疼的……"

那是我第一次发现，看似外表大大咧咧的他，其实却有一颗细腻且温暖的心。听他说得越多，我就越完整地看到一个生动且鲜活的小C。我似乎能慢慢读懂他的表情与小动作，其实那也是一种倾诉的"声音"。

一年后，我再一次进行家访。在这次正式家访前，我整理回顾了小C一年以来成长的点滴与闪光点，以及希望与小C母亲沟通的要点。出发前，我反复提醒自己，今天最重要的是倾听这位母亲对我们一年来沟通的想法、对孩子一年来观察的新发现。那天的交流很融洽，最后小C母亲还向我询问了不少亲子陪伴的问题。从一个小小的改变开始，试着去停顿、去倾听，给我们都带来了更多力量感。

这样静静的倾听，在崇文的校园随处可见。路过隔壁的教室，我常常看到两位包班老师蹲下身，去听孩子细细的稚嫩的声音；工作室活动，教研导师常引领我们反思，如何听到孩子们真实的想法；师徒组交流，师父为我示范着怎样去及时回应学生的声音……渐渐地,我也越来越懂得倾听,学会等待。带上一双倾听的耳朵,听见那些崇文校园里小生命们轻轻舒展、慢慢发芽的声音。我与这些声音,共成长。

还记得作为一名新教师第一次走入校园时,我听见了崇文的校歌,旋律悠扬。歌声里唱着:"崇文是自由的天空,我们是快乐的海燕。崇文书院,梦发芽的地方……"在这所听见彼此的校园里,我们共同翱翔,自由地成长。

尊重，从放手开始

郁 晨

"又是游戏课，玩什么呢？"每到游戏课，我的脑袋都会飞速运转，最终还是以失败告终，"哎，算了，还是玩上次玩过的游戏吧。"

同一个班级的游戏课已经上了五年了。这五年里，我把自己会的、电视里学的、网上找的游戏都给孩子们玩过了，有的一开始呼声很高，但屡次三番后，学生的兴趣逐渐消弭殆尽；有的则气氛平平，玩过一次就"腰折"了。更麻烦的是，孩子们长大了，对游戏的要求越来越高，要新鲜的不要陈旧的，要有趣的不要无聊的，加上游戏必须要有团队教育意义，这样的游戏哪里是那么容易找到的？

这不，我又开始焦头烂额了。

"郁老师！"一声脆生生的呼唤打断了我的思考，是小C。

"什么事？"

"有一件事我想向您申请。"我不得不停下自己的事情仔细聆听，"本周的游戏课能否让我来主持？"

"哦？"我的心脏猛地跳动起来，与孩子之间长久的默契让我迫不及待往下听。

"您是大人，我们是小孩，玩的游戏自然是不一样的。我们想玩一些属于自己的游戏。"嘿，这正是我头痛的根源！

"你想让大家玩什么?"

"传声筒……"接着,小C向我解释了"传声筒"的游戏规则和方式。

"为什么想玩这个游戏呢?"

"其实我们有好几个小伙伴在私下里玩过,只是没有跟全班同学一起玩过。它能培养我们的默契度,而且有些脑洞比较大的同学做出来的肢体动作会很搞笑,逗大家开心。"听到这里,我想到孩子们在学业压力下的辛苦,确实需要一节课让他们放松放松,何不就让小C试试看呢?

"可以,但你需给我一份游戏方案!"

"没问题!"小C得到了我的首肯,蹦蹦跳跳地回到了座位上。

不久,我收到了小C的游戏方案,标题是"今天我是'游戏王'",不仅有游戏名称、规则、场地要求、道具准备和活动意义,还配上了图表来帮助读者理解游戏过程,一看就是下了功夫的。我不禁面露惊喜之色。

游戏课当天,再次证明了我的选择是正确的。当小C在讲台上宣布,她是今天的"游戏王"时,孩子们的眼睛都亮了,迫不及待地想知道玩什么。小C准备了耳机、简易隔板、游戏规则提示板,主持得有模有样。接着,在小C的主持下,孩子们开始了游戏。当内向的小L在台上用屁股扭出一个夸张的S形时,当活泼的小Z为了让队员看懂一脸无奈地努力表演时,我和孩子们笑成一团,这都是我不曾见过的他们的样子。最后,全班同学在小C的带领下总结了本次游戏的诀窍和意义,下课铃毫无征兆地响了起来,同学们遗憾万分。整个活动我只是在旁协助,孩子们玩得是那样尽兴。小C主持的这场游戏,就像一滴晶莹的雨露,唤醒了孩子们游戏的激情。

从那以后,"今天我是'游戏王'"成了我们班一道亮丽的风景线。这仿佛是一剂良药,让我不再有头痛的困扰。同学们自主申报游戏主持人,填写《今天我是"游戏王"》活动方案,经过批准组织游戏。而我则退身成为一名"助教",怡然凝望着眼前的美好。随着时间的推移,同学们的积极性不减反增,几乎每位同学都抢着来当"游戏王"。更让我惊喜的是,默默寡言的小T、内向害羞的小S、不善言辞的小Z，都来申报游戏主持人，甚至还自己创编游戏。慢慢地，游戏课成了孩子们最期待的课程，由此点燃的创意之火不自觉地在整个班级中蔓延。偶有几次，在不经意地经过教室窗前时，我发现孩子们正围绕游戏展开激烈的讨论，整个班级洋溢着青春的热情。每到游戏课，校园里满是我们班同学"原汁原味"的笑。回首过去那个"老师说学生做"的班集体，我心中不禁感慨万千。是啊，教学中从来不应该是老师唱独角戏，只让学生倾听和服从，眼前这个充满活力、团结向上的班集体才是我梦之所在。

心理学研究表明："一个死气沉沉、缺乏活力的集体，将有碍于学生各方面的发展。"小学生对生活充满好奇，渴望介入生活，更希望自己的才干得到同学们的认可。教师应该充分相信学生、尊重学生、依靠学生，大胆放手让学生去实践，让每一个学生都有展示自己的机会，让学生都能成为班级工作的参与者、主持者、实施者。"今天我是'游戏王'"团队游戏课程机制放开了学生的手脚，给予学生机会和条件，让他们真正成为学习的主体，班级的主人。在这样的亲身实践中，学生的组织能力、责任意识、交往水平都在潜移默化中得到了锻炼，综合能力得到了不断的提升。

如今，我与这群孩子的关系在不知不觉中变得更为亲密。我更加坚信，儿童那无穷的创造力一定能够带给我们一个完全不同的新世界！

爱,是不能忘记的

郑裕琳

"白玉盘是什么意思呢?现在这道题你听懂了吗?请你回答我。"我努力沉下性子,压下焦急的情绪,尽力让自己显得心平气和,一遍遍地向小R同学确认着,问他是否听懂了刚刚讲的题目。只见他低垂着头,支支吾吾,说不出个所以然来。又是如此,问出口的问题总是得不到回应,师生二人又开始了无声的对峙,一个气急败坏,一个惜字如金。

这个故事的主人公叫小R,他总在课堂上发呆,导致课上的内容没有及时消化,作业很拖拉,且总需要一对一个辅。于是这样的场景,在学期初时总要反复出现。这让我很头疼,我一直以为,最主要的原因是他的学习态度不好,所以课堂不专注。可是课堂上的提醒和课后的个辅收效甚微,他的学习状态一直没有明显的好转。

直到那天,他又没能及时完成作业,甚至连昨天的作业都未订正好,这让我很气恼。恰好他当天的俱乐部开始得比较晚,当时离上课还有二十分钟,于是我便让他留下来补作业。那个下雨天,教室里空荡荡的,只剩下我们俩,窗外有渐渐沥沥的雨声。他立在我的桌边写作业本,我一边看他写题,一边改着抄写本。我当时心里盘算着,待会这道题要怎么才能和他讲得更明白,让他赶快把这项作业搞定。写到最后一题时,我看他又愣在那里,忍不住带着他读了一遍题。我清楚地记得,那道题是:请以"我多想"开

头,写下自己的愿望。

"你多想干什么呢？想一想。"说完这句,我又批了几本抄写本。再转头看他时,他已经快把这个句子写完了。我心中有一丝诧异,心想今天思路还挺快的,不需要我引导。于是我又仔细看了看他写的句子。当我拼出他写的句子时,我却沉默了。

他写道:我多想爸爸妈妈陪陪我。

我鼻头一酸,一时间说不出话,别的情绪一时间都消散了,只剩下了心酸和心疼。小R去上课后,我一个人留在教室里想了很多。我想,他这个心愿一定是在心里放了很久,才能这么快想到并写下来。我知道小R的爸爸妈妈平时工作很忙,他平时的生活起居都是外婆在照顾。他从小就常常是一个人玩,缺乏父母的陪伴,和父母的沟通和交流自然就很少,因此他的倾听和表达是欠缺的。可一个孩子的沉默寡言,并不代表他麻木,不代表他对周围的一切不敏感。在个辅时,他一定感受到了我的焦急和恼火,这让他更紧张和拘束,本就不流畅的表达就更加吃力了。

看着窗外渐渐暗下去的天光,雨声滴答,我懊恼极了。原来,是我忘记了,忘记了最重要的东西——爱。我急于弥补他学习上的不足,被焦虑冲昏了头脑,而没有想到他最需要的东西。一个渴望陪伴的人,是多么需要爱和肯定啊。那天我下定决心,不要在他的学习上急于求成,我要多爱他一点!

加上"爱的滤镜"后,我慢慢发现他有很多闪光点。他很热爱劳动,干活很利索,从来没有怨言。他很有领导潜力,在小组合作中会合理安排大家的分工。他很明事理,面对调皮的同学十分宽容,会讲道理。他很会坚持,跑步时从不落队,从不喊累。

时间久了,我渐渐发现,原来这份"爱的滤镜"也改变了我。当我的目光不再聚焦于他的不足,不断发现他的可爱之处时,我变得更加柔软了。每一次发现他的闪光点,我发自内心地在全班面前夸奖他。见到他的时候,我会不由自主地拥抱他。辅导作业时,我尽我所能给他创设一个安全和放松的表达氛围,鼓励他说得更多,说错了也没关系。和小R家长交流时,我主动表扬他,引导家长增加陪伴孩子的时间,提高陪伴的质量。我和小R还经常说悄悄话,平时我总把他叫到身边,有时随意聊聊天,有时总结今天的小进步,有时安慰和鼓励没有考好的他。

也许,这份爱先改变了我,进而改变了他。不知从哪一天开始,当我夸奖他时,他会露出腼腆可爱的笑容。他开始主动给我整理讲台,帮我发本子。他愿意举手发言,而且一次比一次积极。他还会主动来问我作业中不懂的题目,愿意和我说更多,而且表达也越来越流畅。在一次小测前的心情日记上,小R写道:今天我认真地复习了语文书,争取这次考到九十分以上!这样明确又强烈的学习动机,他以前是没有的。我在下面激动地留言:我相信你一定可以!

爱是看不见但可以感受得到的。我们常常说"静待花开"的道理,只是从前面对种种压力,我总少了那份平和,教育的胸襟和眼界也变狭隘了。小R使我醒悟,教书育人的初心,说到底,就是爱。给出这份爱的我,也收获了小R的爱。而正是这份爱,让我们彼此都获得都变成了更好的人。

与你同行，彼此照亮

朱 军

1992年，我从杭州师范学校毕业后，在娃哈哈小学工作了十五年。2007年调入崇文实验学校，到2022年也有十五年了。我记得第一次参观崇文校园的激动心情，想着如果能在这所学校里工作该有多么幸福。如今，我深深地觉得当年调动的决定是明智的，崇文的文化一直滋养着我，促使我不断进步。

直到现在，我看到校园的一树一花依然激动，看到学生运动嬉戏的画面依然感动，这就是爱吧。我爱校园的环境美，人文与自然融合得恰到好处；我爱同事，他们真诚、热情、高效、富有创意，谈得上是志同道合；我爱学生，开怀有时、落泪有时，陪着他们长大是极为宝贵的经历。

读万卷书，行万里路，阅万种人。教师这个职业带给我丰富的体验，让我理解了"宽容不是道德，而是对人性深刻的认识"这句话的含义。教师服务的对象是人，人无完人，正是与思想行为不成熟的小孩子打交道的过程中，让我由不成熟逐渐走向成熟。

小C是个在幼儿园就表现特殊的孩子，到了小学依旧如此。他在课堂上要么捧着一本书看，要么做自己的手工，想听就听，想说就说。他很聪明，但不肯做作业，尤其讨厌写字，作文常常不写。这还不是最大的问题，麻烦的是，他不能体会别人的感受，无法理解规则，没有约束感。在课堂上,他会突然站起来,随意走动,甚至离开教室。如果有协同老师上前询问,他一般不予理会,如果老师试图阻止,他就大声尖叫表示抗议。有时同学回答错了,他会无所顾忌地大笑,还笑得停不下来。他会毫无理由地破坏同学的学具,如果觉得被同学冒犯了,立即出手打人。说实话,遇到这些状况,我很恼火,也有无奈感。

但同时,我也提醒自己:你是教师,一个不懂事、有缺点的孩子更需要爱,做老师的切不可心生偏见,也不能急躁。一方面,我得坚定,不能放任自流,要保护好其他同学的权益;另一方面,我要温和,看到他的闪光点,发自内心地欣赏他的长处,相信他未来的可能性。

弄断同学的尺子后,我带着他去学校附近的文具店,让他挑一套尺子,我买来让他亲自送给同学。几次之后,他这样的行为就少了,我也很欣慰。

他非常喜欢阅读,我有意识地选了一些书买来放在班级图书角。有一次我看到他在看《佐贺的超级阿嬷》,问:"这本书怎么样啊?"他的评价是:"一万颗五角星的好看。"我非常感慨,他才读二年级啊,阅读量与阅读深度远超过同龄人,只可惜缺乏表达能力。

他喜欢做手工,动手能力强。有一年,我们要搬到新装修好的教学楼,我买来DIY的凳子材料,请他帮忙组装,他爽快地点头,把图纸摊在地上,一会儿就把两张凳子拼装好了,至今班里还在使用。

他虽然不喜欢做作业,但可以一遍又一遍地看数学类的课外书,书里的内容对这个年龄的学生而言是比较难的。疫情期间,我给他布置讲解难题的任务,他找了排列与组合的题目,并制作成微课,讲得特别有条理。最后我做成三期微信,发布在"美妙数学天天见"的微信公众号中(该微信公众号由特级教师朱乐平创建),让他获得成功的体验。

小C行为特殊,一年级时没有小朋友愿意和他同组,老师一换座位,晚上就会接到家长的电话,表示不愿意自己的孩子与他坐在一起。我二年级接班时,首先做班级同学的思想工作:"朱老师读书时从来都是和最调皮的孩子同桌。"到后来,无论怎么换座位,都没再接到家长类似的电话。班里的同学对他十分包容。四年级下学期结束时，家长决定让小C转学，当我们告诉学生这个消息时，好多同学当场就哭了，有的人回家还哭，表示舍不得小C。我深深地被孩子们的纯真、善良、重感情而感动。

　　一直以来，学生的真情是我最大的支持。三年前，2011届学生小L的家长找到我，告诉我小L考上了美国某大学学习艺术设计，也表达了对我的记挂与感谢。其实，我只教了小L两年的数学，我记得这个孩子当年挺调皮，上课捣蛋下课打架的事没少干，成绩也不好，家长带他看过医生，诊断说有多动症。我总能找到他的优点，一有机会就表扬他。有一次放学后，家长来晚了，他一个人去了校园的小树迷宫玩。结果，家长来校后找了好半天，十分着急，一见面就数落他。小L生了气，抛下一句"我去找朱老师评评理"，就回教室了。家长对我说，孩子把朱老师看得很重呀！能够被孩子、家长记得，对我而言也极有意义。

　　与其说我有本事帮助孩子，不如说孩子们一直在成就我。在近三十年的教学生涯里，我遇到过形形色色的孩子以及背后形形色色的家长，当发生一些状况后，当时的我会焦虑不安，抱怨学生、家长，甚至质疑自己。随着时间的推移，无数像小L这样的孩子、家长在当年或多年以后，给了我许多积极的反馈，有表扬鼓励，也有善意的建议，成为我宝贵的财富。很多时候，教师的作用是有限的，但我希望能在有限的能力范围里，创造一份美好，感受并传递爱、快乐与温暖。我会一直努力，做孩子们的同行者，行走在每一个闪闪发光的日子里。

夸奖是甜的

杜 磊

"哎,男孩子怎么那么调皮?真得好好想想办法……"一阵无奈的叹息从身旁传来,同事又在为班中的男孩子头疼了,这似乎是体育老师共同的"烦恼",而我也是其中一员。

在我的体育课上,有几个男孩子十分好动,打闹与矛盾时常上演,他们总会争得面红耳赤,彼此间不服气。这不仅影响其他同学,也扰乱课堂秩序。刚开始,面对这种情况,我只是停下来不痛不痒地说几句,开始几天他们相安无事,但是几天后马上又老方一贴。有时候我也会气急败坏地批评几句,虽然也取得一定的效果,但不是很理想。以至到了后来,孩子们总是一副爱理不理的样子,口头上答应了,行为上却分毫未改,真是"虚心听讲,坚决不改"。反复发生的争吵逐渐消磨了我的耐心,气愤与无奈交织成一张无形的网,萦在心头。

问题面前怎能退缩,必须面对现实!教师的职业素养驱使着我冲破迷惘,不断探索。

在和这几个孩子"斗智斗勇"的过程中,我慢慢摸索教育的内涵,我的心态与理念竟在不知不觉间发生了变化。老师心里不能急,如果老师急躁的话,结果只可能会越来越糟。我试着平心静气地与他们交谈,孩子们发现我没有指责他们,而是如此温和,有些诧异之下,慢慢地也变得心平气和，我的眼前似乎出现了一丝曙光。

那一天的灵光乍现是我永远也忘不了的。下午社团课，小W和小L俩哥们在打篮球时发生争吵，进而发展为你推我搡，发生肢体冲突。眼看一场"战争"即将爆发，我立马制止他们。只见两个人都满头大汗，涨红了脸，怒视对方，一脸不服气的样子，情绪极不稳定。我先用磨炼出的"平心静气谈话法"稳定了他们的情绪后，继而灵机一动，既然两个人是非常要好的朋友，一定是非常了解彼此，我何不好好利用这一点来化解这场干戈。"现在，你们用最快的速度说出对方的三个优点。"我让两个孩子面对面站着，两个孩子面面相觑。我又补充："一句夸奖一颗糖！"两个孩子一听有奖励，脱口而出对方的优点，说着说着两个人面对面笑起来，气氛也轻松起来，把刚刚的争吵完全抛之脑后。经过一番了解，两个人因为一些篮球的动作到底犯不犯规产生了争执，于是我用专业的分析帮他们解决了这个规则问题，看似麻烦的争吵事件就因为一颗糖迎刃而解。俩哥们嚼着糖，相视一笑，并肩走回球场。

孩子与孩子之间，尤其是男孩子之间发生点摩擦，是很正常的事情。这个时候怎样去疏导，确实是一门学问。有时，同学的力量胜过老师的力量。尤其对于小学高段的学生来说，朋友占据着举足轻重的位置。同学之间一旦建立起友谊的桥梁，就会无话不说。遇到问题与冲突，我们要设身处地地从孩子的立场出发，引导孩子与同伴之间合作交流，让每个孩子学会去欣赏对方，让彼此成为良师益友。

那天临近放学的时候，我又再次找到小W和小L。"夸奖别人的味道怎么样？"我微笑着询问。"还不错！"此时的小W有些难为情，嘴角的弧度微微上扬。"夸奖别人的味道是甜的！"小L抬头迎向我的目光，一双明眸光彩夺目。夸奖别人的味道是甜的！这句话深深地震撼了我，如一簇火苗，瞬间解开了困住我的大网。我的脑中如走马灯一般，两个孩子过往在比赛中的精彩表现不停流转。我咧开嘴，朝他们夸张地竖起大拇指："你们俩不仅球打得精彩，还善于夸奖他人，为你们点赞！""杜老师也吃糖啦！"说完，俩人捂着嘴,嘻嘻哈哈地跑开了。

　　此刻我深刻地认识到孩子之间相互欣赏的力量是多么强大,有时候巧妙地运用欣赏所产生的效果比直接教育引导要好得多。老师同样也要学会欣赏孩子、夸奖孩子。不经意间,孩子们给我上了一节课,给了我很大的收获,让我感受到了彼此欣赏的力量,也让我感受到了那份真诚。"夸奖是甜的!"这句话将陪伴我继续在教育之路上前行……

成为更好的自己

方雪瑶

"老师,我……我这道题……题目……我还是不知道。"

这已经是我给小D讲这道题的第五遍了,试了五种不同的方法,竟然还是没法让他完全理解,他支支吾吾、无法连在一起的语言让我的头渐渐地痛了起来。上课铃声打断了我的烦躁,我深呼吸挥了挥手,让小D先回到位置上了。

在我正式接班的第一天,我就发现小D是一个比较特别的孩子,他的读写能力比较弱,语言表达不那么流畅,书写时也总是出现颠三倒四的情况。

上个学期,我担任这个班的跟岗老师,当时只是觉得这个孩子总是沉默寡言的,上课也不举手,并没有觉得有什么特别之处。

新学期刚开始,未曾想我竟然接替这个班的语文课,正式开始了语文教学的征程。从那时起,我才真正感受到小D的特别:每每上课,我都能看到小D迷茫的、写满困惑的眼神;每每批作业,都能看到他作业本上龙飞凤舞的字迹,以及一句又一句无法连在一起的病句;有时,小D甚至会把常用的词语颠倒来写。

我一直以为,这是因为小D的基础不扎实、做作业时不认真导致的。"小D,复习的时候不会写的字请你多写几遍!""小D,阅读理解用老师教的方法做,在文章中划出来!""小D,上课动动脑筋、多思考,要多举手呀!"

可在我一句比一句更加严厉的语言中,小D不仅没有进步,反而在我的课上更显局促了,他的手也不再举起来了。

"老师,我真的写不出来。"终于,在一次习作中,小D略带委屈地跟我说。

风很轻,空气很安静。因为已经放学,热闹的校园也渐渐地回归平静。我和小D面对面坐着,修改这一单元的习作。我看着修改不完的错别字与病句,问小D:"上课讲了这么多范文,你一篇都没有听懂吗?全班同学都开始誊抄习作了,你还没修改好吗?"

但当我看到他略带委屈的眼神后,我心里"咯噔"一声,我突然对自己的暴躁感到愧疚。我为什么要对一个孩子感到焦躁呢?大学里,学习了这么多教育理念,竟然在日复一日的工作中被我抛掷脑后了。

我记起在上个学期新年送书活动中,张老师建议我选择《隐形的天才——如何教育有读写困难的孩子》这本书,用书中的方法来帮助小D。周末,我便去书店购买这本书,毫不犹豫地开始阅读。通过阅读,我了解到了"读写障碍"这个名词,也了解到了这些"隐形的天才"。我开始反思自己,意识到我在日常教学中只看到了他的不足,却从来没有关注到小D真的努力了,他真的做得很好了。

在了解了与"读写障碍"有关的理论后,我开始转变对小D的教育策略。之前上课,因为害怕小D支支吾吾的发言会影响课堂节奏,所以我极少让他回答难度较大的问题;现在的课堂,我开始让他回答有思维含量的问题,并且让他慢慢地把一句话说完。他逐渐从一开始断断续续说不好一句完整的话,到现在能够较为连贯地表达自己的想法。

成长的不仅是小D,我也在逐渐地成熟起来。"因材施教"不只是书本上的一句话了,它开始出现在我的教学中。我不再焦虑地打断小D的话,而是用鼓励的语言让他把话说完,并在他完整表达自己想法后让全班同学给予他掌声。订正作业时,我也一改往日严肃的语气,不急于让小D把作

点亮童年

业订正完,而是轻声柔和地将题目讲了一遍又一遍,直至小D完全明白为止。

在一次次的掌声中,在一句句的鼓励中,小D身上的局促消失了,我在他眼里逐渐看到了光,一种名叫"我想要"的光。

"老师,这个送给你呀!"六一儿童节那天,小D拿着兑换来的礼物,满脸笑容地说道。

"这可是你靠自己游园的章换来的礼物呀!自己留着吧!"

"方老师您收下吧,我知道我每次订正作业都很慢,但您从来不批评我,总是给我讲了一遍又一遍,有时候我自己都听烦了,但您还是满脸笑容。今天儿童节,希望老师您能一直开开心心哦!本子送给您,记笔记用呀!"

那一刻,我好想抱抱他,他什么都懂。

每一个孩子,都是一朵花的种子,只不过他们的花期各不相同。有的开得早,有的则需要很长很长时间,从土里汲取养分,慢慢长叶、开花。细心呵护每一朵花,是我们作为园丁的责任,看着每一朵花都绽放出属于自己的美丽,又何尝不是一种幸福呢?

童年的保护色

王芷君

  大自然中，动物有各自的保护色，隐匿于自然，避免受伤害；植物也有尖锐的"神秘机关"，一触即发，保护自己。人也有自己的保护色，包括每一个孩子。

  最初接触小Y同学还是在科学外教协同课上，那时的我作为一名临时代课的新老师，对班级的学生并不熟悉，小Y同学成为第一个被我记住的学生。不是因为他的口语表达有多么地顺畅流利，也不是因为他的想法多么地独特有趣，而是从其他同学口中得知。"老师，小Y又在踢我的椅子。""老师，小Y不认真听课还丢纸团到这里来"……而转身，我就看到了小Y满脸写着不服的表情。每节课如此，层出不穷。在那两个月里，每次代课的35分钟都是我最苦恼焦虑的时候，不仅是因为总有关于小Y同学的新问题出现，更重要的是担心自己一不留神之下，小Y做出了什么"不得了"的事情出来。还好很快，随着原科学老师的回归，我不再担任这个班的外教协同，也没再怎么想起过这个让我头痛的小Y。

  三月份，新学期开始了，我被分配到了带班任务，谁能想到偏偏就是小Y同学所在的班级呢？在最开始的几节课中，我和小Y同学的相处可谓是摩擦不断、较劲不停。英语晨读，他总是顾自嘴巴微启、轻言细语；课堂上，他依然懒懒散散，很不配合；在课下，他的咆哮声不由得让我对他莽撞暴躁的性格"敬畏三分"。但不管是我含沙射影的暗示,还是直呼大名的警告,回应我的不过又是那张写着满脸不服的倔强的脸。就这样,一个月过去了。在此期间,小Y同学因为不慎受伤而坐上了轮椅,行动不便,课堂上也安分了许多。

五月前夕,孩子们万分期盼的春游活动终于公布了,每一位同学都难以掩饰内心的兴奋,小Y同学也是一样。那时的他刚刚摆脱轮椅,终于站了起来,但依旧行走不便。春游那天,我看到他皱着眉头全力地在跟着队伍,走得很慢,我便主动留在了最后,陪着小Y一起慢慢走,并在心底不断地告诉自己:"出来玩,要耐心,不生气"。

或许是因为脚步实在难以追随队伍,或许是有了我在他身边的陪伴,小Y同学索性也开始不紧不慢起来,时而叼着竹叶慢悠悠地"观光",满眼新奇,时而趴在栏杆上对着湖里的鱼傻乎乎地喊话,原本漫长的路也显得似乎更轻松了些。这一路,我就陪在他的旁边,一边听他的碎碎念,一边耐着性子回答他或幼稚或认真的问题,他会抬杠一样地故意反驳我,但也会在若有所思时一言不发。也许是因为真的脚痛走不动了,他不经意间牵住了我的手,那一瞬间,我错愕不已。我是一个不喜欢被其他人触碰的人,每次遇到稍有陌生的人忽然挽住我,我总会条件反射一样地迅速抽出手,自心底感觉十分不适。而这一次,我却下意识地没有像往常一样抽出手,而是装作若无其事的样子,我们就这样手牵手走了一路。临上车前,小Y同学忽然主动提出:"老师,我想跟你坐在一起。"我内心无比惊讶又好奇,更透着一丝开心,我追问了原因。他说:"因为你更喜欢聊天,你能回答我的问题。"那一刻的我,是喜出望外的,同时我也忽然意识到,原来小Y也是个孩子,是个顽皮可爱的孩子,或许是因为学习上没有那么优秀,便想通过其他方式来获取关注,只不过是他选择的方式与众不同,所有的强硬不过是他的"保护色"。

春游回来后,我和小Y都有了很大的变化,不再像以往的"硬碰硬",而是像朋友一样,变得柔软起来。在学科上,我对小Y没有了强硬的命令,而是留心他的闪光点,他的回答我细细听过,他的作业本我一一翻过。我发现小Y的书写在班级里数一数二,便以此为契机当众表扬他,把他的作业在课堂上展示,其他同学也频频点头表示认同;在平日里,他也没有了锐利的棱角,和我说话的时候虽依旧很皮,态度却温和了许多,甚至在最近的英语考试中达到了自己前所未有的高度。我在全班夸奖他时,看到了他明明想克制却情不自禁上扬起来的嘴角,果然是个幼稚的小朋友!

慢慢地,小Y同学改善了许多,我看到了他日复一日的进步,也留意到即使批评他,他的表情也从满脸不服变成了心悦诚服。小Y在我面前渐渐淡化了保护色,他所有的棱角都柔软了起来,流露出更多孩子气的一面,我也用柔软的态度包容他、回应他,我们就这样都找到了彼此最舒适的相处模式。不知不觉中,我也褪去了自己的保护色,试着从摸摸头、拉拉手开始,主动亲近学生,如今在走廊里遇到学生的时候,他们会早早伸出手来准备和我击掌。

小Y同学是我工作中遇到的第一块"硬石头",正是通过与小Y的相处,我学会了如何与小朋友拉近距离,也认识到,是自己的态度温柔,让他的性格逐渐柔软;是自己的用心呵护,让他才敢表达最真实的自我。原来,来自老师温柔的关爱,才是童年最温暖的保护色。

点亮童年

心与心的叩击

季主怡

我有一个非常优秀的学生！他是校园明星，诗歌朗诵、艺术节开幕式、崇文好声音……哪里都有他的身影。

可就是这样的他，会"忽悠"我，反馈单今天忘带了，明天忘签了，后天忘家了，整整一个星期都交不上来。

他会"调侃"我，英语舞台剧海选时，他一直叽叽喳喳说个不停，我忍不住说："你到一边去！"只见他躺在了地上，滚了三圈后起来拍拍屁股问我："老师，你满意吗？"

他还会"戏弄"我，故意让我帮他拉上正装裤子的拉链，看我一脸通红的样子，他却笑着跑开。

就是这样的他，让我时常哭笑不得、气急败坏、无可奈何，真的是又爱又恨！

我尝试过很多办法，找他过谈话，和他签过君子协议，奖励过他，惩罚过他。但他依旧是那个他，调皮捣蛋，无所畏惧。

直到有一天，他终于安分了。因为他生病了，阑尾穿孔住院。

那天下班后，我去医院看他，看到他的那瞬间，我呆住了：那个曾经一溜烟让我抓也抓不住的他，此时，正弓着身子，腰间挂着一个排毒瓶，一只手护着肚子,一只手扶着外婆,脚颤抖着向前挪动着。还没走一步,他就痛得瘫靠在外婆身上。我连忙走上前,给他拿来椅子,搀扶着他坐下。他缓缓地抬起眼睛看了我一眼,又缓缓垂下眼睛,轻轻地问:"我会不会死?"

我的眼泪瞬间就在眼眶里打滚。我情愿他这个时候还是那个调皮捣蛋无所畏惧的他,会调侃我、戏弄我、忽悠我,让我抓狂,让我气急败坏……我强忍住泪水,轻轻握住他的手,对他说:"你怎么会死呢?舞台剧的角色还给你留着,我们都在等你回归。"他抬起头,黯然的眼神中闪过刹那间的一丝光芒。

两个星期后,他回来了,而且有了变化。

原来他是远远地看到我滑到我的面前,跪拜式地问好,让我尴尬。现在他会走到我的面前,看着我的眼睛说:"老师好!"

原来他是课堂上的"倒胃剂",经常会说一些不合时宜的话引得全班哄堂大笑。现在他是课堂的"调味剂",精彩的发言让课堂增色不少。

原来他会很嘚瑟地说:"国际文化节来了,我出风头的机会又要来了!"现在他在排练时变得谦逊、有礼,还会向我请教怎么把英语台词说得更流利、更纯正。

我惊讶于他脱胎换骨的变化,却也百思不得其解。直到他妈妈告诉我,那天我在医院里对他说,英语舞台剧会等他回来表演,他很感动,觉得老师和同学们没有放弃他。从那以后,他一直很期盼,每天都念叨着要早日回来参加表演。

曾经,满怀教育热情的我会因为工作中那些不断的付出,不停歇的关怀而得不到回应感到心累。总会问自己,是我太年轻了吗?是我做得不够好吗?是我处理问题的方式不够有艺术性吗?我也会疲惫,深深无力于那些调皮捣蛋的小孩。

但这个小男孩的变化让我突然明白了:我们的一句话,一个动作,甚至是一个眼神,一个微笑,也许就在某一个时间点对孩子们产生了化学作用,让他们不断改变着,进步着,成长着。我也明白了,无须计较孩子是否能都即时回应并理解我们的做法,坚持做我们应该做的事,一如既往关心呵护,一如既往细心浇灌,总能等到孩子成长过程中的突然顿悟,总会在某个清晨听到花开的声音。

此后,再焦头烂额也努力微笑,再气急败坏也温声细语,再无计可施也不忘用眼神肯定孩子们的努力和进步。用平和的心态,慢慢地拉近和孩子们的距离,有艺术地处理各种问题。不忘教育的初心:真心地对待每一个孩子,真挚地完成每一件事,真诚地说每一句话。我想,这也是我的顿悟和成长。

点亮你心中的灯火

董瑞欣

每个清晨,伴随着太阳的升起,我开始了美好的一天。绿茵场上,我和孩子们挥洒汗水,尽情奔跑;教室里,聆听孩子们的琅琅书声,动听悦耳;食堂里,看着他们大快朵颐,健康成长。黄昏时分,我送每一个孩子安然离开学校,晚上看着他们稚嫩的笔迹,用学过的教育理念融入每一次备课里。孩子们就这样一天天长大,我也越理解,教师这个职业就如同春雨般"润物细无声"地呵护着每一个祖国的花朵。我想这便是我一生想要追求的事业。

但育人之路并不会一直像这样宁静平和,也会时不时出现一些"小插曲"。

"砰!"摔成两半的尺子飞到了我的面前,此时正在上外教美术课,又是小华,他这次情绪爆发好像有些过度。"小华,不管发生了什么事情,你都不能破坏文具,不能影响其他同学们上课!""他答应我要借我彩笔,是他先反悔的!"怒气冲冲的表情里夹杂着些许委屈。"我知道了,你先回到座位上。"

这是小华,还记得初次见面时,他那方方的脸上架着一副蓝框眼睛,看起来真像一位小博士,时不时地在沙发上蹦来跳去,无法平复自己将要成为小学生的激动心情。那时我眼里的他,是一个喜欢动脑筋、热爱表达的男孩子。但是,一个月后,却曾一度被老师认为是问题学生。小华的脾气有些暴躁，与同学相处中存在一定的交往障碍，发生矛盾时不太会进行沟通，有时会把书本、文具等用品狠狠扔在地上来发泄自己的情绪，其他学科的老师也会来跟我反映各种关于小华同学的情况。"这是你们班小华同学的眼镜，他上选修课时突然生气，把它丢在了地上。"我的怒火一下子窜了上来，他最近本就听讲不够认真，作业写得不够好，加上这件事情，让我彻底爆发。"小华！你怎么可以这么任性！""是他们先嘲笑我的！"我愣住了，我从来都没有发现这件事情，我只关注到他上课不专注，关注他写字不够好看，我从没有问过他在学校到底过得开不开心，和同学相处得如何。我突然冷静了下来，坐在位子上不知该说些什么。放学前我帮他整理了书包，看到了那些撕碎的纸条、两半的铅笔、乱涂乱画的书本……我开始自责，是我对他的关心太少了。

"他是不是又在学校闹脾气了，又给你们添麻烦了。"小华的妈妈对他也很是头痛，最近在家里也会经常生气、摔东西。于是我们决定约在学校好好聊一下，我这才了解到小华的爸爸工作比较忙，经常在北京、深圳两地跑，在家陪伴孩子的时间很少，父子俩平常的联系方式就是视频聊天。在孩子成长的关键期，父亲的陪伴方式是网上互联，这意味着陪伴的缺失，是安全感的缺失。我恍然大悟，他那些行为是想要得到老师更多的关注，得到同伴的认可。我回想起每次的科学课上，小华总是兴奋不已，发言也比平时积极主动，对科学知识特别感兴趣。于是，我们决定开启转化小华的特别行动，从"围圈分享"这个平台入手，每周开设一次"小华讲科学"的栏目，有精彩的科学实验秀、激烈的知识竞答、有趣的绘本分享……他那小小的脑袋里仿佛装了一个科学宝藏库，每次看到讲台上滔滔不绝的他，都不禁让我回忆起了初次见他时的模样。"小华，你真像个小博士！"我对他竖起了大拇指，同学们也发自内心为他送上了掌声，看到他脸上逐渐绽放出的笑容，我也倍感欣慰。一次周末，我们在视频聊天，他说最近在做编程，并迫不及待演示给我看，我立刻提议让他录成视频上传到班级圈共享，真的收到了很多爸爸妈妈和小朋友们的点赞。

小华的妈妈也是这次行动中强大的后备军，帮助他录制编程视频和讲故事的视频，为他准备表演时的各种道具，还精心进行后期的制作。孩子的进步与妈妈的努力付出是分不开的，因此我们也请妈妈在家长会中进行了分享，在如何培养和激发孩子创造力方面等进行了交流，真正践行了"我们的孩子，我们共同来教育"的理念。这其中不只是老师和家长，也有家长和家长携手同行，为孩子打造了一片属于自己的蔚蓝天空。而现在的他，获得了两次"小海燕成长生"的称号，不再是学校中的那个暴躁男孩，而是一个创造力满满、心态阳光的学生。

　　"教育不是为了装满，而是把灯点亮。"真正的教育，不只是为了给孩子灌输多少知识，而要用爱和鼓励，让他成为最好的自己，成为独一无二的自己。我愿化作一根蜡烛，点燃孩子们心中的灯火，点亮孩子们美好的童年。

烈日下的足球小子

杨 豪

"加油！坚持住，还有时间！千万要咬住啊！"

"崇文加油！"队员在场下呐喊。

"稳住！不要松，不要给射门机会。"我喊道。

"哔——"随着裁判一声哨响，崇文男子足球队的夏天迎来了尾声。

2020年是非常特殊的一年，受新冠疫情的影响，校园足球受到了极大限制。是孩子们凭着一份热爱，坚持付出，才得以继续奔驰在绿茵场上，共同挥洒着汗水，享受足球的快乐。

6月底，杭州市教育局下发了关于举办《2019学年"市长杯"校园足球小学组联赛》的比赛通知，我校男子足球队是上城区的入选队之一，紧张的报名工作由此开始。

此次的比赛时间在八月，这意味着孩子们要训练较长的时间。为了更好地备战，我便提前和家长们进行沟通。幸运的是足球队的队员们参赛意愿强烈，家长们也支持孩子来训练，比赛的准备工作进展很顺利。最终，经过和学校的商讨，训练时间定在7月中下旬，每天早上7:30到9:30，共二十天。

7月中旬，在训练的第一天，我和队员们便约法三章——既然决定要比赛，那我们的汗水不能白流。我们要做到训练不迟到、训练中高效、训练后不耽误学业,并在8月比赛中拼尽全力,对得起自己付出的每一滴汗水。为了"延长夏天"而战,为了自己和团队而战!

于是,在7月崇文的清晨,每天都能看到足球队的孩子们在操场上集合。从热身、拉伸到足球训练,从补水休息到再投入训练赛,最后进行放松,每个孩子都一丝不苟地练习着,认真聆听教练讲解动作要领和技战术,在实践中打磨基本功,一起并肩作战。

8月比赛日,烈日之下,我和孩子们早出晚归,提前两小时从学校出发,到场地之后观赛对手、预备热身和进行赛前动员。场下的队友不停地喊着"崇文加油",场上队友不知疲倦地奔跑……大汗淋漓的他们不畏惧比自己强壮的对手,顶着毒辣的阳光,最终取得两胜一平一负的好成绩。

终于到了最后一场比赛,我们唯有战胜对手才可以出线,然而场面十分焦灼,双方旗鼓相当,踢得有来有回。随着裁判终场的哨音响起,1:1的比分使我们遗憾出局。天堂与地狱仅在一念之间,对手那边尽情庆祝,而我们却是一片死寂。"大家踢得很好,很顽强,也为了胜利付出了全部,是杨老师做得不够好。抬起头来孩子们,我们现在要去恭喜对手,他们赢得光明正大!"我一边鼓掌一边摸摸正在哭的孩子们的脑袋说道。"是的,我们做得很好,加油小伙伴们!"队长也应声说道,他抹掉泪水带领队伍去祝贺对手。

我们的夏天最终定格在了8月6日。前场有小F一次次的逼抢和单刀;中场有小X、小W组织进攻、持球突破的运筹帷幄;后场有伤愈归来的小Z的指挥防守;还有带伤坚持的小C、打进首球的小D、轻伤不下火线的守门员小G……我常常回忆起那个夏天,相信这段经历会使他们成长得更快。我们大胜过对手,我感到了孩子们发自内心的喜悦;我们因失误遗憾落败过,我闻到了伤心的味道,却没有看到一双要放弃的眼睛。

足球带给孩子们的,远远不止于强健的体魄。踢球能提高孩子的沟通能力、协作能力,互相之间的信任让他们懂得如何尊重自己、尊重对手,依靠团队的力量去争取胜利;足球可以教会孩子们遵守规则、开朗豁达、奋勇

点亮童年

拼搏,甚至培养他们的领导能力;足球更磨炼意志品质,养成坚毅的性格,对以后的人生道路影响深远。在这个夏天,孩子们不仅养成团队意识,还收获友谊、发现自我。他们学会了坚持不懈,学会了相互鼓励,更拥有了面对困难时那份勇气和坚毅。

而这次比赛对于我,也是一次成长。赛前,我花费许多精力针对球队目前的不足制定训练计划,请教前辈教师如何更高效地让孩子们理解球队战术;训练场上,我严格地要求队员完成训练内容,陪着孩子们一起流汗,一起享受足球带来的欢笑;比赛中,我作为教练临场指挥,进行人员调整。当队伍领先时,我的内心虽激动,但要提醒队员冷静、耐心和不松懈,落后时则要想方设法鼓励球队,提高球队士气。这次带队比赛,让我更深刻地理解了教练的责任。

随着六年级学生的毕业,我们这支足球队的夏天也结束了。我相信对于球队的所有人,"延续夏天"不仅是一个口号,更是崇文海燕顽强拼搏的写照。"市长杯"比赛的这段经历,会成为孩子们和我一生宝贵的财富和难忘的回忆。

加油,崇文的足球海燕们!相信你们会再次起航,无奋斗,不青春!

小改变，大转变

叶贞芹

从事教师工作已十个月有余，忙碌的工作状态像极了为研究生毕业论文奋斗时的样子，只是每天面对的不再是冷冰冰的电脑，而是一张张生机勃勃的稚嫩脸庞。教书的日子里没有那么多感天动地的故事情节，但脑海中一帧帧画面却记录着印象深刻或意义深长的情景。将近一年的时间，我从刚接手班级时的忐忑，到如今各项工作的游刃有余，背后支撑我的不仅是前辈教师们的帮助，更多的是与孩子日益见长的爱与信任。陶行知先生曾有这么一句话："真的教育是心心相印的活动，唯独从心里发出来的，才能达到心的深处。"我是很赞同这句话的。

在学生的心中，我会是一个"暴躁"的老师，大概是因为天生嗓门亮，但我也是个"温柔"的老师，因为孩子们常常会和父母说，叶老师很温柔。不管我给孩子们留下的总体印象如何，我始终认为我是一个一视同仁的老师，从来不会因为乖学生上课说话而不制止，也不会一味地批评某一个调皮学生。我想我应该要在低年段的孩子心中形成赏罚分明的形象。

刚来班级的时候，我总是会有强迫症，如果有一个孩子没有看向我，我的课堂就进行不下去，结果就是课堂进度被拉长，某些调皮的孩子被制止后也慢慢和我少了些亲近感。我很失落，如何让孩子既听话又不害怕我呢？我开始思考。

我的转变从一个小男孩身上开始了。

他是我们班的"任性男孩",每天上课他都无法控制自己插话,大部分时候我问一个问题,他总是会迫不及待地大声回答,当自己的回答得不到回应时,他会更加急切地想要表达:"老师,我!我!我!我!"于是课堂总有几次因为他而暂停。他急躁的性格也总是体现在作业上,求快、无所谓的性子让本来字不算好看的他作业也总是无比潦草,擦完退回去的作业也永远在两分钟后又出现在我的桌面上。正因为这样,批评和单独教育总是伴随着他。

怎样能让他乖乖遵守纪律并且好好对待学习呢?我很苦恼。直到一次课堂上,我关注到他举手时比平时安静许多,我笑着问他:"咦,小Z,你今天的小手怎么举得这么端正呀?""我一直都举得很好啊!"听了他的话,全班哄堂大笑,有的小朋友甚至发出嘲笑的声音:"你哪里做得好啦?哈哈哈……"看着大家的反应,又看了看小Z略显失望的脸,我突然意识到,也许他并不是不想做好,而是许多时候他无意识的行为影响着他。于是那一天,我在全班面前表扬了他:"对呀!你平常做得很好,但是今天做得格外好,你看看,你闭着的小嘴巴多可爱,小手举得真标准!"听到表扬的他立马端正坐好,挺直的背,叠得整整齐齐的双臂,自信的脸庞,那样子仿佛是正在等待颁奖的士兵。我突然意识到,孩子们都是爱听表扬、鼓励的话,也喜欢被教师、同伴关注,这时"严慈并济"这个词从我脑海中浮现出来。是呀!虽然他很调皮,但是我很爱他充满童真的心灵;虽然他不守纪律,但在关键时刻他也总能管理好自己的行为,更何况,也许这都不是他的本意,而是慢慢需要培养的常规还没到成熟的时机……如果我时常对他表达爱,多多使用表扬和鼓励,也许事情就会变得容易呢?从那以后,我总是在班级里放大他的优点,"哇,小Z,你今天的铅笔削得特别尖。""小Z,今天你跳绳快满分了呢!"每当听到鼓励的话,小Z做事的劲头更猛了,面对批评与建议也更能愉悦地接受并改正了,而我也在日复一日的转变中更多地表达对他的期待。每当完成一项了不起的任务时,他都会获得代表着"优秀"的奖励卡,就这样,在精神与实物奖励的双重鼓励下,他以前不自觉的懒散行为慢慢少了许多。如今,他与我亲近了不少,并且总是会回复我的关爱:"叶老师,谢谢你。""叶老师,你还不错哦!"

岁月无痕,我们每个人都在悄然成长。没有一位教师不曾遇到过"问题学生",尽管他们的某些行为会不让人如意,但他们同样拥有一颗真诚纯洁的心灵,也有被尊重、被赏识的愿望。没有一位教师天生就懂得如何教书,每一次与学生的交流都能触碰我柔软的内心。在对工作与人生不断思考的过程中我忽然意识到,原来成长是相互的,面对学生我越来越温柔,学生犯错时我的关注点更在于他做此事的缘由,思考其背后的原因我开始会用宽容、理解的态度对待他们的行为举止,正如小Z的改变,我也如嫩芽一般,正在茁壮成长。对"问题学生"给予诚挚的师爱,才能做到心心相印,赏罚分明,才能消除他们心理的障碍。因此,从心底爱孩子,最大限度地理解孩子,用赞赏,用鼓励,用爱心、耐心和诚心慢慢浸润学生的心灵,才能真正起到教师的教育引导作用。小小的改变,会迎来孩子大大的转变。

点亮童年

是学生，也是老师

方媛媛

时光荏苒，成为教师已有近两年。这两年中，我从"教学小白"初上轨道，在师父的带领下开始感悟教育之道，其中的收获不可谓不多。承蒙学校信任，我扎根五年级教学，光荣地成了一名配班，角色越来越多，压力越来越重，在这其中感觉到自己与学生在慢慢茁壮成长。

回想过去一年，有一段回忆让我久久难忘……

"方老师，我想在这里加一段开心的音乐。""方老师，这一幕我想设计一个转圈的动作。""方老师，我这里加一句很生气的台词是不是挺不错！"同学们各抒己见，这是在每节戏剧课上都会有的场景。是的，在成为高段英语老师后，我还成了一名戏剧老师。没有任何戏剧表演经验的我，刚接到这个消息时一脸惊讶，而更让我震惊的是，在学期末，我所任教的两个班级"戏剧之夜"课程的表演任务都落在了我的肩上！每周上戏剧课前，我就像一个即将走上刑场的战士，不想面对，却又不得不面对。

随着表演日期的一天天临近，我也只能给自己打气："一定会排出一台精彩的戏剧！"说干就干！在和学校前辈取经，查阅大量的戏剧资料后，我选定了一部经典剧本《皇帝的新装》，并且尝试着根据班级的人数、学生的英文水平来进行"量身修改"，经过一周的冥思苦想，终于完成了人生中第一个剧本的创作。看着屏幕上密密麻麻的英文台词被有序地罗列，心中不由得暗暗得意:戏剧也没有想象中的那么难嘛!

然而,现实却给了我重重一击,戏剧课上遇到的问题远比我想的要复杂。角色的选定、台词的训练、舞台的站位、道具音效的准备……这一系列问题又将我打回原形,再次回到手足无措的状态,我的情绪瞬间跌落谷底。而这次,正是这群可爱的"小演员"帮助了我。

和毫无经验的我相比,学生的舞台经验似乎远胜于我。每次戏剧课上,他们开心表演,积极参与。看到他们的热情,我灵机一动:何不让他们也成为戏剧的导演呢? 于是在课上,我提出了第一个问题:"戏剧中的各个角色谁来演比较合适呢?"学生听到后,踊跃发言:"老师,班上的小W可以,上次他演的小动物真是生动极了!""老师,我毛遂自荐,我可以扮演这个人物吗?很威风呀!"就这样,在学生自荐和他荐中,我们共同敲定了每个学生的角色。而接下来的戏剧排练,他们更是让我灵光乍现:既然小演员们已经"身经百战",让他们为自己的戏剧出谋划策岂不是更好?于是按照剧本不同的章节,我把演员们聚集起来,将相应的台词发给他们,让他们提出建议,并且根据剧情的需要来增减台词、设计动作、制作道具,然后我们再通力合作进行最后的戏剧合成。就这样,学生因可以"当家作主"而加倍投入排练,而我在和这些"小老师"的交流学习中也爱上了戏剧表演。

在2020年的最后一天,学生们迎来了戏剧表演的日子。让我欣喜的是,面对比平时排练大几倍的舞台和台下几百名学生及家长观众,他们并没有怯场,而是近乎完美地完成了这一场表演,小W更是因他精彩的表演摘得"影帝"桂冠。听到台下观众雷鸣般的掌声时,我竟不知不觉红了眼眶,为他们,也为自己。

作为一名教师,我深知自己身上有着托起祖国未来希望的一份责任,但同时,学生们何尝不是我成长道路上的老师呢?与学生的互相成就,让我体会到了作为一名老师的快乐,也让我逐渐成了更好的自己。老师的角色并不只局限于自己的学科,也会涉及其他方方面面,只有勇于挑战自我,才能实现不可能完成的任务。也是这段经历让我懂得,让学生成为课堂的主角,将舞台交给他们,相信他们可以释放出属于自己的光彩!

点亮童年

教孩子好好告别

徐 岚

我们最终都要远行,最终都要与稚嫩的自己告别。

在崇文任教的十几年中,我一直担任中低学段的教育教学工作,一共带过7届学生。这些学生最长的教了4年,最短的只有1年。好多次接到翻下去教新一届一年级的任务时,我还是会对原来的班级非常留恋,而最后的道别也只是离开班级微信群之前与家长的简单交代,但对于孩子并没有好好说一声再见,心里总有些遗憾。其实我们每一个人何尝不是在一次又一次告别中,渐渐成长起来。面对告别最好的态度就是好好告别!

2015年6月,学校给我新的工作安排,担任第一届实验班的年级组长和班主任工作。新的任务充满了未知与挑战,我跃跃欲试。但是这意味着我要与相处四年的孩子们说再见了,那是我教得最长的一届,我想应该好好和他们告别。于是在7月3日,休业式当晚,我组织了一次亲子活动——环西湖徒步夜游。当夜幕降临的时候,我和孩子们以及他们的爸爸妈妈一起从西湖一公园出发,沿着南山路穿过苏堤,然后再从北山路走回一公园。一路上我们说说笑笑,每到一处景点都会停下来,由一个小队对景点做一番个性化的介绍。漫步苏堤时,每当走到一座拱桥下,我便会与身边的孩子手拉手,跑上桥顶,然后一边欢呼一边冲下来。就这样,四个小时很快就过去了,一点儿也不觉得累。回到起点我们相互击掌、欢呼雀跃,因为我们一起超越了自己。活动结束前,我对孩子们说,要送给他们每个人一封信,不过请他们回到家才能拆开信封看。他们好像感觉到了什么,气氛有些不一样了。他们接过信,跟我说再见,跟随爸爸妈妈离开,但很快有一些孩子折返回来和我拥抱,有一些在父母车里不停地朝着我挥手,还有的给我发语音告诉我很舍不得……

告别并不只有痛苦,还有那些美好值得我们笑着回忆;告别也并不一定就是结束,而是让人与人之间的情谊更加坚实,为了将来更好地相见。现在那些孩子早已毕业离开了崇文,但每当他们回母校看望我的时候,还会谈起那次夜游和那封信,偶尔还会重温信里的文字——

……

今天,很高兴,我们用这样独特的方式给四年级画上句号。当你们都毫不犹豫地选择11公里的A计划时,我心里还有些忐忑,不知道自己能不能坚持。人生就是一段没有尽头的旅程,今天你们凭自己坚强的毅力走完了11公里,明天必定会走得更远。或许会遇到挫折,会走弯路,但只要心中有梦想,就永远不会迷失方向。同学们,再见!每次放学都会这样说,但是今天的这句"再见"却很难说出口。因为心中有太多不舍,所以徐老师用这样的方式,向大家道别。天下无不散之筵席,每一次分别都是另一段旅程的开始。下学期,徐老师要回到一年级,带新一届崇文新班级实验班。当接到这个任务时,我和你们一样惊讶,因为我一直以为会和你们相处六年。可能是你们太出色了,让学校决定把我调到一年级,接受更大的挑战。我会把在你们身上奏效的好的经验带到新的班级,将来那些弟弟妹妹的身上一定也会有你们的影子。

再见了,我可爱的小蘑菇们。你们永远是我心中可爱的小蘑菇。只要有一点雨露,就能积极地生长。这四年中的点点滴滴,都是我们永恒的回忆。下学期,你们就是五年级的哥哥姐姐了。你们会迎来一位新的语文老师(班主任)。每位老师都有自己的个性、教学方式、特长和爱好,你们要做的是让自己尽快地适应新的老师,并喜欢她。

……

告别,意味着和一些人说再见,同时将有另一些人走进自己的生活。老师对于学生而言,无论多少年的陪伴都是短暂的,因此告别还要教孩子学着悦纳。善于悦纳别人的人,一定也是幸福的人,因为总能找到别人身上的闪光点,并让这些闪光点也照亮自己。我想,让孩子能够很快地接受、适应、喜欢接任的老师,是我的责任,也是告别的意义。

海子说,告别是通向成长的苦行之路,告别是结束,也是开始,是苦痛也是希望!回首从教的这18年,我与一届又一届的学生告别,与在德清支教时的同事告别,与远在大洋彼岸的孩子与朋友告别……每一次告别,其实也是与过去的自己和经历说再见,然后转身拥抱新的旅程,迎接新的挑战,成为更好的自己。告别,让我不断地褪去稚嫩;告别,给予我重新开始的勇气;告别,使我愈加确定自己做教师的初心。

第四篇
教师信仰·每一个孩子都值得尊重

每一个孩子都是独特的星星
看见孩子，尊重孩子
一位位眼里有光的孩子，一位位心中有爱的老师
小到和长跑中的一位孩子偷懒行为的谈话
大到对孩子依赖网络行为的系统支持
崇文的老师用智慧、耐心和恒久的爱
写出了属于崇文的师者大爱

尊重差异,激发潜能

谭鹏飞

实事求是,是中国的历史传统和中华文化的精华,也是中国共产党百年党史文化的精髓。对教育工作者来说,实事求是就是针对学生的身心发展特点,形成家校合力,激发学生成长的内驱力,成为最好的自己。

2020年上半年,学校有两名科学老师同时请产假,科学教师一下子紧缺,作为有多年数学教学经验的我,主动请缨,承担了四年级一个班的科学教学。

小学生对校长总是景仰的。记得第一次进班上课,孩子们几乎个个都坐得笔挺笔挺的,面带微笑,眼睛齐刷刷地看着我,做老师的幸福感油然而生。为了让每个孩子都能感受到我的专注,我眼睛慢慢地扫视过去,坐在第二排的小女孩与我的目光接触后迅速地低下了头。在后续教学互动中,她听讲是认真的,但几乎不举手,当我靠近她的座位,她就不自觉地低下头。

课后,我向班主任了解情况,果然,这个小女孩的语数英科基础都偏弱,性格偏内向,缺乏自信,但心地善良,尤其擅长美术,在刚过去的艺术节中举办了个人画展。我灵机一动,在第二次上科学课的时候,无意地问了全班同学:"我看到你们走廊的外墙上,有一个你们班A同学的书画展,画得很不错。这个A同学是谁?让我认识一下。"大家齐声说了A同学的名字,小A腼腆地笑了一下,脸"刷"地就红了起来。我走过去,跟她说:"什么时候带我看看你的画展?"她笑了笑,很轻地说了一声"好!"

中午在教室批完科学作业,她的同桌兼好友小B就来提醒我:"谭老师,小A的画展你还没去看呢?""那得主人邀请我呀?"我笑着说。小A便跑过来,领着我和小B一起到她的画展区,她还只是腼腆地笑,我就问她某一幅画是怎么画的,她开始娓娓道来,慢慢地感觉她整个人舒展开来。我侧重于了解她学习和创作的过程,由衷地赞美她的坚持,鼓励她只要努力,一定能成为一个绘画高手。她高兴地频频点头。

偶然的机会,也碰到了小A的妈妈,她很清楚地知道女儿学习的强项和弱项在哪里,对她的学习成绩比较担心。我用了身边的例子,和她分享我对教育的理解:每个孩子都是不一样,每个孩子的成长都有无限的可能性,家长要无条件地信任孩子,要用放大镜去寻找孩子的优点,鼓励孩子自信前行。家长也要做好孩子的榜样,不断地成长。通过一番交流,家长表示无论学科成绩如何,都会一如既往地尊重孩子兴趣,鼓励她往自己喜欢的方面发展。

在后续科学教学的日子里,我总是提早三五分钟进教室,看似不经意地和不同的孩子聊天,让他们感受我对他们关注。跟小A聊的次数会略多一些,她的话不多,但笑容慢慢地多起来了。在课上,我会选择一些简单的题目让她回答,她的回答总是小声的,但明显表情越来越放松。

短短三个月的代课时间很快结束了,小A的科学成绩似乎也没有什么太大的进步,和她的碰面也少了,偶尔在走廊上碰到,她会叫你一声,有时就朝你笑一笑,我总是微笑回应,感觉孩子的状态不错。向班主任了解情况,她的班主任很欣喜地告诉我,这个孩子的状态越来越好,从亚运大莲花到钱塘江边都留下了她认真绘画的身影,每年参加学校街头艺术秀版画表演,作品还获得了一系列奖项。不仅如此,她还积极参与各项活动,和同学一起自导自演情景剧获得市级比赛第一名,所撰写的作文多次获奖和发表。

我感到很欣慰。在小A成长的道路上，我的点滴行为尽管微不足道，但也起到了助推而不是阻碍的作用。回顾和小A短暂的教学交集，我进一步地领悟到：教育是心心相印的工程，唯独从心里生发出来，才能达到心灵深处。作为老师，要深信每个孩子都是独一无二的存在，要无条件地尊重孩子、信任孩子，真诚自然地"看见"孩子的优势和不足。要不断转变家长育人观念，实现同频共振，形成家校共育的合力！教育不是取长补短，而是扬长避短，要不断地去挖掘孩子身上的闪光点，创造一次次正向激励的机会，让孩子在赏识和激励中，不断获取自我成长的动力！ 我想，这就是育人的实事求是！

爱的味道

王淑馨

2008年的冬天，我正式成了一名共产党员。2009年的7月，我如愿成了一名光荣的小学教师。教师是太阳底下最光辉的职业。我热爱这份工作，也爱我的孩子们。

那是我刚工作的头几年，一天下午放学后，我还在批作业，值日生急匆匆地跑过来跟我说："王老师，小林在厕所哭了。"想起小林同学有过便秘的情况，我马上放下笔，迅速走向厕所。

只见小林蹲在里面，双手扶着两边，哭着跟我说："王老师，我快蹲不住了。"

我关切地问："拉不出来吗？要不，王老师先扶你起来。"说着就搀住了她的手。

"不，我已经好几天没拉了，我已经快要拉出来了。但是，但是我的脚麻了。"

"那行，王老师帮你。"我马上挤进去，把她紧紧往上抱，好让她轻松一点，一边安慰她："没事，调整呼吸，慢慢来。"

静静等了好一会儿，只感觉她的两只脚一直往两边滑。我半弓着身子，使劲用自己的双脚顶住她，并一直把她往上抱。

她用力试了好几次,还是没见起色,又哭着说:"王老师,怎么办,我好痛!"

我说:"没事的,没事的,再忍忍,拉出来就好了。好多人都有便秘情况,不要担心。"

看她情绪稍微好一点,又开始使劲了。

"快出来了,快出来了。"

"好,那你再用力。"

"呜呜呜,我没力气了。"

"要不王老师帮你抠出来吧。"说着,我准备拿餐巾纸。

"不用,我自己再试试。"

"也行,王老师陪着你,没事的,没事的。"

时间一分一秒地过去,只感觉她越来越沉,我也顺势再调整了一下自己的姿势,好再使力抱住她。

我轻轻地在她耳边说:"小时候王老师也有过便秘的情况,后来有人教我晚上做做仰卧起坐,揉揉肚子,就好了。你也要多运动运动。会好的,会好的。"

我俩就这样在厕所里待了十多分钟。

终于——"王老师,我拉出来了。"

"太好了,还有吗?"

"没有了,王老师,我舒服多了。"

"那就好,那就好。"我马上卷出一些餐巾纸,帮她擦干净。

孩子已经实在没有力气,站都站不起来了。我又帮她把裤子穿好,扶她走到洗手台。

洗完手,擦完泪。她和我都如释重负。

如今,这孩子已然成了一名大学生,阳光热情。不知道她是否记得,在崇文,她的老师曾像妈妈一样照顾过她、解救过她。

有人说,小学教师的职业太琐碎,经常解决一块橡皮、一把尺子的小纠纷。但在我看来，就是因为这样的点点滴滴，才让我们走进了孩子的内心，成为他们真正可以倚靠和信任的人。作为一名党员教师，我将继续把对党的忠诚、对本职工作的热爱，默默熔铸于工作中，用实际行动关爱学生，让这份爱芬芳馥郁、沁人心脾。

点亮童年

孩子，你要永远相信光！

朱 良

"老师，你看过奥特曼吗？"
"当然，老师也是从孩子长大的呀！"
"那你相信光吗？"

送走了毕业班，我迎来了自己的第二届学生。
"朱老师，这个班与上一届不同，尤其是他们班小帅啊！你可千万留意！"
"这个小帅一年级时领着班上孩子挨个班'踢馆'呢！朱老师你有得受喽！"
……
开学第一天，我见到了"鼎鼎大名"的小帅。他个子不高，一双小眼睛滴溜溜地转，浑身上下透着机灵。小帅好像看出我在关注他，他的眼神也不闪躲，歪着小脑袋，笑嘻嘻地盯着我，看来他也在掂量着我这个新班主任。一晃儿到了中午，小帅并没有展露出丝毫符合他"威名"的壮举。
"难不成，我这个北方汉子靠样貌就震慑住了他？小孩子就是小孩子，不过如此。"我在心里念叨着。
"不好了，朱老师！你快来！小帅和人打起来了！"

听了这话,我三步并作两步往楼上冲,到了楼梯拐角处,正看到了和宣传委员扭打在一起的小帅。凭着三分蛮力,我轻松分开二人。显然小帅还没消气,愤怒的小眼睛里仿佛喷着火焰。

见状,我只能先询问起宣传委员:"怎么回事？小帅为什么和你打架？"

"朱老师,他的小报那么难看,不适合展示,我把它撤了下来,小帅就打我！他纪律又不好还常捣蛋,纪律不好就是不能登画上墙！只有表现好才能展示！"宣传委员一边噙着眼泪,一边哭诉。

看来,同学们对小帅的"成见"颇深。人心中的成见就像一座大山,要想搬动它,着实需要些时间。我没再说什么,安抚好委屈的班干部,来到了小帅身边。

"小帅,感觉受委屈了吧？我们聊聊？"我俯下身子蹲在小帅面前,眼前这个小萝卜头没那么气鼓鼓了。

"他们用老眼光看你,你的作品明明很认真但却被撤展,心里一定很委屈,朱老师特理解你。但打人不是好的解决办法,这点你同意吗？"

小帅发现我懂他的心思,眼中的愤怒消退了不少,憨憨地回答道:"嗯,同意！"

见小家伙语气放缓,我有了机会可以与他好好聊聊。小帅最爱奥特曼,文具盒、书包、钥匙扣上都是奥特曼。"药引子"找来了！我心里一琢磨,问道:"小帅,你浑身上下都是奥特曼,你很崇拜他们吗？"

小帅见我压根没有批评他,话匣子立马打开。我们之间的距离又近了几分。小帅饶有兴致地跟我介绍他最崇拜的奥特曼,最珍贵的金卡,最喜欢的人偶等等。

时机成熟,我趁机追问道:"可是你知道吗？奥特曼虽如此伟大却也会被人讨厌哦！"

"怎么可能？奥特曼是打怪兽的英雄！"小帅激动地反驳着。

"奥特曼每次打架,都会因为动作太大而毁坏城市,部分居民因为家园被毁掉而讨厌他们呢！"

点亮童年

"这些人怎么能这样！奥特曼是在帮他们呀！"

"所以嘛！奥特曼这样的英雄都会被冤枉，都会受委屈，何况我们普通人呢？但奥特曼从不抱怨什么，而是一心向着光驰骋，一直相信光的力量能带给人们希望。班上同学们很了解你的过去，也导致了他们用旧眼光看你，但我们才刚认识，你在我心中是一张白纸。朱老师和你相处一个上午发现，你其实是一个很聪明的孩子，也是很想学好。我猜，你这么认真地做小报就是为了给我这个新班主任留个好印象吧？"

小帅仿佛被洞察到了内心，小脸唰地一下红了起来，迟迟没有作声。

"你的心意，我从画中都看到了。小帅，朱老师从不用耳朵听来的事去判断一个人的好坏，我会用眼睛看，用心灵去感受。在我眼里，你是一个很好的孩子！"

那一刻，我看到了小帅如明媚春光般的笑脸；那一刻，我分明看见了小帅眼里有光。

后来，我们一起把撤掉的小报贴在了墙报C位。在围圈分享时，我还特别表扬了小帅作业认真，这让他很意外，也很感动。

往后的日子，小帅还是常常捣蛋，我们俩依然会在楼层里上演"猫捉老鼠"精彩大戏，但我们这对师生的关系越来越亲密，同学们也越来越多地发现到了小帅的闪光点。六一儿童节班级联欢会，小帅竟主动报名表演街舞！看着他越来越出彩，越来越阳光，我们班的每一位师生都很欣慰。

师生相处是以心换心的平等与尊重，是客观公平的评价与感受。每一个孩子都值得被守护，他说相信光，我便做他最信赖的奥特曼。

"老师，你相信光的力量吗？"

"孩子，你要永远相信光！"

在未来空间里,成就"小创客"

费 杰

崇文世纪城的校园里有一个好玩又神秘的地方,这里有乐高积木、木工、3D打印、VR、陶艺等等好玩的东西,那就是小海燕们最爱的未来空间。在这里小海燕可以尽情地投入到各种项目中去探究,让梦想变成现实。作为未来空间的一分子,作为时空重构未来课程的实施者,我全情投入未来空间课程中。在未来空间里,每天都会发生很多有意思的小故事。

小郑和小楼是同班同学,经常来未来空间玩。小郑喜欢乐高,小楼则热衷编程,每次来我都会给他们布置有趣的小任务,让他们保持热情。在另一侧的3D打印区里也有一位忠实的粉丝——小戴,他热衷3D打印,喜欢各种建模。小郑、小楼和小戴就是在这里碰撞出了火花,于是我将三位志同道合的小海燕组合成了创客小战队。

每天中午三位小海燕都会到未来空间进行探究学习。很快,这支小战队就接到了任务,准备参加第二届校园3D创客作品的比赛。初次比赛,他们摩拳擦掌,劲头十足,根据"科技让生活更智能"的比赛主题,开始构思,积极备战。

在赛前两个月的时间里,我们不仅利用中午的时间,还利用校园钉钉组了小群,只要有闲暇时间,他们就互相讨论沟通,逐渐磨合。

创客项目本身就是一项复杂的工程,首先就是要确定主题,选择主题的好坏是项目成功与否的重要一步,因此既要紧扣主题,又要结合生活背景。于是三位小海燕研究了以往比赛的主题,开展了激烈的讨论。

小楼说:"不久前杭州的小区发生了火灾,由于楼层太高消防车没法及时灭火,我们要不设计一个无人飞行消防器吧?"

"现在是疫情期间,我觉得应该结合疫情这个主题来创作,你们觉得呢?"小戴则提出了不同意见。

"嗯,我觉得小戴说的有道理,你看我们小区的电梯,每天都有很多人上上下下,都要用手去触碰电梯,很不卫生,也容易感染,如果我们能设计一个语音的智能电梯就完美了!"小郑补充道。

"对对对,语音智能电梯!这个创意很不错,费老师您说呢?"三位小海燕貌似已经达成一致,在激烈的讨论后,最终他们决定制作基于语音系统的智能电梯。

接下来就是要制作作品了,三位小海燕在各自喜欢的领域都有所特长,但我将他们组合在一起后却产生了不少问题,目标不明确、沟通不顺畅、环节之间没有合作等。的确,对于第一次进行合作的他们来说确实有点为难了。

"老师,主题我们确定了,但是接下来我们应该怎么做呢?我看项目书上还要求写创作的背景和过程,还有制作成品功能介绍的PPT呢,我们应该怎么做呀?"小郑和小楼皱着眉头问。

"我看你们三个还是要结合自己的特点来分工。编程、建模、设计加工你们自己领任务。"

"我擅长编程,我就负责电梯控制程序的撰写和调试吧!"小楼抢着说。

"项目书的撰写和课件的美化,我来我来!"小郑高举小手。

小戴说着就站了起来:"我喜欢建模,我可以负责电梯主体的设计。"

我惊喜地说:"你们能结合自己的特长分工非常不错,那接下来我们就开工吧!"

明确了分工,之前手忙脚乱的他们变得有序了。很快,这个原创的项目书有了雏形。

每天的闲暇时间,他们都会约好时间一起讨论制作,赛前的两周,我利用放学时间给他们培训,解决他们在技术上的一些问题。小戴根据老师的指导先画草图,然后进行建模,主体用木板激光切割,配件进行3D打印。小楼则编写核心程序,实现电梯的智能化。小郑就负责统筹整个项目,编辑文本,撰写项目书,制作精美的汇报课件。

随着项目的推进,问题也随之而来,"老师,我们可以用程序控制电梯,但是怎么利用语音去识别呢?"三位小创客产生了疑问。作为指导老师的我也遇到同样的疑惑。于是,我也进行了自我学习,查找了很多关于语音识别的资料,带着小创客们咨询了区里的专家,最后我们决定利用App Inventor实现语音识别。

创客小战队的每位成员不仅在各自的任务领域发挥着他们的特长,而且对于陌生的App Inventor也从零开始学习,边做边学。在合作中,我也发现他们不仅仅学习自己负责的模块,在同伴的模块创作中,他们也潜移默化地学习着,毕竟作品的完成不是一个个孤立模块的组合,而是各个模块的无缝对接,在创作中做到你中有我,我中有你。终于,他们不仅制作出了作品,也撰写了相对成熟的论文。

在学校的创新研究室的作品发布中,三位小创客成功地进行了展示,大大提升了他们的自信心。专家的鼓励让小创客们劲头十足,他们说:"我们一定会将创客进行到底。"

定制小创客,成就大梦想。作为指导老师的我时刻牢记共产党员的身份,在未来空间这块科技创客的海洋中为小海燕奉献自己力所能及的力量。

因为有爱，所以不寂寞

邱　烁

我国著名教育家陶行知先生说过："真的教育是心心相印的活动，唯独从心里发出来的，才能打到心的深处。"从事教育工作已有十多个年头了，回忆过去教育中的点点滴滴，我明白了：教育就是爱。因为有爱，所以不寂寞。

记得有个孩子叫小Z，很有个性。看上去高高大大，说起话来却疙疙瘩瘩；一到上课就开始"溜号"，不是托腮沉思，就是摇晃着哼个小调；学习能力非常弱，成绩极不理想；书包柜经常"长尾巴"，书包也是脏兮兮的。这些情况使得很多小朋友不喜欢跟他玩，也不耐烦跟他交流，这让小Z变得越发自卑和孤独。面对这样的情况，我应该如何做呢？正当我绞尽脑汁地寻找对策时，陆续发生的三个小故事让我变得淡然了。

故事一：强壮的"定海神针"

家长开放日上，我们玩了团队游戏"海上逃生"。逃生小岛逐渐被淹没（报纸越来越小），最后只有两只脚大小，需要站下5个人。小Z能跟大家合作吗？会不会因为体重太大被同学嫌弃啊？当我来到小Z这一组时，惊讶地发现，剧情发生了反转，他们居然成功了！

原来，这一组的逃生方式是小Z站在最中间，其他小朋友或背、或踩、或抱在他身上。虽然小Z涨红了脸，看上去很吃力，可还是成功地撑过了5秒。在分享环节，小Z同伴的回答出乎我的意料：

"因为他最强壮，站在中间不会倒。"

"他站着一动不动，就像我们组的'定海神针'一样！"

"定海神针"这个词更是让周围的家长都会心一笑。那天晚上，我收到了小Z妈妈的短信，满满的感动溢于言表。我想，有了这善意的爱，寂寞会慢慢减少吧！

故事二：快乐的"钢琴家"

第二个月的艺术节街头秀上，小Z报名演奏钢琴。鉴于他在学业上的困难，我早早安排了几个"托"，在恰当的时候捧个场。可是，预感再一次失灵，剧情又一次发生了反转。

随着琴声开始飘荡，小Z的神情是那样严肃和专注，这是一种在他身上从来没有出现过的气场。周围的同学发出一声声赞叹：

"我才发现，原来小Z的钢琴弹得这么好呀！我要向他学习！"

"我总算知道小Z这段时间总在哼的歌是什么了，原来是这首曲子。"

当小Z的手落下最后一个音时，现场爆发出了热烈的掌声和欢呼声。故作镇定的小Z以一个潇洒的鞠躬结束了表演，同学们都迫不及待地冲了上去，热情地抱住了他。小Z似乎有点不知所措，那忍不住往上翘的嘴角藏也藏不住。我想，有了这赞美的爱，寂寞肯定会慢慢减少吧！

故事三：负责任的"午餐管理员"

学期初，我们班进行了班干部竞选，小Z承担了"午餐管理员"的责任，就是每天带抹布帮大家擦桌子。一开始，小Z确实干劲满满，每天擦得很认真，也受到了老师的表扬。不过，故事没那么简单。

没过一星期，当他发现每天擦完桌子就没时间去操场玩，就犹犹豫豫地想要"卸任"。我鼓励他先干完一周，下周跟其他同学轮流。正当我头疼地物色下周的午餐管理员时，第二周，剧情竟然又反转了。

那周五的实践课，为了鼓励孩子们多发现别人的"闪光点"，我们在班里设立了"点赞树"。没想到第一次开始使用，收到点赞最多的居然是小Z。

"我要给小Z点赞，因为他把桌子擦得很干净。"

"我也要给小Z点赞，因为他非常负责任，每次都等我们吃完了才走。"

听到这些赞美，小Z哭了，一个班级中最高、最壮的男孩子哭得稀里哗啦的，让我既好笑又感动。同样，午餐管理员的岗位再也不用换人了，小Z一直做了下去，成为小助理里面最尽职的一个。我想，有了这默默关心的爱，寂寞肯定已经跑走了吧！

后来，虽然小Z的书包一如既往的脏，书包柜却不拥挤了；虽然小Z上课时还是时不时会摇头晃脑，却不哼歌了，因为一哼歌就被同学拉去弹琴；虽然小Z在学习上仍然很吃力，却有着许多同学争先恐后地要当他的"小老师"。

因为有爱，所以小Z已经不寂寞了！

"看见"孩子

虞冬玥

不知不觉,做老师已经三十年了。已经记不得教出了多少个毕业班,多少个学生。只是手机里一直保存的那些照片总是能把那一张张笑脸又清晰地浮现:那个受了伤,却依然完成负重训练的小班长;那个穿着两只不一样的鞋,浑然不知奔跑在操场的天天;那个请我修改第一份情书的"姐夫";还有军训半夜,用闹钟把自己叫醒,躲在厕所玩游戏的"应大侠"……

老师做得越久,越能发现孩子的形形色色,性格、能力、习惯等等方面有着极大的差异,更加理解家长对"自己亲生"的无奈和对"别人家孩子"的羡慕,也更加相信每个孩子都是好孩子。

我想,在有爱的前提下,教好孩子应该先从"看"开始,学会看孩子,并让孩子感受到"被看见"。作为教师,我们每天和学生一起,他们的状态、表现在学校得到展露。我们似乎看到了一切,但我们不得不承认,这样的看法有时很浅显,我们看到了孩子外在的表现,却并不了解他们内心的想法或意识中的需求。

小A同学的火爆脾气是出了名的。他自尊心极强,但是学习能力没有跟上他的自尊强度。作业时间他常常爆发,因为正确率低作业要订正,他会眉毛紧皱,眼睛发红,气呼呼地挥舞着作业本,从讲台边大跺脚地踏回自己的座位,一边大叫:"怎么又要订正!""我讨厌你们!""我讨厌……!"如果这时候，这些响动让其他同学多看了一眼，或者从他旁边经过，他会更加"炸毛"，甚至会把矛头对准同学，歇斯底里地大喊大叫。当他爆发的时候，同学忍让他，老师劝说他，他全都不听。

　　接班没几天，小A所有的任性、主观、无法控制情绪的行为就一览无遗。可是为什么他会有这些行为？为什么他控制不住自己的情绪？

　　与小A接触一段时间后，我慢慢了解了小A这些行为背后隐藏的原因和需求。他家庭条件优越，父母开公司，平时工作都非常忙，陪伴儿子时间极少。孩子的饮食起居主要靠家里的保姆。保姆对孩子的要求几乎是有求必应。学习上，父母对孩子的教育比较简单，找了一个大学生每天陪着做作业。这样的生活造就了小A的随心所欲，觉得周围的人都要以自己为中心。所以小A在同伴交往中非常任性、敏感，同时更加渴望得到同伴和老师的关注，更加渴望得到他人的肯定和赞赏。

　　记得那天午间，小A的书包不小心被同学碰倒在地上，当对方还没有意识到问题的时候，一场冲突以掩耳不及迅雷之势已经爆发。他开始大叫以发泄自己的不满。可是周围的同学似乎已经习以为常，视而不见。下不了台的他情绪更为激动，嚎啕大哭。面对这样的孩子，我知道此时的遏制和批评只会适得其反。我把他带进没有人的办公室，关上房门，递上纸巾，默默陪着他尽情发泄。十分钟后，哭累的小A情绪终于缓和了下来。于是，我让"肇事"孩子向他真诚道歉。我拉起他的手，在交谈中我让他感受到了我的接纳和理解。

　　接下来的日子，我会尽量陪着他发泄自己的情绪。孩子的内心其实并不难走进，当你把他当朋友、当亲人，认真、平和、温暖、真诚地对待他，他也会放下防备，放下情绪。我及时在全班表扬他情绪管理的点滴进步，私下帮助他分析自己的行为，鼓励他接纳自己的不足然后用积极正向的方式慢慢改变。

　　同时，我进行了频繁的家校沟通，通过登门家访、电话交流、联系册留言等形式向其父母提出一些意见和建议。父母有效的陪伴让小A不再那么充满戾气,性情变得温和了不少。我建议不再安排家教陪着孩子完成作业,养成独立完成作业的习惯。没有了外力的依赖,小A的回家作业正确率明显降低,甚至有时候都不能按时上交。那段时间,我把孩子留在教室里完成作业。独立思考,不懂再问,专心完成。两个月不到的时间,妈妈告诉我,现在孩子在家能够安静地在书房独立完成作业了。

小A在班级中时不时地大呼小叫有时候是为了引起大家对于他的重视,引起别人的注意。他迫切地希望得到伙伴的认同。我把他和几个特别善解人意的孩子安排在了一个小组。同龄孩子给予的点赞有时候比老师的一颗糖更让他充满进步的动力。

从五年级到六年级,小A的改变确实很大,我相信也不会止于此。

"看见"孩子,应该带着共情和理解,看见孩子行为背后内心的需求;应该带着温暖和责任,帮助孩子了解和接纳自己的情绪;应该带着欣赏和期待,给予他们力量去追寻更好的自己。

最好的同桌，最好的自己

陈淑霞

教室里，颁奖音乐响起，中队长正在台上手捧《班级好同桌》，饱含深情地吟诵着序言，为"班级好同桌"颁奖。如果说"崇文好老师"的活动推动着崇文的一位位老师发挥着充满个性的教育智慧，使崇文的一位位老师凝成一支充满信仰的团队。那么"班级好同桌"的活动，也推进着一个个中队中的孩子在保持自己闪亮个性的同时，拥有一份悦纳他人的能力，它为推动和发展孩子的个性创设了一个良好的班级交往氛围，提高了孩子在班级生活中的幸福感。

"班级好同桌"的评选方案是在班级中队干部牵头下综合每一位队员意见后诞生的，先寻找好同桌，通过自荐和他荐，产生十位"班级好同桌"候选人；接着是点赞好同桌：给好同桌写颁奖词；然后是举行隆重的颁奖仪式，颁奖"班级好同桌"；最后是有话悄悄说，让同桌之间彼此提提建议。

那天，方案终于形成了定稿，在全班通过。我们的中队长在围圈分享的时间跟同伴们隆重推出这个活动，启动了"班级好同桌"评比的序幕。

在接下来的几天里，我惊喜地看到孩子们热火朝天地用自己的方式记录着同桌的好故事。到了围圈分享晒故事的那一天，孩子们声情并茂地讲述着同桌是怎么帮助他们的，他们为有这样的同桌感到骄傲。再看候选人，他们了解到自己原来在同桌的心中是这样的美好，充分地感受到了同桌对自己的肯定和信任,有的激动,有的紧张,有的害羞……

特别让我欣喜的是一个叫小S的同学,为了让自己的同桌评上"班级好同桌",他给自己的同桌写了满满一页的颁奖词,历数同桌的闪光点,热心地把自己和同桌之间发生的点点滴滴介绍了一遍,看他那样子,比自己评先进还要主动。结果一出来,小S同学看到同桌评上了,激动极了,简直比自己评上还要欢喜。而小S的同桌,收到小S的鼓励后,也满心感动,跑来跟我悄悄说——没有想到自己成了小S的小幸运,自己也要释怀。我窃喜,因为他曾经因为自己和小S作为同桌烦恼过一阵子。

最后,孩子们给自己的同桌提出希望。他们用把自己的悄悄话写在心形卡片上,交给同桌。来自同龄伙伴的"悄悄说"力量真是不容小觑,在"悦纳"心理的作用下,大部分孩子都给了同桌一个笑脸,心形的卡片上写满了同桌的好,一点也不提同桌的缺点。倒是时不时看到收到卡片的同桌有点难为情,有的自言自语道:"我有这么好吗?"看看小S,平时大大咧咧的他略显脸红,而同桌,则看着他,和他相视一笑。

"班级好同桌"活动告一段落后,期中家长会上,我又以"世界咖啡屋"的形式和家长朋友们进行了一次友好的交流。我们就"如何让孩子个性鲜明又能悦纳他人"这个话题展开了交流,家长们在讨论中形成了一个共识——孩子的个性发展和悦纳他人是不矛盾的,悦纳他人能为孩子的个性发展提供一个良好的环境。大家还就如何引导孩子悦纳他人的做法上进行了智慧分享。

就这样,"班级好同桌"的活动得到了家长的支持。在家庭和学校的教育合力下,"班级好同桌"活动如火如荼进行着,成了班级中队评比一道最亮丽的风景线,"班级好同桌"的称号也成为我们中队队员心之所向的荣誉称号。在我们中队,队员们一个个总是保持着鲜明闪亮的个性;在我们中队,集体活动总是其乐融融……每每在进行颁奖仪式的时候,看到那些获奖者为自己获得这份荣誉的自豪劲儿,看到底下那些拼命为同桌成为获奖者鼓掌的激动劲儿,最欣喜的莫过于我了。我经常将我的欣喜跟我们的家

点亮童年

长分享,因为,这军功章,有着家长们的大半奉献。

或许,不久的将来,我们还可以再和孩子们商讨一下,要不要也出台一份《班级好同桌的N条细节》出来,让孩子们坚持一直这样做下去呢!走出崇文,来到任何一个角落,都让我们能做好自己,悦纳他人,生活得更幸福!

"明天你来取班牌"

范慧楚

"吱——",教室门打开了,一个小身影晃晃悠悠、不紧不慢地走了进来。唉,小Y同学又迟到了。

小Y是我班里一个调皮好动的学生。学习上他没什么太大问题,较为突出的问题是他规则意识薄弱,行为习惯较差。课堂上,他喜欢随意插嘴,用文具在桌上不断发出"叮叮咣咣"的声响,扰乱课堂秩序;课间时,他常会与小朋友打闹,喜欢做一些夸张的动作来引起大家注意。我经常提醒他,找他谈话,"软硬兼施",但效果都不明显。

最近,小Y同学开始频繁迟到,开学都快一个月了,每天早晨的"经典诵读"他也就参加了两三次。家长开始向我求助,说孩子起床很磨蹭,洗漱、穿衣、吃饭都很拖拉,焦急地询问我该如何去引导。

我们班针对学生的行为习惯建立了一项班级激励制度,每周开展"最美学生"评选。我们从晨读、课堂、课间、用餐等多个方面细化了十六条行为规范准则,每个学生拥有10个基础能量,若有不恰当行为则扣减能量,表现优异则增加能量。小Y同学基本每到周三,能量就所剩无几了。看着评价单上的"负能量",他从抓狂,慢慢变得泄气。这项激励措施于他而言反而形同虚设,不再具有"激励"功能。

能量激励没用,单独谈话没用,批评教育没用,正面鼓励也没用,这可怎么办？小Y同学给我出了个难题。

一天，排队放学，我打算路上和小Y再聊一聊，便牵着他走在队伍前面。走着走着，小Y同学突然说了句："老师，我也想整队。"我思考了片刻，让他转过身面向队伍："来吧，今天这个任务交给你了！"说完，小Y同学顿时来了劲，喊口号、管理队伍秩序，井井有条，声音响亮，精神状态和行为表现较以往都截然不同，整队任务完成得非常出色。

原来，小Y同学是典型的任务型性格！或许给他安排些任务，可以解决他经常迟到的难题。我开始思考，有什么任务适合小Y呢？当体育委员负责整队？似乎针对性没有那么强，最好是需要早到校完成的。当早读管理员负责监督？但他的英语口语不是很好，浪费早上的诵读机会可惜了。想着想着，我已经放学回来，拿着班牌习惯性地往门厅的班牌架子上一放。有了！这个任务刚刚好！

第二天，小Y同学一到校，我就把他叫到一边，说："老师想交给你一个任务。"

小Y同学很好奇，眨巴着小眼睛。

"明天早上7:55前，帮老师把班牌从门厅拿回教室。以前都是老师自己拿的，现在老师想请你帮忙完成这个任务，你可以做到吗？"

"可以！"小Y同学满脸欣喜，一口答应。

"可是，接受这个任务，你就得7:55前到班里，你能做到吗？"

"我一定能！"小Y同学回答得很坚定。

出乎意料的是，隔天早上他第三个到了教室，默默地放好班牌，拿出书本，开始他"久违"的晨读。手机里收到来自小Y同学父母的信息："今天孩子说范老师安排任务了，早上起来很积极！吃饭省心，上学开心，这个取牌子的任务太棒了！"

看到他的进步，我非常欣慰。事实上，"取班牌回教室"这个再简单不过的小任务，所带来的改变远不止"不再迟到"那么简单。经过一段时间的观察，我发现小Y同学在学习态度和行为习惯上，也有非常显著的进步。

"老师，我这里还是没听懂。"我很惊喜，小Y同学居然会利用课间十分钟，主动来与我交流课堂上遇到的知识难点！一年级小朋友会主动来问问题的都屈指可数，而小Y不仅是在书本上做了记号，还选择了用下课玩耍的时间来解决不懂的问题。要是在以前，他可是要我一直催着才肯订正作业的呢！课堂上，以前总影响课堂秩序的他，学会了先举手，再发言，偶尔有吵闹，我简单用眼神示意一下，他马上明白什么意思，还会小声地和我做个"对不起"的嘴型，点点头表示接收到了我的信号。家长也向我反馈："感觉孩子最近懂事不少，有了小任务后责任感都强了，一提到这个他就能控制自己，想表现得更棒！"看来，这个小任务的完成，使他得到了老师的表扬，得到了自我的肯定。这个独一无二的"特殊"任务，让他获得了成就感，知道要以身作则，规范自己的行为。

每一名学生所展露的其实只是冰山一角，他们有着无限的潜力与惊喜等着我们去探索。哪怕只是一个微不足道的动作，一句简简单单的话语，都有可能带来"蝴蝶效应"般巨大的变化。因此，吾将上下而求索，用心去成为那个挖掘宝藏的人。

点亮童年

小毛的"天才十分钟"

孙启隆

舞台上的十分钟,能让一个孩子发光吗?我想是的。

四年级的小毛是去年在戏剧课上认识的,对他的初印象是一个可爱、话少但有点调皮的小男孩,上课不自觉地就会自己玩起来。很有缘分,今年的夏令营小毛恰好分到了我的营里。听说小毛是班里心智比较幼稚的孩子,我心想,这回我要好好"关照"一下这个宝贝。

通过夏令营初期的观察,我发现我们的小毛同学还真是个"宝贝"——经常喜欢把文具放进嘴里,时常把自己的座位周围弄得满是垃圾,总是能在抽屉里制造出新的惊喜……为了提高小毛的卫生意识,我任命小毛为营里的卫生督查员,让他在管理他人中更加自律,但是情况似乎也没有很大的好转。

随着日子的一天天过去,闭营仪式上的戏剧表演项目学习也不断往前推进。终于到了《Sleeping beauty》定角色的这一天,没想到平日里有些腼腆幼稚的小毛竟然主动拿下了"王子"这一关键性角色。虽然王子的台词不多,但是对演员的动作和情绪都有精细的要求,在戏中十分重要。

小毛是否能带给我们惊喜呢?

前期的排练时光是使人头疼的。王子的台词不多,最重要的便是两句出场的"hello——hello——"。别看台词少,要把这句话念得空旷辽远,仿佛自己真的置身于一个偌大无人的城堡一般,可不是一件容易事。果然,小毛还是比较害羞,每次出场和亮相都没办法放开自己,声音比较轻,缺乏眼神交流。我的内心隐隐有些担忧。

在之后的几次排练中,我和英语老师一直为小毛做台词示范,给小毛的走位做精准讲解,从走姿到情绪,从手势到眼神,小毛似乎若有所思,但还是不尽人意。

彩排的时刻很快到了。熟悉的背投和配乐有条不紊地在舞台上呈现、演绎——要轮到王子出场了!

只见小毛眼神望向舞台后上方,面带微笑,缓缓地站定,转弯、开门、探头的动作竟做得如此恰到好处!接下来的两句"hello——"更是念得情境感满满。太使人惊喜了!彩排结束后,我们大大表扬了小毛。

"小毛,你今天很棒,真的跟王子一样!"我观察到小毛的脸上露出了胜利的微笑。

更使我意外的是,小毛当天的营员日记写的就是这件事。日记的标题是——我真的是"天才"吗?在文中,他对自己今天的彩排意犹未尽,表示自己只是稍稍注意了一些老师提到的要领,竟然取得了这么大的成功。

我立刻把小毛叫到跟前,拍着他的肩膀肯定地说:"小毛,你就是个天才。今天的舞台就是属于你的'天才十分钟'!"

小毛似乎更受触动了!在接下来的排练中,每次都能出色地完成自己的角色演绎。于是我们对他的要求逐渐提高,不仅要求情绪、动作到位,还要求小毛卡准配乐的时间节点。

"小毛,动作再大一点!"

"这样特别棒,这句台词再有感情一些!"

"这一步走得再慢两秒,跟音乐一起。"

……

不负所望,小毛都做到了!小毛似乎真的在戏剧表演中找到了"自我",他变得更加松弛,更加自信,举手投足间就是一个王子。我看到了,在舞台上的他,是可以发光的。

终于,演出的时刻来了!

"小毛,要上台了,你紧张吗?"

"不紧张,我可是天才呢!"

"了不起!孙老师以前登台演出可比你紧张多了。"我边说边给小毛一个大大的拥抱。

穿上演出服,带好妆容,背投就位,音乐响起……我在台下看着一个个人物渐次出场,每顺利演绎一幕,我就暗暗松一口气。节目接近尾声,王子出场了!小毛一步一步地进场,蓝紫色的服装在舞台上显得格外帅气。台词到位!眼神到位!走位到位!卡点满分!我们的"天才"小毛同学出色完成了角色的演绎,用自己动听的歌喉为整场表演拉下了帷幕。看着孩子们笑着在舞台上谢幕,听着现场雷动的掌声,我的内心满满的都是感动。

"孙老师,我的'天才十分钟'还不赖吧!"

从那以后,小毛更爱笑了。他的个人卫生情况大有好转,不再对他人的建议置若罔闻,甚至常常能看到他自信、闪亮地同老师交流,与同伴玩耍。

我向来认为,"打开自我"对一个孩子是非常重要的。在今后的学习、工作生活中,不管是主动还是被动,孩子们都会有很多机会去展现自己、表达自己。倘若在他们童年的成长历程中,能多一些这样的时刻帮助他们打开自我,该多好啊!

我相信在夏令营的戏剧表演中,小毛收获到的不仅仅是那短短"天才十分钟",更多的是这种"打开自我"的宝贵体验。他克服了自己的腼腆和羞涩,在舞台上找到了归属和光芒,而这份自信和勇敢会一直伴随着小毛,帮助他成为一个更完整的人。

我不敢跳……

周碧云

"我不敢跳，我就不敢跳……"

伴着浓浓的哭腔与一连串卜落卜落的泪珠，小小又开启了今天的拉锯战。眼看着半小时过去，其他同学已经开始纷纷跳入水中开始学习水中脱衣自救的新技能，可小小却依然站在泳池旁两步之外的距离不停地哭泣着："老师，我怕。我真的不敢跳。"

看着她泪水涟涟的样子，谁瞧见了都心疼。我不禁变软语气："好，咱们先不哭，到旁边先休息一会。"说着，便拉着她的手坐到一旁的长凳上。我一边抚着小小的手，一边想起她初学游泳时的样子：其他孩子都跟个小鸭子似的，在水里玩耍扑腾停不下来。可独独小小，一到游泳课就像沾不得水的小鸡仔从教室开始就各种逃跑躲避，一到泳池就哭声震地。足足用了小半年时间，才让她成功下水……

"老师"小小的声音唤回了我的思绪。"上次听同学说你的游泳进步很大呀。""是呀，我已经可以游25米，不用特训了。""是的嘛，我都听说你和同学在水里玩得高兴，下课了都不肯上来。""嘻嘻，我周末还去小区泳池玩。"小小一向是个乐观单纯的孩子，说哭就哭，也是说忘就忘。这不，和她闲聊了一阵，小姑娘的脸上、语气里就现出了不少喜悦的神色。

"你看，同学们在干嘛？"我顺势将她又引回了泳池。此时，孩子们正紧张地计着时,激烈地PK水上脱衣技能呢。

"老师,我也想学的。水上派出所的老师说,这样就可以在落水时自救了。"小家伙很敏锐地觉察到了我的用意,也很勇敢地直面问题。

"那是的呀,我们这回不仅学自救,下次课还要学救人。"

"老师,我能不能坐着下去……"

这狡猾的小家伙,又开始偷偷谈条件了。可这是生存技能的训练,我不能因为自己的一时不忍而让孩子变成一场单纯的玩闹。如此想来,我咬咬牙,还是坚持了自己的立场。"你看过谁落水或救人时是坐在岸边,有准备的慢慢下去的呢?"

"可我——就是怕。"

"小小,一点都不怕的。你就这样甩两下,跳下去然后浮上来就好了。"一旁休息的同学听见了,一边说一边示范着"扑通"往下跳,然后迅速浮上来,"你看,真的一点没什么。""你看,我们都不怕的。"说着,同学们扑通扑通一连跳了好几个。小小的脸上颇有些为难,一面受着鼓舞很想要试,一面又被心里的畏惧束缚不敢动。

时间不多了,我决定以孩子们期待许久的帐篷露营作为刺激,试着助推一把看能否突破孩子内心的"紧张咒"。"小小,同学们学会后晚上可就要去搭帐篷,看露天电影了。你如果学不会,晚上只能继续来特训……""不要,不要特训。"我的话还没说完,小小就抢着回答,"我要跳,为了搭帐篷,我一定要跳下去。"

"是不是只要跳下去就算成功?"

"对的,只要自己跳下去就是成功,可以和大家一起搭帐篷。"

"好的,我要跳,今天我一定要跳!"她勇敢地回到泳池边,双脚贴着泳池,用力地摆动起手臂。"我要跳,我一定要跳。"她不断地碎碎念着,似在给自己不断加油打气。这时,周围一圈人的目光仅仅注视着她。"加油,小小!""小小,你可以的。"同伴的加油声不绝于耳。

"跳下来,往我怀里跳。"教练在水里伸长着双手,做好了迎接的姿势。

"加油,我们陪你一起跳!"还有好几个贴心的小伙伴在一旁陪着跳。

"一——二——三——"我满怀着期望,开始喊起口令。

"等一下,再等一下!"

"一——二——"

"我不敢跳,我就是不敢跳!"小小在泳池边甩了足足十多分钟的手臂后,又一次退下阵来。哎……外部刺激证实无效这心理难题不攻克,想是再怎么指导也无用了。

可这心理问题如何化解呢?昨日抱着救生安全的游泳圈站了许久,不行;教练抱着反复跳,明明入水后好好的,可一上来依然不行;想要助力推手的,小家伙可防得紧,成果过几回可到了自己依然不行……哎,怎么办?几个教练和老师的嗓子都已经沙哑,可小小却依然哭着喊着不敢跳。越急越怕,越怕就哭得越急。只剩这最后十分钟了,再学不成,小小这技能章肯定就没了,小姑娘指不定又要偷偷抹眼泪。

眼睛往旁边一瞥,突然想起隔壁班不是有个小小幼时的好伙伴吗?那个小小一下课就跑过去叫一声,老远看见就热情打招呼的朋友。"或许他能帮上些忙。"我自言自语地说到,给小小和自己最后一丝希望。

此时,学习已近尾声,我赶紧跑去找到泳池另一端正准备去冲洗的小礼同学,轻声在他耳边说上几句,拉着他的手就来帮小小。"小小,你看小礼来帮你了!"小小的眼里果然闪过一丝光亮,可害怕依然占据了上风。

"小礼,我们和小小一起跳。""小礼,你拉上小小的手一起跳。"小礼的老师细心地指导着。"一——二——"手拉着手的小小不哭了,整个泳池里只听见他们的口令声和教练老师的鼓励声。

"一——二——三"

"你先跳。"

在放了小礼的几次鸽子后,小小终于鼓起勇气和他手拉着手一起跳了下去。"扑通""扑通"小小在小礼的陪同下陆续跳了几次后,终于迎来了独自站立式跳水的成功！那一刻，全场的掌声瞬间响起，一个个似乎都比小小还要激动。

以心交心，积极尝试与耐心等待，我们终于与小小一起见证了成长路上的大大突破！

一次"偷懒"的跑步

邱 胜

"一、二、三、四,一二三四……"大课间时间,激昂的口号响彻校园的每个角落。蛇形跑,是孩子们最喜欢的运动项目,也最考验体力与耐力。

杭州的12月,已然落叶飘零、寒风瑟瑟,但孩子们的口号声将寒意一扫而光。我心里暗自高兴,今天娃们跑得可真棒,步伐整齐,跑速平稳,就连间距也控制得极好。忽然一转头,发现了躲在我身后的小F同学。小F向我做了个鬼脸,又轻轻往另一边挪了几步,试图不被发现。

看到班里的学生"偷懒",作为班主任的我一下子有些恼火,嗓门也不由自主地高起来:"你为什么不跑?""我脚疼!"小F理直气壮地回道。"跑几步看看!"听到班主任的呵斥,小F不情愿地挪动了起来。从操场的这一头,到那一头,短短的几十米距离,小F足足走了几分钟。只见跑步大军从他身边一次次穿梭,我心想,如果脚真的疼就别跑了。可等他走到那一头,便在另一个班主任面前委屈地嚎啕大哭。因为正在跑步中,我没有第一时间走过去。等到大课间结束,小F的心情也平复了一些。一回到教室,就开始了第二节课。我也没有察觉到事情的异样。

可接下来几天,小F表现越来越奇怪,上课不认真听讲,红领巾不系,时不时还要在课堂上说话捣蛋……做出一些和以往不一致的行为。和家长联系后,孩子妈妈反馈,近期孩子有偷偷藏零食、吃辣条的现象。甚至还和妈妈说,"老班"不是以前的"老班"了,他有点不怎么喜欢现在的"老班"了。

于是,趁中饭后闲暇时间,我约他来到阅读角,坐下来聊聊天。"老师看你最近有时候心情不好,是发生什么事情了吗?""没什么事,就是有点不开心。""你愿意和老师说说有哪些事情使你不开心吗?""没什么事……"小F低下头、抠着自己的手指。"嗯嗯,老师有不开心的事情也喜欢藏在心里。但是那种时候我就会特别想要吃东西,我比较喜欢吃变态辣的火锅,那会让我的心情一下子变好。""老师,我也喜欢吃辣!"孩子抬头看我,眼神中流露出一丝惊喜。于是,话匣子一下就打开了。"上次跑步的事情,你是不是觉得老师一定要你跑,没有理解你的脚疼啊?"孩子委屈地点了点头。"其实不是那样子的,我本来想的是让你往前走几步,看看你的脚踝疼是不是真的很严重。严重的话,我们就休息,不跑了。但可能当时表述也不太正确,没说清楚,让你误解了,你愿意接受老师的道歉吗?"说到这,孩子的眼泪唰地一下流了下来。接着,我趁热打铁,表达了对孩子的期望,我们聊了很多,最后拉钩、握手、言和。

那天放学后,接到小F妈妈的电话,得知小F回家后心情大好,喜笑颜开地和妈妈说自己和老师和解了,又开始喜欢他的老班了,还把老师喜欢变态辣的"小癖好"告诉了妈妈。看到正常版"小F"的回归,我终于舒了一口气,我们眼中的小事,是孩子眼中的大事。我们要多看到这些大事,鼓励学生说出心声,细细聆听学生的言语,积极接纳他们的负面情绪,力争和学生产生情感上的共鸣。将教育教学中闹心的"小事故"变成暖心的"小故事"。

一次群聊的危机

陈 犟

周五晚上九点半,小A发来一则信息和一段群对话文字视频。得知当天傍晚小B建了一个微信群,名为:"扒我们的神经病"。小B用侮辱性语言责骂群里的小C同学,同时也责骂了小A。我仔细阅读文字截屏后惊讶不已,平时温柔可爱的小B居然用带有明显侮辱性、粗俗不堪的语言公开谩骂两位同学。更让我震惊的是群内已有班级十四位同学,居然还有班长和好几位班干部。这些孩子不但没有指出小B的问题,还有人煽风点火、推波助澜。

我意识到事情的严重性,内心十分焦灼,既担心小C看到留言后受到伤害,也担心这些内容对其余同学产生不良影响。我电话联系小A同学,详细询问了微信群的全部情况,并告诉她这件事情比较复杂,老师需要思考一下如何处理,请她暂时在群里保持沉默,如果同学们还有什么过激语言及时跟老师沟通,小A愉快答应了我的建议。我很想直接打电话向小B家长反映情况,跟小C家长沟通安抚情绪,但看看时针已经指向晚上10点,我放下了手机。

一个晚上忐忑不安,周六一早,我就迫不及待地电话经验丰富的搭班老师。经过讨论,我们觉得事件较严重,要及时制止事态蔓延,保护好每一个孩子,让负面影响降到最低。我们商量决定了处理的四个步骤:解散微信群,避免影响扩散;找小A谈话,了解背后的原因;召开主题班会,讨论如何正确使用网络工具;相关人员分类谈话,提高明辨是非、善恶、美丑的能力。

我再次电话联系小A,了解目前微信群里的情况。经过全面了解,结合家长、孩子的反应,我推断小C同学和家长暂时没有看到群中信息,其他同学和家长看到的也不多。为了减少对小C和家长的伤害,避免负面影响进一步蔓延,周六中午,我请群主解散了该群。

平时温柔可爱的小B为什么会做出这样过激的行为?周日晚上9:00,我电话通知小B同学家长,请她转告孩子周一早上带上手机,提早半小时到校。我需要了解她真实的情况和背后的原因,才能对症下药。周一早上7:30,我将小B带到一个空教室。因为周日解散了微信群,敏感的她已大致知道我找她的原因,一边哭一边交代了整件事情。得知日常学习生活中小C常常会对小B说三道四,小B无处发泄就选择了网络,通过微信群谩骂的方式发泄内心气愤。从谈话中我还了解到这些谩骂的语言都是她从网上复制来的,她说她都没有细看,也没有想到后果会这么严重。看着此时泪流满面的她,我知道她真的后悔了。

下午,我利用道法课开展了《知法守法》主题班会。班会中我结合《道德与法治》教材中关于"知法守法、依法维权"的内容,跟同学们一起学习了《网络信息内容生态治理规定》、了解了校园欺凌的定义,因校园欺凌获刑的案例等,最后说明了我删群的目的和对同学们的希望。当一句句名言、一个个案例、一段段视频、一份份文件呈现在孩子们面前时,他们震惊了。看着他们的眼神,我知道这次主题班会成功了。

放学后我约了小B和家长一起交流。小B父母了解事情后,非常震惊,他们对孩子真正的了解少之又少。他们不知道女儿平时跟小C关系不和睦,也不知道放学后她在使用手机,更不知道她常用微信朋友圈、微信群等。经过一番交流,父母意识到了自己的问题:对孩子观察和关心不够,对孩子的需求没有重视。

接下来一周的课间、午休、放学前时间,我将该事件涉及的学生一一分类交流。最后,召开了班委会议,让每位班委谈一谈在本次事件中的角色、存在的问题、以后碰到类似事件如何处理。交谈中我尽量关注孩子们的情绪反应,倾听他们的心声,引导他们客观地认识事实,剖析自己的问题,让问题得以真正解决。

事件发生时我非常庆幸小A能及时告诉我,让我能在第一时间干预处理,让负面影响控制在最小范围。青春期的孩子,处理事情冲动,对网络上的信息不能过滤筛选,觉得"酷炫"的拿来就用,不考虑后果。整个处理过程中,我始终坚持保护好每一位孩子的原则,即使是始作俑者也要给她改正的机会。主题班会中我不点名道姓,也不言辞犀利,更没请做错事情的孩子当场道歉。事后跟学生、家长、班委一一分别交流,更好地安抚个体,给出针对性的建议,同时也更好地保护了她们,让事件对每个人的影响降至最低。尊重每一个孩子,保护每一个孩子,找到原因,深入处理,真正解决问题。

无言的"小确幸"

陈 晓

这是我第七次接手一年级了,已经是"熟练工"的我,还是遇到了从未有过的挑战——一个不说话的孩子。

暑期家访时,我初识了这个孩子。从我们进门开始,这个孩子就趴在一张有滑轮的椅子上从客厅的一头滑到另一头,不断地重复着这个行为。不论老师和家长怎么邀请他来聊天,他都摇头拒绝。我起身,想去牵着他的手,可他却躲到了窗帘后面。妈妈告诉我,孩子自从疫情居家学习之后,只和家人说话,不和外人说一句话。我心里"咯噔"一下:不说话,上学可怎么办啊?我把这份担心藏在心里,安慰家长说:"可能孩子跟我们还不熟悉,等上学后,我们渐渐熟悉了,再进一步沟通。"

我查阅了许多心理学书,也联系到孩子幼儿园的老师,向她了解孩子在校的具体情况,解决了我心中的许多疑惑。我想:只要孩子有跟别人交流的意愿,他

总会开口说话的。

开学了,我仔细地观察着他,发现他能听懂老师的指令并按要求做到,他

会用手势和表情来表达信息。面对这样的孩子,我只能拿出无限的包容和耐心。平时我跟他的交流,只能用猜。我把能想到的所有可能性转变

成"是"或"否"的问题,让他用点头或摇头的方式来进行,有时候我要问将近10个问题才能得到一个答案,这不断地消磨着我的耐心,但只要能得到他一个回应,我的耐心进度条就会被瞬间充满。入学一个多月,他还是不说一句话,父母带他去看了精神科专家,被诊断为"选择性缄默症"。这是专家们几年才会遇到一个的个案,治疗难度大、周期长。每周孩子去医院治疗后,我都会跟家长沟通,以便在学校能够更好地帮助他。

一天中午,我在办公桌前批改作业,他主动来到我身边看我批作业,这时我

放在一旁的手机有收到信息的声音,于是我跟他说:"你来数一数,我已经几条

信息未读了?"他朝我看看,我说:"你用手势来表示吧。"他伸出一只手掌,向我比划了一个"五"。我故意装糊涂,说我看不懂,还蒙上了自己的眼睛,说我看不见,就是要他告诉我是几。他咯咯地笑着,然后凑近我,撅着嘴巴做了一个"五"的口型。这真是一个重大的突破,我知道了,他喜欢跟我玩。从那以后,

当他主动凑到我身边的时候,我都会搂过他,跟他"自言自语"地聊天;我会在

午间闲暇的时间带他去农场劳动;我会让他和小组同学一起展示,让他帮同学拿

材料;课间休息时,我会找他一起玩游戏,故意输给他,逗他笑,我要让他感受

到老师是关注他的。突然有一天,我吃完饭回到教室,在我的电脑上发现了一张皱巴巴的小纸条,上面写着:我叫xxx,你叫什么?我惊喜地叫出他的名字,他也正看着我,捂着嘴巴笑。这是他第一次用文字给我传递信息,我激动得眼里泛出泪水。

现在,他已经能在同学们面前发出"哈哈大笑";他会举手,主动争取一些

机会；他还会写小纸条给更多的人传递信息，我觉得这些就是对我的耐心和努力最好的回报。尊重每一个孩子，营造一个安全、温暖的氛围，热情地对待每一个孩子，不厌其烦、耐心细致地观察他的需求，你就会收获孩子送给你的一个个小确幸。

方寸之间

张　旭

"用力！直冲过去！"他索性眼睛一闭，猛然用力，愣是将石头挖出一道深深地凹槽。

"张老师，这……石头裂了。""单刀直冲就是要这样，冲刀是篆刻最基本的用刀方法，爽利流畅，不拖泥带水。""叮铃铃……"铃声突然响起。"张老师，我下午做完作业过来哈！"

眼前这个孩子——小H，是我书法课上的"混世魔王"。而此时沉迷于篆刻的他又有点可爱。最近几日，他总是在偷偷地溜到书法教室，探出个小脑袋，弱弱地问一句："张老师，我作业写完啦，能刻会印吗？"

我疑惑，他为何会如此沉迷于这方寸之间？难道是为了躲避语数英老师？也许只是三分钟热度罢了。

在一次跟小H妈妈的交流中我得知，就在几周前，因为买篆刻工具的事情，他缠着妈妈很久，小H妈妈也跟我说了，为什么他这么喜爱篆刻，原来是在他第一次接触篆刻的选修课上，因为他的线条刻得很好，我对他大加赞赏。这是他之前学任何一门科目都没有的。也是自那时起，每堂篆刻课他都会将我所讲的技法要点、理论知识记录下来。

不得不说，小H在篆刻上的天赋确实很高。篆刻初学者，在印稿上石时，一般采用反写水印上石，而有一定经验的学者，可以直接涂黑摹刻。小

H一直都是直接涂墨反刻，说是要挑战自己，我便借此鼓励他，从线条到单字印，从单字印到多字印，不断地尝试、挑战。最后呈现的作品也都能达到很高的临摹水平。

近期，全国中小学生篆刻展比赛在即，篆刻特长的学生不多，且水平参差不齐，需要长时间的集中训练。小H作为我们训练班的班长，一直以"篆刻第一"自居，有点目中无人的样子。

这日，如往常一样，放学后在书法教室训练，远远的我就听到他在同学之间宣扬："你们都不行，刻印就要直接涂墨反刻，这才是高水平！"听到他这句话，我气不打一处来，待所有同学坐好，"同学们，我们本节课统一临摹印稿。""啊！那多没意思，印稿有什么好临摹的。"小H首先反驳我。"小H，你会临摹吗？我看你连临摹都不会，还妄想着把印章刻好。"他一脸诧异地看着我，嘟囔一句，"我不用临摹也刻得很好啊。""同学们，临摹就像拍照一样，古人没有相机，因此他们在学习汉印的时候，要将印稿摹写到精致，要将每个笔画的起收笔都做到完全还原。"我话音未落，他们就已经迫不及待地画印稿了，他们无非是想早点操刀刻印，我一定要磨磨你们的耐心。"都停下笔来，还记得画印稿的方法是什么吗？""老师，不就是盖上拷贝纸，填墨吗！"小L答道。"对啊。"其他同学附和道。"都忘记了吧，画印稿要积点成线，用一个个的点堆积成线条，而不是一划而过。"在我示范之后，其他同学都乖乖地积点成线，唯独小H还是老方一帖。

"同学们，我们选择两方印点评一下。""这有什么好点评的，又不是刻出来的。"小H公然跟我叫板。"小H，把你的拿上来！"我将小H的作品同原作放在一起，很明显，小H的作品过于粗糙。"小H，那你来说说看这两方印稿的区别。"他略带羞涩，低着头，支支吾吾地说道："张老师，我画得太差了……""那你来谈谈差在哪里？""这方印是铜铸的，铜铸感和我们的书写感有明显区别，横与竖交接的地方，竖画的起笔并不是满的而是略微带尖的。我的作品转折的地方都没有画出两条线条搭接的形态，我这方印细节太多地方都有所缺失，没有古意。"说完惭愧地垂下了头。"说得很好！你这印章只能远观，古人都讲究'与古为徒'，更为注重笔画的形态具有书写感，我们不是工匠，而是在做艺术。老师这边有本《陈巨来印稿》，你回去看看大师是如何画印稿、刻印的。"

自那时起，小H每天早晨都会给我送来前天晚上临摹的印稿，印稿越画越精细，总是会问我"老师，这个和原稿对比怎么样？"。

"玉不琢不成器"。小H虽然拥有较高的天赋，但在他学习的过程中多多少少会存在各种问题，作为老师一定要合理的引导，在必要时帮助他"剪"去多余枝丫，在该敲打的地方时不时敲打几下。天分与功夫是相辅相成的，没有功夫的修炼，也只是深埋的璞玉，愿他能够在这方寸之间尽情遨游。

点亮童年

"藏在心里"的叹息

陈亦善

2020年秋,我满怀欣喜地接手了三年级3班,担任这个班的语文老师。和我一样,小A也刚刚来到这个班级,不过,面对全新的环境,他有些无所适从。

经典诵读开始了!我与孩子们穿梭在唐诗宋词中,享受着耳边朗朗的读书声。突然,一阵吵闹声钻进耳朵,同学们齐刷刷看向教室后面,小A与小B起了争执。

"你干嘛撞我!"

"我不小心碰到的,跑得有点着急,对……"

没等到小B把话说完,小A的手便伸了出去……

不仅如此,我的耳边常萦绕着其他同学对小A的告状。

"老师,小A在饮水机那边玩水!"

"他打翻了餐盘就跑走了!"

"刚刚小陈老师被小A气哭了……"

……

与以上种种行为相匹配的,当然是他不尽如人意的作业情况。我和其他老师几乎是抢着给他进行个别辅导,课间常常是几个老师在教室里等着他完成一科作业,再去完成下一科。

然而,我们的付出似乎收效甚微,半个多学期过去了,小A依然"自由散漫"。

一天,孩子们在整队放学,我转头往教室里面看,发现小A还在"作业小山"中挣扎。我心想:"今天又要'抢人'了。"

没想到放完学回来,他另外两科作业已辅导完毕。我便向他招招手,让他来我这,他马上拿起作业向我大步走来。

今天的效率似乎很高,不一会儿,难点就攻破了,我们顺利完成了作业。

"今天很不错,明天争取不留堂哦!"我笑着对他说,同时期待着他脸上能露出一丝表情,好让我知道他的情绪。他熟练地合上作业本,收拾好文具,扭头向自己的书包柜走去。我盯着他的背影,默默注视着他收拾书包。

这时,教室里出现了一个声音,它微弱却绵长,仿佛消耗了很多力气,想把内心的失望全部挤出来似的。

几秒之后我意识到,这是一声叹息。

很难想象这声叹息会出现在三年级孩子的身上,我脑海中反复地想着:"小A为什么不开心?"

我开始回忆小A最近的表现,虽然在刚过去的期中自查练习中再创新低,作业也依然拖堂,但效率相比之前有所提高,今天只用了半个多小时就完成了留堂作业。那么,在家里的表现怎么样呢?我决定与小A爸爸联系。

"小A爸爸,小A最近在家情况怎么样?"

"动作还是比较慢,不过现在都是他自己在房间做,不要我们陪了。"

"期中之后好像懂事了一些,我和他妈妈挺开心的。"

从作业陪跑到独立完成,从慢慢悠悠到加快脚步……原来,小A已经努力地在自己的轨道上跑起来了。也许,只要我们做得多一点,他将会收获更大的成长。

于是,我决定将小A的这声叹息藏在心里。

"小A爸爸，小A在学校的表现也有很大进步，我们要多鼓励他！"

得知小A酷爱糖果，我准备了各种各样的糖果放在兜里。

"这道题这么难你都写对了，了不起，陈老师奖励你一颗糖！"

"作业上交得很及时哦，奖给你，拿吧！"

每当他回答对问题，教室里还会响起热烈的掌声……

小A成了班里名副其实的"糖果冠军"与"掌声收割机"。我将小A的点滴进步一一反馈给家长，共同见证孩子的成长。

当然，当小A在课上出现不良行为，我也会用鼓励代替批评，把他叫到身边，告诉他："现在已经有进步啦，背挺得特别直，如果不和其他同学说话会更好！"

渐渐地，小A留堂的次数大大减少，课堂发言的次数越来越多。一次沙龙分享时，小A高高举起了小手，讲台上的他神采飞扬，滔滔不绝地介绍着精彩的沙龙活动，当伙伴忘词时他还会及时补充……

我们总是会把孩子横向比较，放大他们的不足，却忘记了他们自身的成长经历。作为转学生，小A能在短暂的时间里适应环境，熟悉教材，不已经是飞跃的进步了吗？我庆幸自己将那声叹息藏在了心里，它带来了一个孩子全新的成长。

"慢慢"成长

吴 讷

2018年的夏天,刚毕业的我走上了教师岗位。作为新老师,我努力成为孩子们心目中认可的老师。每天最幸福的是,走在校园里孩子们跟我亲切地打招呼,叫一声"吴老师好"。

在我的学生中有这么一位非常不起眼的小男孩,他叫小S,个子瘦小,腼腆,内向,不会主动争取机会,总是小心翼翼的,特别自卑,与人交流总是微微一笑,像是被遗忘在角落里的"慢"小孩。很长的一段时间里,我与他的交流仅仅局限在学科内容上,微微一笑的回答方式总让我觉得他有话要说却不敢说,但是我却不知道怎么可以打开他的心扉。

有一次午间,教室里的几个男生拉着我聊起了遥控车,小S在不远处静静地看着我们,听着同学们的分享,露出了笑脸,但是始终没有参与进来。等话题结束,我就要离开教室时,小S追了上来,慢慢悠悠地跟我说:"吴老师,我在学习制作模型飞机……"声音很轻,看得出来他很不自信。"真的吗?是什么样的模型飞机?可以给我看看吗?"难得发现孩子感兴趣的话题,我殷切希望,他能滔滔不绝地跟我分享,然而他却只是微微一笑,点点头,说:"制作时我被胶水粘了好多次手……"这一次的对话突破了以往与小S的交流方式,孩子开始愿意主动分享。

从那以后,我总会时不时地问问他近期的模型制作进程,遇到的困难等等，试图慢慢打开他的心扉，拉近我们的距离。小S似乎也感受到了老师对他的关注，我们之前的对话越来越多。进入三年级后，在课堂上渐渐地看到他举手了，小组合作时看到他的分享了，一切朝着好的方向发展。

学校准备筹建三年级电子制作团队，作为指导老师的我开始着手挑选队员，我一直记着小S同学喜欢制作模型，也许这是一次很好的机会。于是第一时间我就找到孩子跟他沟通，这一回小S依然是腼腆地微微一笑，点点头，但是他的眼神里还保留着不自信。

从那一刻起，小S风雨无阻地参与每天的训练。记得比赛前一周的模拟比赛，从大屏幕计时开始，小S就着手开始拼搭机器人，虽然并不是动作最快的，但是也按照自己的节奏有条不紊地进行搭建。30分钟过去了，孩子们陆陆续续地完成了制作开始调试，而小S却还在继续拼搭，迟迟没有完成。大屏幕上的时间一分一秒过去，他的头上渗出了细密的汗珠，脸涨得通红，反复地翻转机器人查看，终于在比赛的最后几分钟里，孩子发现了问题，及时做了调整，完成了比赛。看到他脸上如释重负的样子，我知道孩子成功挑战了自己，我在等着小S主动来跟我分享喜悦。果不其然，赛后孩子跑到我面前，红扑扑的脸蛋上挂着甜甜的笑容，开心地说："吴老师，我今天花了20分钟找原因，我调试了很多次，马达都动不了，后来一根根电线检查过去，发现电线接错了，我赶紧重新接。当我通过自己努力解决问题以后，我觉得自己太厉害了，在最后几分钟完成了。但是我跟其他同学还有差距，我申请每天来你这里继续练习，我一定能更快！"从来没听过小S一口气说那么多的话，我看到了孩子眼睛里在发光，这是从来没有见过的光芒！那一刻我也被深深地感动，我看到了这个"慢"孩子更加自信了。

在赛前的最后一周里，每天的闲暇时间，小S就到我教室里不厌其烦地一次次制作、调试、行走。果然，小S同学在比赛中获奖了，这对他来说，是为数不多的机遇，能站在领奖台上证明自己。这是一个"慢慢"的孩子，他真诚、认真、锲而不舍，他一步一步地走，踏实地向前进，沿途全是美景。

我们是春天播撒种子的人,心中有着秋收的期盼,我们把自己情感倾注到每一个孩子身上,希望能给孩子带来温暖。坚守那一份初心,与孩子们一起慢慢地、慢慢地,静待花开。

点亮童年

做开心果园的快乐园丁

陈乂进

我们是一名平凡的教师,我们是栽种树苗播洒阳光的园丁。在理想国里孩子们都很喜欢开心果园,她们也像果园里的幼苗一样茁壮成长。最近,我遇到了一棵最小却最渴望成长的苗苗——小Y。

小Y进入开心果园的第一年,我和她接触得不多,但对她印象颇深。第一次看到的就是在教室门口嚎啕大哭的她,嗯,嗓门儿挺响亮的。之后我就记住了她的样子,但不知道小Y的名字,而彼时的小Y看到我也只是远远地礼貌地对着我微笑。没想到,一年后我就成了小Y的班主任,开始了更深入了解小Y,小Y知道我是她的班主任后,会主动和我问早问好,和我分享她身边的事,我看到了更生动的她。经常能看到她高举的小手,和同伴分组合作时能看到她代表小组自信的表达讲述观点,她的声音很好听。那次,学校要组织小朋友参加歌唱比赛,通过层层海选,小Y成功地加入了合唱团,成了年龄最小的成员。她和哥哥姐姐们一起练声、学动作、记队形、背歌词,每一次的排练,小Y都认真对待,回家主动要求反复练习。

转眼就要比赛了。比赛当天上台前,小Y和哥哥姐姐一样都很兴奋,活泼地小Q在上台前问:"老师,我们比完赛要干嘛?"我告诉他们唱得好,我们还能参加市里的比赛,孩子们说,比赛太好玩了,他们要一直比一直比。我被他们逗乐了问:"那你要唱到哪里去?宇宙吗?"他们大喊着回应我："对！我们要去宇宙唱歌！"小Y看着哥哥姐姐自信的样子，在一边一起笑着。上台时，小Y有些紧张，出现了小失误，但是大家依然取得了好成绩，孩子们高兴地反复唱着歌，我们激动得热泪盈眶，小Y跟着哥哥姐姐一起蹦蹦跳跳，唱着、庆祝着。

然而回到家，小Y就和爸爸说："爸爸，我在台上做错动作了，如果我没有做错，我们的成绩能够更好地。"当时爸爸安抚了她并在第二天将她的话告诉了我们，我们马上在排练的时候肯定了所有的孩子们努力和台上的表现，和他们分享了我们的一些比赛经历，我们对于比赛的看法，我们的感动。

但是，小Y的情绪并没有得到缓解，她在排练前会出现抗拒的表现，眼眶湿润，拼命忍着眼泪，紧张地看着我；排练中发现我们在看她就不敢再大声唱了，频频出错，喊她名字时，她就开始啜泣，我马上走到她身边，蹲在她的面前询问："你怎么了？"小Y用大哭回应了我。我抱着她安抚，试着猜测她哭泣的原因："你是累了吗？"小Y点了点头，我试探道："还想继续唱吗？"在我的心里，我始终觉得她能坚持，她还想继续训练的，但是小Y却看着我，小幅度地摇了摇头。出乎意料的答复让我不知所措，我有些心疼，有些害怕，心里也产生了困惑：应不应该再让小Y继续了。

晚上，我联系了小Y的爸爸，通过和爸爸的沟通我了解到小Y并不是真的怕苦怕累怕上台，而是和自己过不去了。要强的她把自己和团里的哥哥姐姐做比较，她不容许自己出现一次的失误。这样的小Y让我很感动，在她小小的身体里我看到了无限的能量，我能够想象到她的未来，必定闪耀。我知道，我要相信她，要帮助她坚持到底，现在的她更需要我们得给她能量，走进她的世界与她多交流。

在接下来的排练中，当她看我时，我便微笑地对她竖大拇指；我特别关注她的每一个微小的进步，发现后及时鼓励，我会忽略她因为情绪的小失误，即使有了失误，我也会在结束后轻声地和她面对面交流，每天给她一点小建议；将她的进步及时地反馈给爸爸妈妈，慢慢地，她开始重拾自信，开

点亮童年

始接受自己的失误,虽然排练开始时还会有些紧张,但是放学时她都是蹦蹦跳跳开心地回家的。看着开心的她,我也很快乐。

现在,小Y会在家和爸爸讨论自己的优缺点和成长、发现同伴们的闪光点。我知道,我们呵护的幼苗破土而出了!

"声"入人心

项镇南

可爱的男生小Y,这学期转学来到我们班。学期初,他上课不太发言,作业正确率不高,课间也不太与其他同学交流。看到这一切,孩子的爸妈和我都急在心头。

但我发现小Y似乎对我有一丝好感:在我批改作业时,时常凑过来看看我,问问有没有需要帮忙的;在活力晨间时,我说什么他就认真照做,一点都不马虎;他也经常把获得的糖果奖励与我一起分享。

那一次,孩子因拖拉没有完成校内作业,我用语音信息发给孩子的妈妈,请她多关注孩子在家的作业效率。第二天批改作业时,我惊喜地发现他的作业书写美观,正确率高。他妈妈告诉我,孩子听到我的语音后,数字重写了好多遍,题目检查了好多遍才肯睡觉,嘴上嘟囔着:项老师说的,要完成,检查过再上交。

与他妈妈交流中还得知,孩子在家里经常提起我,说我如何如何帮助他,如何如何处理班级事务。他每次都把我的话记得一字不差。他每天还央求着妈妈帮他检查作业,说为了不让我失望。

如此教育契机到来,必须马上把握住。用声音来破除小Y的适应屏障,建立自信,更高效地学习。我与孩子相约,每日进行交流,校内面对面,校外可以用语音形式与我交流作业完成情况或者今天的一些事儿,我不管在做什么,看到了他的语音立刻回复。他受伤了,我安慰他;他进步了,我鼓励他。我们的沟通日日不断,声音不止。

从数学作业的一道题,到今天午餐的一道菜;从同学之间的小摩擦,到英语课上得到的奖励……慢慢地,惜字如金的小Y话多了起来,有时候还滔滔不绝,令人惊喜。

二上最后一个单元的学习,小Y的作业评价拿到了"优秀",上课的倾听与发言都获得了"优秀",就差最后"自查练习"了,那天,有些焦虑的小Y找到了我。

"项老师,我很担心明天,感觉自己得不到好成绩。"

"你为什么这么想?"我微笑地看着他。

小Y低下了头,眼神躲闪。"我之前没有拿到过好成绩,一次都没有……"

"项老师觉得你这次肯定会考好的,有巨大的进步,你知道为什么吗?"我的音量渐渐提高。

"真的吗?为什么?"小Y很惊讶。

"你想,最近你是不是每天都在做口算题?"

"是的,都在做。"小Y肯定地告诉我。

"这个单元数学作业基本上都全对,是吗?"我又加快了语速。

"那肯定的,我最近做作业速度都快了很多,几乎没有错误,妈妈昨天家里还说起呢!"小Y脸上逐渐露出了微笑。

"那你有什么担心的呢?"

"可是——"小Y皱起眉头,欲言又止。

"可是你不相信自己可以做好吧!凡事都有第一次,我就相信你可以的。我们想想,答题时你可以做些什么?帮助你获得好成绩。"

安静了几秒。

"计算要检查,尤其注意6+7=13……填空题要注意单位的换算……应用题要圈画关键词,不着急写算式,记得写上单位和答句……"小Y边说边掰着手指,列举1、2、3……眼神很坚定。

"太了不起了,这就是你给自己的做题锦囊,你还有问题吗?"

"我……我……我好像没有了!"小Y逐渐露出灿烂的笑容。

"来,我们击个掌,祝你成功!"清脆的击掌声响起来。

第二天,小Y果然拿到了高分,整一天他的小嘴都咧着,见人就笑。

从那以后,课上的小Y面露微笑,频频举手的他,作业又好又快完成;课后的小Y更是班里的开心果,给大家带来了很多欢笑。家里有更多时间的小Y还主动要求去学吉他。

我用语音信息一直记录着孩子的成长进步,我们的交流延续至今。其实,老师的声音就是一种特殊的礼物,"声"入人心,孩子上心且安心,自然而然,成长水到渠成。

点亮童年

"你是一颗独特的星"

朱 蕾

第一次见到小W是在暑假的家访,她卷卷的头发,深深的酒窝,像极了洋娃娃。她的个性就像她的小名"笑笑"一样,开朗外向,爱笑。第一次见面,她一点都不陌生,围着我们问东问西。

我对她的第一印象非常好,开学没几天就发现不是这么回事了。开朗、外向、善谈是她的优点,也是她的缺点,把她放在哪一桌,哪一桌就会成为班里最热闹的组。她胆子大,不受约束,总会想出很多稀奇古怪的点子。个子小小的她却经常带着一群男生追跑打闹,当时的文明班级经常会因为她而丢失。学习上她的数感比较弱,数字写得像蚯蚓,每天一对一辅导,数学成绩提升不大,收效甚微。作为党员教师,面对她的情况,我主动要求和小W结对。可是随着时间的推移,小W越来越没有自信,笑容在她脸上越来越少。结对成了单纯的奖励、补课治标不治本。如何帮她找到自信和快乐呢?

一天走过走廊,我被一张展示在走廊里的画深深吸引了,背景是深邃的天空,缀满了繁星,星星各有不同。美术老师兴奋地拍着我的肩说:"这幅画灵动吧?这可是小W在选修课中画的。小W在绘画上很有天赋,有创意,有想象力,是一个尚未开发的宝藏。"我惊叹连连,同时也陷入了沉思,"新班级教育"崇尚多元智能,数学不是她的优势智能,为何不助她扬长避短呢？正想着,小W从我身边蹦跳着走过:"这是我画的星空,我可是画了两节选修课呢。"我不禁摸摸她的头说:"星星画得太好了,小W,你也是一颗独特的星。"

接下来的日子里,我充分激发她的绘画潜能。我请她帮我设计一系列的作业大拇指,刻成章,有的表示作业书写很好,有的表示解题思路独特,有的表示有待提高。一周后,她把自己设计的稿子交给我的时候,我真的惊讶了。我意识到了人的智能是多元的,每个人都有自己的优势智能,应该把学生之间所谓的"优劣"视为人与人之间的差异,正是由于这种正常的差异,才组成了这个丰富多彩的世界。

当我在孩子作业本上盖小W设计的大拇指章时,我都会提醒自己小W是一颗独特的星。时间一天一天地推移,小W的数学依旧如昔,但她在设计上的天赋越来越显现。艺术节街头秀,她设计的书签供不应求；走廊的个人画展,每个同伴走过都会给她点赞；铅笔头社团,她成了"首席设计师"。崇文给她提供了一个一个的个性平台,她拥有了很多的粉丝,她会给同学绘制公主书签,她给我们全班的数学复习册设计封面……她又变得自信而开朗。

四年级期末,她因为搬家,转校去了另一所的学校。但每个学期她都会给我寄一张自己设计的贺卡,每年都会来看我,我们之间始终保持着联系。她初中毕业考了杭七美,正式开始了她最爱的绘画学习。高考她也被艺术专业录取,当她向我报喜的时候,真的由衷地为她高兴,小W成了一颗独特而又闪亮的星。

人的才能表现有早有晚,有人早慧、有人中年成才,还有人是大器晚成。因此学业暂时落后的学生,也许是因为他们的才能还没有发挥出来,或许是他们的才能还没有找到用武之地。当我们用多元智能观点来看待孩子的时候,每个学生都是鲜活的、具有个性特点的、可爱的孩子。但是如果仅仅用考试成绩的好坏这个标准来评价、看待孩子的话,教育就会僵化,也就丧失了创造奇迹的可能。因此对于孩子的发展,最重要、最有用的教育方法就是帮助他们寻找到尽情施展才能的地方,在那里他们可以充满乐趣,找到自信。小W这颗独特的星告诉了我:人生的路很长很长。充满了任何可能。

第五篇
锐意课改·专业自成高格

崇文教育,双十春秋风雨兼程
新班级教育,二十载高歌猛进
传承,审辨,创新
崇文人注定在晨曦的朝露中蜕变、洗礼
在风起云涌的课改中,挑战自己
勇于超越,敬畏专业,自成高格
坊间有传
教育初现"崇文现象"

"新班级教育"研究伴我成长

何慧玲

教师的成长,是与学校的整体改革和教育研究息息相关的。我是一名"老崇文"人,经历了学校的"创业"与发展,见证了"新班级教育"从建校到今天近20年矢志不渝的坚守。"新班级教育"的核心是什么？尊重儿童,因材施教。它勾勒了一个更充分、更公平、更优质的教育梦想,它让我眼前浮现自信阳光的儿童笑靥。一想到这份涤荡尘嚣、不忘教育初心的理想坚守,我的心中便充满神圣,充满工作的热情。我的成长,紧随"新班级教育"研究的脚步,"新班级教育"的朴实研究和探索实践,成为我成长的注解。

"新班级教育"的研究走了三大步,我的成长也走过三个阶段。第一个阶段,"新班级教育"重点从组织形式上探讨小班包班协同教学,研究学生学习方式,这个阶段,我和课题组的老师们一起担任崇文第一届"小班"教师,成为杭州市首届"小班化教育"的开拓实践者,进行"小班化环境下的学生主体性发展研究"和"个别化教育促进学生个性最优发展"的研究,实践着"探索发现型"的小班化课堂教学,研究着个别化教学策略。这期间,我执教《大象博士请助手》《赤壁之战》《草船借箭》等十余节课在长三角小班化研讨会作交流。这些课,都在诉说——每一个孩子都是独立的个体,孩子是学习的主人。在三十个人的"小班"里,学习目标是不同的,学习内容是可以选择的,学习的探究是充分的,学习的气氛是快乐的。"新班级教育"的研究让我们明白,教育不是"一刀切",要让每一个孩子适性发展。

第二个阶段,"新班级教育"重点研究非包班状态下的新班级生活。为了更好地促进每一个学生的个性成长,我和课题组的老师们深入探寻不同学生学习风格的表现,展开了"小学高年级学生学习风格分析及教学策略选择""不只是班小———一所专门为小班化教育设计的学校所开展的课堂教学研究""关注学生交往能力的培养——小学团队游戏课实践研究"等系列研究。这些研究,使我们更深入地认识每一个学生,教育的改革从知识到素养到立德树人,落实到了课堂和教学文化的变革。这期间,我的课堂教学发生了变化,根据学生不同学习风格而设置学习内容,展开教学全过程。《钓鱼的启示》获"全国小学青年教师个性阅读大赛"一等奖,《"诺曼底"号遇难记》在西博会首届"华语教学研讨会"上交流。《基于小学高年级学生学习风格观察的教学策略选择》课题成果获杭州市第六届国家基础教育课程改革优秀科研成果一等奖。"新班级教育"的研究空间成为教师成长的沃土,让我快速成长。

研究进入"深水区"。"新班级教育"重点进入课程的研究与全面实施,我沉浸在课程的研究和实践中。跟随着杭州市首届教育科研"重大课题"《"新班级教育"课程的设计与实施》课题研究,我和课题组的老师们一起,一步步清晰课程基本理念和顶层设计,架构"新班级教育"课程体系的五大学习领域、十大课程和百余科目。我们始终相信,课程是为学生设计的,从学科中心走向学生为本。在孩子们眼中,世界是一个整体,学科之间是关联的,我们就加强课程整合的力度;孩子是课程的主人,我们就开发可供学生自主选择的"你的课程",把自主权交给孩子,孩子们在"书香之旅""艺术超市""科技沙龙"中尽情徜徉着。

习近平总书记说,新时代的老师要成为四有好老师——有理想信念、有道德情操、有扎实学识、有仁爱之心。"新班级教育"就是这样,引领着每

点亮童年

一位老师怀揣理想,坚守教育初心,不断丰厚自我,用热情和汗水编织教育之梦,在研究中茁壮成长。"让每一位儿童书写大写的'我'",这是我初登讲台立下的誓言,它将一直伴随着我继续前行,始终践行。

孰红花孰绿叶

张银香

"贾母谁想演？""我！"班里最胖，动作也是最笨拙的悦悦站起来了，我欣然点头记下名字。

"王熙凤呢？"大家异口同声地说"豆豆演！"只见豆豆头一摇，发随而飘，呵呵，看来戏未始人已入境。

"平儿？""刘姥姥？"……

看着一个个角色名单都顺着我的预设轨迹发展，我感到很是得意。是啊，这可是我带了6年的学生啊，他们的特点我清楚，当然我的所思所想他们也很了解。再说对于这个《红楼梦刘姥姥进大观园》毕业戏剧课程，为了能惊艳全场，我可谓是绞尽脑汁，费尽心思，特将剧中人物和班级学生进行连线，创作，修改，让剧中人物和现实演员做到最高的匹配。其实演员分配表早已经在我心中了，至于自主报名、pk也只是走走形式而已。

"贾宝玉谁有意向？"我一边说一边用眼睛的余光看向坐在第一排的小雄，因为这个主角我就是为小雄设立的，他能说能唱，语言和表演特别有灵性，只有他才能把宝玉演活。宝玉角色演好了，那么宝玉和林黛玉的那场相遇之戏就能成为剧本的亮点。只见小雄转头往后看了一圈，低头未动。哼，臭小子，又要摆谱！（因为平时都这样，尽管心里渴望，但是还是喜欢被人推着前进的感觉，凸显他在班里无可替代的地位）。收回目光，才看到最后一排的小芮站着,她两眼放光,死死地盯着我。小芮演贾宝玉显然是不行的,她在我的安排表里只是王熙凤身边的一个丫鬟,纯是绿叶而已啊!

面对这样的突发状况,我有些小怒,这臭小子竟敢打乱我的计划,还故意不给我面子。于是我提高了声音:"还有没有人想演贾宝玉?孰红花孰绿叶考虑清楚哈!"我相信此时全班都看懂我的意思了,只听有人在轻声提醒着小雄,因为大家都知道贾宝玉就是属于小雄的,可是他依然未动。今天的谱摆得有点大了,换作平时,我一定会果断放弃他,让他因摆谱错失机会而彻底后悔。可是这次不行,这可是毕业汇报演出,关系班级声誉,关乎戏剧质量啊!这个时候我绝对不能让这个幺蛾子复活。没办法,我只能放下身段,"小雄,这可是男1号哦!"小雄怔怔地摇摇头说:"我不想演贾宝玉。"不想演,不对,我刚刚明明看到他眼中闪过的一丝渴望的亮光,只是这一丝亮光稍纵即逝。

"那你想演什么?"我的声音充满怒意,带着强迫,明眼人都知道这虽是征求询问之言,实则就是不容置否的准确答案啊。

"我就是不想贾宝玉,别的什么都可以。"小雄声音很轻但却很肯定,只是低着头不敢看我一眼。

真的是无法无天,这个孩子也许真的被我宠坏了。这6年来,一般大型的活动他一定是首当其冲的红花一朵,而且他也非常享受每一次在比赛和展示时被人喝彩赞扬时那种众星捧月的感觉,他说那就是"拉风",他喜欢拉风。看来我又得杀杀他那颗膨胀之心了。

"那好,你不演拉倒!小芮就你演!"说完我再也不看他一眼,决定采用"冷暴力"杀手锏,这一招百试不爽,只要不理睬他半天,他一定求饶,要知道小雄平时白天粘着我不说,每天晚上都会有事没事地电话联系我。因为他知道我们彼此都喜欢对方,而且我们都知道彼此的内心。哼,待他向我求饶之时就是贾宝玉之位归他之日。

"4个小厮谁想演",话音未落,"蹭"的一下站起了很多男生,其中就有小雄。他不站则以,一站我就更气,要知道,小厮只有一二句话,他居然放弃主角选小厮,真的是自作孽不可活啊!

"这么多人啊!那我们就——"

"pk啊!"全班异口同声地接话。

结果也是可想而知的,小雄打败了所有pk的小厮,成功获得小厮角色。小厮表演组因为他有了生机,他成了这个组合的核心,成了导演。因为他,20秒的小厮戏份也逐渐增加;也因为他,小厮的谄媚、势利、趋炎附势的表演精彩全场,成了全剧的亮点。小雄用自己的选择和实力似乎也在告诉大家:"主角没有定论,谁都可以成为主角"。因此所有的同学个个都刻苦排练,揣摩人物,而小芮为了演好贾宝玉,她研读红楼,学唱越剧,模仿动作。那段时间,每次走进教室总有一种走进红红楼梦的恍惚。最后戏剧展演惊艳全场,从此校园也掀起了一股红潮。

小雄为何不要红花要绿叶的谜也一直没有解开。直到有一次在小雄的毕业留言册上,我看到小芮的留言:谢谢你,小雄,你让我过了一把反串的瘾,张衡之争从此翻篇哈……我顿然明白。

故事中的小雄,他用"放弃主角"这样最简单的方式去解决曾经的同学纠葛,不仅达到了再续同学友情的目的,同时也实现了用实力让自己重现主角光环,在指导学生表演,和同伴合作中实现自身的价值,可谓是达到了不是红花胜似红花的主角效应。 其实我们的生活、学习哪有永远的主角呢?孰红花孰绿叶,皆有可能! 作为教师,我们应该尊重学生,让每一位孩子成为自己的主角。

点亮童年

窗台上的水仙花

孙云飞

　　初冬来临之际，自然界一片萧瑟，气温坠入冰点。原本姹紫嫣红的校园变得冷冷清清，偶有几株抗寒的大树，也被花工减去了多余的枝条，裹上厚厚的防寒布。冬，也许是自然界生命轮回的终点。

　　调皮的小X同学，一改往日的活泼好动，望着窗外，凝神许久。我好奇地问他："你在看什么呢？"他并不理我，仿佛窗外有着神奇的魔力。

　　二年级的孩子总爱活在自己的世界里，正当我准备转身离去，小X回过头来对我说："孙老师，那棵树冻死了，树干里面全空了。"

　　小L说："我爷爷说了，年纪大了，就会死，树也是一样的。"

　　原来，孩子们心中并不只是自己。早读的时候，孩子们读着杏林子的《生命，生命》："生命是什么呢？"是啊，生命是什么呢？我把问题抛给二年级的孩子们，小朋友们七嘴八舌地讨论：生命是活着……生命是小狗小猫，还有人……不对不对，生命还有小花和小草呢！我突然觉得日复一日地传道授业，却没有告诉孩子生命的意义，这算不算一种舍本逐末呢？

　　接下来的日子里，我一直在琢磨，如何让孩子尝试生命的关怀，感知生命的本源，呵护生命的可贵，我能做些什么呢？一日，路过三楼休息室，一阵幽香袭来，在这冬日格外难得。原来，一株鲜少打理的水仙居然抽枝发芽，开出了几朵小花。我突然想到，生命或许并不需要多么高大上的诠释，一盆冬日的水仙难道不就是最好的证明吗？

第二周，孩子们接到了新的任务，以小组合作的方式，在万物萧瑟的隆冬栽种一盆水仙。小组成员人人参与，各司其职：有的负责栽种，有的负责添水，有的负责给花儿晒太阳，有的负责记录生长过程……每个孩子都特别珍视这样的机会，就连平日里的"小马虎"也鲜有失职，偶有生病没来的，就委托给组内的其他孩子。美术老师提议，给水仙一个美美的家吧。于是乎，一轮彩绘水仙盆的比拼就开始了，童心童画的斑斓色彩与新抽出的嫩芽相映成趣。科学老师带来了种植水培植物的"武功秘籍"，装在小小的锦囊里，还细心地给生字标了拼音。孩子们如获至宝，一张张小字条被捏得皱皱的，看了又看。我提议，心情日记上记录每日新发现。这下可热闹了，小L的心情日记写得满满当当，小X觉得文字不足以表达发现的欣喜，非要图文并茂才行。行行稚嫩的字迹，饱含了孩子们对生命的呵护和期待，从一个花球开始，到满室的芬芳，经过长时间的付出和等待的，花儿尚且如此，人更是亦然。

收获季来了，最先开出小花的是小L组，组员如获至宝，每天下课都围着初放的花朵，每一片花瓣的绽开都成了全班共庆的盛事。其他组的孩子好奇，总要凑过去闻一闻、摸一摸。小L急了，生怕碰坏了，于是急匆匆地做了块花牌，上书：君子动口不动手。至此孩子达成共识，做小花的陪伴者，让生命自由地生长。

小C组的水仙就像着了魔一般，疯狂抽枝，却迟迟不见开出花朵。小C看在眼里，急在心里。小组常常聚在一起讨论对策。束手无策之时，只能去问科学老师。老师也犯难了，送给小C一瓶水培植物营养液。几个组员轮流负责，给水仙"输液"。又是一周过去了，居然长出了一个小小的花苞。这下有希望了，全班同学每天都去看，还在一边呐喊助威，仿佛这"声威"会带来生长的力量似的。可是这株独苗苗却不争气，没过两天也夭折了。其他组的水仙花团锦簇，只有小C组的仍然葱绿。我也是替他们难过，某天却听到小C和组里同学说："我们的水仙也挺好的，长得最高，就和我一样,是班里的最高海拔!"原来,孩子比我通透,生命没有固定模板,欣赏每一种生命之美,真的挺好!

　　一晃四年,一班圆滚滚的"小肉球",也已长成翩翩少年。每年冬天窗台上、阳光下的芬芳葱翠,也成了全校师生艳羡的风景。初冬的天寒地冻,复习迎考的疲惫,都伴随着水仙的幽香烟消云散。如今孩子们已是颇有经验的"小花农",花球的成活率亦是达到百分百,还尝试土栽、施花肥等方式,培育出更茁壮的植株。生命总是带来惊喜和感动,不仅是窗台上的一盆盆水仙,更是每一份可贵的童心。

双语记者不好当

宋 畅

"宋老师您好,我是小毛。告诉您一个好消息,我得一等奖啦!我可以成为亚运双语小记者啦!"电话那头传来小毛兴奋的声音。

事情还要从一个多礼拜前开始说起,我正在钉钉上跟学科组老师们交流着工作。突然,手机屏幕一亮,是一条微信消息:宋老师,亚组委宣传部将在12月25日至27日举行一场全国总决选邀请赛,我们学校获得了一个直接参加全国总决赛的名额。发我消息的是小温,杭州第19届亚运会双语记者选拔活动组委会的工作人员。

机会面前只能迎难而上。我决定在49位报名参赛的小选手中公开选拔。经过老师们的综合观察与打分,最后四年级的小毛同学成了我们心目中的"那一位"。

"小毛,祝贺你获得了这个机会,接下去我们一起努力,好吗?"

"好!"她笑着回答,略带一丝谨慎。我读出了她的紧张,我知道,认真的孩子往往会给自己过多的压力。

于是我放缓了语速,微笑着说:"正式比赛时会有英语演讲,现场问答以及采访稿写作这三个环节,老师会从这三个方面来帮助你。我发现你有比较好的英文写作基础,语言很规范,看得出你平时一定有很多英文书籍的阅读,这非常难得。"小毛会心地笑了,像是在感谢我的肯定。我继续说道："这里是一些体育赛事的采访视频，你找找小记者的感觉，相信采访及写作一定能成为你的优势。"我温柔地望着她，她也目不转睛地看着我，这个没有给她上过一节英语课的英语老师。

"现场演讲是每个小选手可以提前准备的部分，这个环节非常关键，不但内容要好，评委还会看你的语音语调、仪态以及表情，不过放心，我会教你！"我心里清楚，目前来看，她的演讲还比较弱。就拿演讲的题目 My favorite sport 来说，她大部分篇幅都在介绍羽毛球这项运动，没有与自己联系在一起，缺乏情感。"你能跟我说说你和羽毛球的故事吗？你是如何喜欢上羽毛球的？在练习中有没有一些特殊的事情让你印象深刻的？"我不露声色地启发她。于是，小毛跟我讲述了她是如何与羽毛球结缘以及学习羽毛球中发生的故事。"行，那我们就把这些内容写出来吧！""现在？""对，就现在。你说，我来记录。没关系，你大胆说就行。"她可能感受到我的直爽，明显没有了刚开始的拘谨，于是我们边说边写边修改，全新的 My favorite sport 很快诞生了！"我们一起来读一读吧！"我俩如同怀抱新生儿一般，满怀期待地把文章从头到尾读了两遍。"嗯，没有语言错误啦！小毛，你喜欢这篇新文章吗？""喜欢！""好，打印，今晚背稿，明天我们来练习演讲！"

小毛是个认真的孩子，第二天稿子已经背得溜溜的。但是，经验告诉我，这样还远远不够。"开头处语调不能太高，这里要停顿，这个单词要重读，读到这一句的时候语速要慢下来，头要微微向下，因为你当时有一些气馁……读到这一句的时候语调要高上去，眼睛要看向评委，做一个这个动作，表现出你内心的力量……"我一边跟小毛提着建议，一边在纸上做着标记。可能一下子信息量太大，小毛面露难色。"我带着你一起试一遍！"我走到小毛身边，手把手地带着她把每一个细节演练了一遍又一遍。

"不错，进步很大！"我鼓励道，"但是演讲的节奏还要再把握得更好好一些。这边可以换一口气，停一停，往你的右前方微微迈一步，一定要跟评委有眼神的交流。"我扮演着评委，训练小毛的眼神。"加上这些眼神互动，你的演讲会变得更自然更有感染力,加油!"我俩试了一遍又一遍,小毛也变得越来越自信,越来越老练。

"去吧,小毛,好好享受比赛的过程,向着你的梦想进发!"小毛认真地"嗯"了一声,转身走了。

"宋老师,您好,我是小毛的妈妈,我在现场观摩了比赛,竞争很激烈。"电话那头传来小毛妈妈激动的声音,"小毛演讲时我看到三位评委相互点头,我知道,她成了!谢谢您的专业指导,您不是她的英语老师都那么尽心,崇文老师真的不一样。"我一边祝贺小毛获得的好成绩,一边感谢她的肯定。

没想到我一点小小的行为,家长会如此在意,还特地找来号码打电话感谢。我很想对小毛妈妈说:双语记者不好当,是孩子自己的努力成就了她的优秀。对于崇文老师而言,没有你的学生我的学生之分,每一个孩子都是崇文的孩子。对于崇文老师而言,为孩子定制适合个别化发展的课程,是我们的追求与目标。对于崇文老师而言,用专业能力助力孩子实现梦想,是每一位崇文老师职业幸福感的来源。

小孩也要"面子"

李丽生

我想说说与小C的故事，一位个性独特，沉浸在自己世界里的小男孩。

记得第一次新生家访，走进小C家门，看见一个帅气的小男孩正念念有词地在客厅里打转，面对我们的招呼，小C的眼睛没有转向我们，也没有停下转圈。

外婆、奶奶、妈妈招呼他说："浩浩，向老师问好！请老师入座！"

孩子依然没有反应，继续打转，嘴里自言自语。即便我拉住他的手跟他交流暑假趣事，他依然只说他的动物世界……小C似乎不太能跟人以对话的形式交流。不到两分钟他站起来跑了，在客厅里转了一圈，随手拿起一本书坐在地板上看起书来。这时，我们发现他非常专注。

新学期开始，小C果然各种问题频出，课堂上眼睛不能与老师对视。集中注意力不能超过2分钟；一节课里多次离开座位，随意走出教室；整理零起点，随手拿随手丢；不能跟随老师的集体指令翻书；课前准备，课后整理，吃饭后的餐盒整理都难以进行；不分场合，自言自语；破坏公物，小动作不断，排队时无意识地推搡同学，不管前面是台阶还是楼梯。当老师提醒他时，他总是边摆手、边摇头说："没有，没有，我没有。"

我知道我将又一次遇见挑战，这位独特的小C将在我的教师生涯留下一个深刻的印记。作为有20多年教龄的老教师，面对一批又一批的学生，我想一个孩子就是一个世界。作为老师，无论怎样的孩子来到你的班级，都是一份缘，我要做的是面对他，接受他，引导他。我决定与小C层出不穷的问题共存，深入了解，努力进行细致诊断，必要时改变常规的教育教学方式。

在这几年中给小C开出了无数"处方"，根据他爱表达，为他开设"大雁小讲坛"，手把手指导他有序整理，甚至陪伴他如何完成当天作业……对于这类小孩，在集体中获得安全感，让他获得同伴们的接纳无疑是最重要的。于是，我从训练孩子学会诚恳道歉入手，用"训练"替代"说教"。

小C对同学有意无意的冒犯是家常便饭，他不懂得如何与同学恰当相处。我跟小C约定，做错了事，三秒钟内道歉说"对不起"，并鞠躬90度，没有做到继续练习，用了一个月小C基本学会了。但小C经常不知道自己做错事，当发现他的确是对自己无意识动作回忆不起来时，则采用帮他一起还原他的动作以及行动路径，发现这一方法非常有效。

一次，一位小女生向我哭诉：李老师，小C用手打到我的头。

小C习惯性地反驳："没有，没有，我没有"。我首先向周边的同学了解，确认小C刚才用手向后随便挥舞的时候不小心打到小女生的头了，可他全然不知。

于是我慢慢跟他说："你刚才是不是做了向后挥手、甩手的动作？"

"嗯，我有。但我没有打她"。小C这时少了刚才的激动。

"是的，李老师知道你不是故意要打她头的，可是你向后挥的时候，她刚好站在你后面，你就不小心碰到她的头了。你不小心碰痛了同学，得怎么做？"

他马上走到小女生面前90度鞠躬说："对不起！我不小心碰到你了。"小女生也马上90度鞠躬回礼："没关系！"然后两人都释然了。

又一次路队回家，小张同学惊吓地喊起来："李老师，小C在楼梯上推我，我差一点摔倒"。

小陈依然条件反射般地大喊："没有，没有，我没有推。"

我吓出一身冷汗,在楼道上推人、摔倒,后果不堪设想。事不宜迟,我赶紧让小朋友去请高老师来带队。我则把小陈留在原地。

"小陈,我们现在在几楼?"

"三楼。"小陈两眼发直,茫然而惊慌地回答道。

"如果,在楼道上摔倒,会怎样?"我努力压低声音问。

"会滚下去。"他说。

"如果你不小心从楼道上滚下去呢?"我有意地把他代入。

"会摔伤。"这时他下意识地向后退,紧张地说。

"对的,在楼道里就是不小心摔倒,都可能头会摔破,也可能手脚会骨折,如果有人在楼道里推你。那就会摔得更重。"……

小C明白了自己的错误和这个行为的严重后果后,我带着小C到校门口与家长沟通,建议让小C电话向小张同学道歉。

从此以后,小C没有再在、楼道台阶上推人的情况发生。

我想小C对同学有各种的不小心冒犯事件,若处理不好,一影响被冒犯小朋友的情绪,无辜的小朋友身体、心理上受到伤害;二也影响小C在同学心目中被接纳程度,在帮小C还原事件真相中努力维护小C的"面子",训练小C学会90度鞠躬并诚恳说:"对不起!"这是化解同学间小矛盾的良方,也让同学了解小C大多数情形下不是故意的冒犯,理解并原谅小C。小C在这种彬彬有礼化解小矛盾的过程中能达到自我教育。

四年来,同学们不仅没有孤立他,还能时时发现他的细微进步和闪光点,今年小C被同学们高票评选为校悦读节书香家庭。大部分情况下他能安静地坚持上一节课,经常还有精彩的发言,能够完成老师布置的所有任务,能与老师就一件事持续对话,也能虚心接受老师的建议和意见了,无意识推人打人的事也没有再发生。看到小C的进步,老师和他家人都为他高兴,家长不止一次跟人说起庆幸小C生活在崇文这样一个人人都是育人者,面对特需的孩子坚持接纳和不放弃的育人环境中。

为师者,无论是新手老师还是经验丰富的老教师,教学生涯中难免会遇见特别难应对的孩子,这类孩子的行为、他们的想法甚至于他们的思维方式有别于一般孩子,一般的表扬、鼓励抑或惩罚似乎都不容易撼动到他们。面对这类特需的孩子,作为教师,仅仅有爱还不够,还需专业的方法与科学的策略,给予特别的"处方"和别样的交流。

点亮童年

"小结巴"变形记

孙旻晗

"S老师,你们班小A的论文获得了本次创新成果发布会的杰出成果奖,到时要在音乐厅的舞台上进行现场发布噢!你抓紧让他准备起来,再过1个月就要正式发布了……"

听到这个"好消息"后,我的心情往上一提紧接着又往下一落。高兴的是我所指导的学生获得了最高奖项,这是对我们俩合作的肯定,担忧的是小A同学的口头表达能力让我很没有底气,因为他一紧张就结巴,而且结巴得厉害!他是那种典型的肚里有货却"贩卖"不出的理科男,我欣赏他敏捷的数学思维,但我也深为他上课的木讷寡言而苦恼。我怕糟糕的表达能力会让他的论文发布大失水准,语言习惯的改变不是一朝一夕就行的,短短的一个月能训练出成效吗?我左思右想决定把选择权交给孩子。

"小A同学,恭喜你!你的论文获得了本次创新研究室成果发布会的最高奖项——杰出成果奖!"

"谢谢S老师!"一听到这个消息,小A的嘴角就抑制不住的上扬,满脸笑意。

"这个月底将进行创新研究室成果发布会,你被推荐参加现场发布。但是,正式发布之前学校还将对论文发布进行审核、彩排,如果演讲的效果不好,可能就会落选,你有信心最终站上音乐厅的舞台吗?"

我盯着他的眼睛问出这番话,没有错过他眼底的一丝纠结和苦恼。我知道小A是在听了去年的现场发布会后"路转粉"加入创新研究室的学习中来的,当时推动他研究的动力就是向台上的学术哥和学术姐学习,以及对站在舞台中央的渴望,从这个角度来看他应该不会拒绝挑战,但是他清楚自己的弱点,演讲的难度于他而言并不比写上一篇小论文的难度小。不知道他会如何选择?

低头想了想后,小A抬起头一脸坚定地对我说:"S老师,我很想参加发布,我会努力的!"

他的坚定也感染了我,握着他的手,我激动地说:"好!我们一起加油!"

小A第一次的试讲很不成功,整个演讲磕磕巴巴、语调平平,脸上的表情也是青红交加,停顿最长的一次20秒都没憋出一个字来,眼见他脑门上隐隐地冒出了汗,而有的听众都有点不耐烦了。我心里这个着急啊,从理智上我觉得他不太行,但从情感上我不愿意他被淘汰啊!定制组的演讲指导老师把他留下来,再练习了一遍,指出了先记熟讲稿再考虑演讲的语言表述的建议。结束后,我也与小A妈妈进行了沟通,校内校外齐加油,先帮助他把文章背熟。

为了帮助他训练演讲的语气,学校配送了金牌教练员对小A进行演讲专项辅导。我们利用课余时间,一句一句地辅导他,通常是我们说一句,让他模仿我们的语气再说一遍。为了减少他表达上的负担,我们把长句子分成几个短句子,整个演讲用一些问题引领,逐步推进,以吸引听众的注意力。

第一次的彩排,小A的进步明显。但是和其他同学比起来,他还是最不流利的那个。第二次的彩排时,小A的表现非常惊人,负责老师大力表扬他:"进步非常大!"每一次的定制辅导,都能让我们欣喜地看到他的成长,每一次的成长都让他越来越自信了。

创新成果发布会的那个晚上,面对坐满学生、家长、老师的观众席,小

点亮童年

A同学有点紧张，偶尔声音有些颤抖，但他还是很好地完成了演讲。只是在面对专家老师的提问时，他还没办法做到完全地自如，但这对一个刚满十岁、且不善表达的男孩子来说，已经是相当不错了。观众席中的同学们都为他的巨大进步而感到惊讶与骄傲，这种进步可以用"蜕变"一词来形容，而见证着他一路"蜕变"的我，在听到同学为他宣读颁奖词，看到他拿着证书自信地与专家合影留念时，我抑制不住地有了一种吾家有儿初长成的落泪冲动。

"小结巴"的蜕变，让我深切地感受到创新研究室定制课程的力量，它为学生个性化的发展提供了可能性，通过定制式辅导唤醒孩子的各种潜能，让每一个孩子成为最好的自己，让他们体验到走向成功的快乐。

尊重学生的天性，我们相信每一位学生都具有个性化的潜能，所以积极营造了激发学生潜能的内外部条件，助力每一个个体找到独特生长的领域。信任定制的力量，静待每一朵花开，我们相信这是值得做的，也是值得做好的。

红井水,润我心

章 燕

"吃水不忘挖井人,时刻想念毛主席……"琅琅书声从教室里传出。一个声音响起,"老师,一口井有什么好纪念的呢?挖井应该很简单吧?"小C的小手高高举起,他疑惑地看着我。

我愣了一下,又随即释然了。小C的家庭条件优渥,家人对他有求必应,他当然不能理解这口井的来之不易。小C的困惑,其实也是其他孩子的困惑。"战争""革命"这样的字眼离我们太远,怎样才能让孩子们明白当时村子里用水的紧张,感受这口井的重要性,进而体会毛主席和战士们的无私奉献呢?

第二天的围圈分享时间,孩子们刚上完体育课。我没有请他们先喝水,而是直接请他们坐在位置上。有些孩子擦着汗,有些孩子用手扇着风,还有些孩子吐着舌头,显然热极了。

"你们现在最想干什么?"我故意问他们。

"喝水!"

"吃冰淇淋!"

"洗澡!"孩子们争先恐后地回答着。

"看来大家想做的事情都和水有关呀。"我笑着调侃,于是请他们先喝了水。孩子们"咕咚咕咚"地喝着水,脸上露出微笑,满足极了。我顺势问他们:"不喝水行吗?""当然不行!"这个"幼稚"的问题,得到了他们的一致回答。

"那如果有个地方,总是不下雨,还没有喝水的地方,会怎么样?"我继续问道。

"人会渴死。"

"庄稼也会干枯。"

"生命都会死亡。"

我点头道:"水真的很重要呢!孩子们,你们知道吗,沙洲坝是个非常缺水的地方,几天不下雨,泥土就干裂了。'沙洲坝,沙洲坝,三天不下雨,无水洗手帕。'这是当时流传的一首歌谣,说的就是沙洲坝太缺水了。"土地干裂出横七竖八的裂纹,就像一道道受伤的口子,等待着雨水的滋润,又像一张张血盆大口,发出求水的哀怨抗争。孩子们看着图片,有的震惊得张开了嘴,有的眉头深深皱起,仿佛缺水的就是自己。

"那里还没有水井,乡亲们要吃水只能去很远的地方挑,这条路足足有10公里长,相当于要绕33圈操场。你们知道他们走的是什么路吗?"我给他们出示了沙洲坝的小路。没有平坦的水泥路,没有宽阔的两车道,有的只是一块块破石头,一堆堆黄泥土。走几步,就扬起了沙子,钻入人们的喉咙。小路是弯弯曲曲的,一条小蛇似的,蜿蜒在山林中,看不到头。

"他们肩膀上还要挑水,一定很累吧。"小C皱着眉头说。

"是呀,大家想一想,如果是在夏天或冬天挑水,会怎么样呢?"我继续引导。

有几个孩子抢着答道:"夏天挑水,乡亲们一定是满头大汗。冬天挑水,肯定非常非常冷呀!真是太不容易了。"

"是呀,看到这样的情况,毛主席和战士们主动帮助了他们。那个时候,井都是靠自己的双手挖出来的。他们找水源、定井位、挖泥土、铺沙石,所有的战士齐上阵,挖了整整一天,才挖好一口6米深的井。毛主席还亲自去井底铺木炭和沙子呢!他们还担心乡亲们之后又没水喝,主动把挖井的方法教给他们。从此乡亲们喝上了清澈、甘甜的井水，再也不用去挑水了！"随着一张张图片的出示，我激动地说着。

"战士们真是为人民服务！"

"毛主席可真伟大啊！"不少孩子举起了大拇指。

"后来，人们为了感谢毛主席，就写了一首歌曲《红井水》，我们也来听一听吧！"我又补充道。

"红井水呦，清又甜，一股暖流呦，涌上心……"听着饱含深情的歌曲，我又提议："我们再一起来读一读这篇课文吧！"伴随着悠扬的歌声，孩子们拿起书，目光坚定地朗读起来，琅琅书声又一次从教师里传出。当他们读到"吃水不忘挖井人，时刻想念毛主席"的时候，小C的脸上扬起了笑容。也许，井水泛起的波澜，正敲打在他心间；也许，他也想尝尝这清冽甘甜的红井水……

当课文内容与学生生活相差甚远时，学生做不到感同身受，是常有的事。故事里的孩子们体会不到革命时期的种种艰难，不明白挖井的辛苦，从而质疑井的意义。作为教师，我们要结合一年级孩子的认知水平和兴趣爱好，抓取课文和生活相切的内容，联系生活实际，帮助学生进行换位思考。通过看图片、听歌谣，将波澜壮阔的百年党史深入浅出地展现给孩子们，从而达到育人的目的。

点亮童年

家乡长成什么样

李 梦

"李老师,星期六的时候,我爸爸带我去爬了宝石山,爬山好累啊!而且山上也没什么好玩的地方,真没意思!"课间,和孩子们聊天时,班里的小G同学一脸气呼呼地跟我抱怨。

"嗯?宝石山很漂亮啊,宝石流霞可是西湖十景之一呀。"

"都是一堆石头,还有一座塔,没意思。还不如去游乐园玩呢!"小G撅着嘴巴,嘟嘟囔囔地说。

"这样吗?你先别急着抱怨,今天circle time的时候我来给你讲个故事吧。"

"同学们,小G周六的时候去了宝石山,你们去过吗?"孩子们有的点头,有的摇头,不明白我想干什么。

"没去过没关系。那我来问问去过宝石山的小朋友,山上那座塔的名字,你们还记得吗?"

"我记得!保俶塔!"

"没错,它就是保俶塔。在很久很久以前,宝石山脚下有个小村庄。村里住着一对年轻的夫妻……"

故事娓娓讲着,勇敢坚毅的保俶、一心为民的父亲、善良的乡亲们,都牵动着孩子们的心。他们为太阳的消失而眉头紧蹙,为金凤凰的到来而喜笑颜开,为妖魔的欺骗而咬牙切齿。当听到"保俶用尽最后的力气,托着太阳往海面上游。好不容易太阳在海面上露出半个头,不料保淑的力气用尽了,怎么也不能把太阳托上海面。"时,班里好几个孩子眼眶都红了。

"李老师,周末我想让爸爸带我再去一次宝石山,我想边看保俶塔边给爸爸也讲一讲这个故事。"小G高高举起她的手,忍不住说道。

"我也要去,我想去看看来凤亭!""我更想去看初阳台,那里还有慧娘垫在脚下的大石头吗?""我爬过好几次宝石山,可是我从来不知道这些故事,我今天回家,就要把故事讲给爸爸妈妈听。"孩子们互相交流着,眼里闪着光。

"是啊,同学们,在我们的西湖边、杭州城里还藏着好多好多有趣的故事。那些你去游览过的地方,或许都有你还没发现过的惊喜呢!"

一周后的周一,孩子们又来找我聊天了。

小L一脸开心地跟我说:"李老师,星期天我去登初阳台啦!站在初阳台上真的可以看见初升的太阳诶!而且我妈妈还给我买了旁边小店里的葱包烩,我知道了葱包烩是怎么来的!"

"真的吗?那你愿意讲给我听听吗?"

"当然可以!葱包烩就是把秦桧给包起来吃掉!"

"嗯?为什么要把秦桧包起来,还要把他吃掉啊?秦桧又是谁呀?"

"啊,那我不知道……"

"我来我来,李老师,我讲给大家听!"一旁的小C同学一下子激动了起来。"秦桧是个大坏蛋!岳飞在打仗打敌人的时候,他骗皇帝说岳飞要卖国,就把岳飞骗了回来,还把岳飞给杀了!"

"你讲的很对,那你能不能再给大家讲得详细一点呢?"我看着小C笑眯眯地问。他挠了挠头,不好意思地说:"我……我现在一下子讲不出来,不过我可以今天回家去准备,明天再讲给大家听!"

点亮童年

那天晚上,我接到了一通视频电话。视频那头,小C懊恼说:"李老师,我发现岳飞的故事有好多,我都想讲怎么办?""看来你对岳飞真的很喜欢啊。那这么多跟岳飞有关的故事里,你最想和大家分享的是哪一个呢?""岳飞被十二道金牌召回的故事,我看得都快气死了!""那就选择这个故事吧,我相信其他小朋友也会跟你一样,对这个故事充满兴趣的。""好的,李老师。那我再练一练,明天早上我先讲给你听,好吗?""当然可以啦!"

就这样,第二天的circle time成了小C的故事专场,他向大家讲述了岳飞带着岳家军积极抗金却被十二道金牌召回了临安的故事。孩子们听得义愤填膺,甚至还有男孩子握紧了拳头,脸都气红了。

在接下去的两周时间里,我们就岳飞这位英雄展开了故事会,孩子们从图书馆里、从听故事的APP中、从家里老人的口中、甚至还去了西湖边的岳庙寻找岳飞的故事。《岳母刺字》《满江红》《风波亭赐死》《油炸桧》……这些故事都从孩子们的口中慢慢讲述了出来。虽然他们的讲述还是稚嫩的,但他们的语言里透露出来的感情却是真挚的。在一位孩子的心情日记中,我看到他这样记录:"这一周我们一直在讲岳飞的故事。原来,我们经常在吃的葱包烩和油条竟然还藏着这样的故事!爸爸妈妈答应了星期天带我和姐姐去岳庙,我好激动,我终于能去看看这位大英雄了!下次,我也要沿着西湖去找故事,讲给大家听。我好爱西湖,我好爱杭州啊!"

就这样,从我讲杭州的故事,慢慢变成了孩子们讲。杭州的印记也随着这一则则故事慢慢刻在了他们心里。涌金门、飞来峰、梅花碑、豆腐桥……都成了孩子们周末的打卡地。

一个又一个的杭州故事,点亮了他们的童年,带他们了解杭州,感受杭州深厚的文化底蕴。这些故事承载着中华文化,寄托着乡土情怀,在聆听与讲述中,慢慢在孩子们心中播下了一颗热爱家乡的种子,为自己是一个杭州小伢儿而感到万分幸福。

生活就是一堂美术课

刘 娟

"美术老师轻松啊,随便临摹一张画,看看视频,一节课也就过去了。"每当有人提到我的学科,总会发出这样的感慨。但是,一个在别人眼中轻松的"副科",其中也包含着酸甜苦辣。

刚开始,我认为让孩子们尝试临摹一些传统的优秀作品,他们就能站在巨人的肩膀上学习,从而有自己的感悟。可是,现实却给我上了一堂课。在二年级的美术课上,孩子们需要画一幅松柏图。我事先打印了很多潘天寿大师的松柏作品,希望对孩子们有所启发。

"小c同学,你怎么了,为什么还不动笔?"我疑惑地问。

小c面露难色地说:"老师,我不敢画……"此时,教师各个角落也传出了一声声"求救":"老师,这也太难了吧,我们不会画呀!"孩子们的"哀嚎"让我内心一惊,向来提笔就作画的孩子们,怎么连笔都不敢拿起来?到底是哪里出了问题呢?

"理想"与"现实"的差距,让我觉得有些灰心。于是,我利用闲暇时间找孩子们聊聊天。

我先找到了小C:"你能跟老师说说,为什么不敢画吗?"

小C挠挠头,有些不好意思地说:"我从来没见过松柏,而且我觉得它们一点都不好看!"

"那你想画什么内容呢?"我反问。

点亮童年

"我自己的农场长出了向日葵,我想画那个!"小C一下子打开了话匣子,脸上闪着兴奋的光芒,他的农作物朋友们也被倒豆子似的一一介绍。

看来我还是不够了解他们! 于是,我走上农场,开始观察孩子们种植的农作物。白菜、豌豆、辣椒、向日葵……这些都是孩子们亲手种植,精心呵护的农作物呀,我为什么不把这些当成我的教材呢?

又到了国画课,我神秘地说:"今天,我们要来画一画我们自己种的农作物。"孩子们一脸兴奋,纷纷猜测,课堂气氛顿时活跃起来。于是,我出示了二年级农场的一些农作物。

"这是我们小组种的!"

"我昨天还给它们浇水了呢!"孩子们七嘴八舌地说开了。

我又从袋子里拿出两朵向日葵,孩子们一下子炸了锅:"哇,好漂亮的向日葵,好想现在就来画一画。"

"那现在我们就一起动笔画吧!"听到指令,孩子们立刻拿起毛笔,安静地画起来了。他们时而抬头看看向日葵,时而皱起眉头思考配色,时而与同伴轻声交流。我穿梭在课堂中,一边指导他们绘画,一边感叹学生绘画的灵动。最终,一幅幅鲜活的向日葵跃然纸上。那是饱含着学生深情的向日葵,黄色的花瓣,绿色的叶子,直挺的杆子,风一吹,仿佛在对着我们笑呢。孩子们爱不释手,留下了与自己作品的合影。

从那以后,我受到了很大的启发。我开始进行大主题教学的尝试,我先设计了"四季"主题绘画。春季,万物生发,我们一起描绘万紫千红的世界,鲜嫩的春茶、绿油油的春笋、青翠欲滴的小白菜;夏天,我们在宣纸上呈现入口即化的冰激凌、透心凉的西瓜、叮当响的白勺青瓷、璀璨的星星、调皮的青蛙、清脆的蝉鸣;秋日,我们杭城弥漫着甜甜的桂花香,放眼望去菊花遍地,争奇斗艳,"采菊东篱下,悠然见南山"诗句又为我们的秋季课程打开了山水画的思路;冬天来了,红梅白雪,断桥残雪,热腾腾的粥、包子、火锅都在我们笔下一一呈现……这样的题材,源于生活,体验都是真实而深刻的,因此孩子们绘画时自然会兴趣盎然。

生活是我们的活教材,更是孩子学习的课堂。那些点点滴滴都有可能成为孩子学习的契机。抓住这些"闪光点",让孩子们在"生活"这门大学科中感受自然的艺术,发现绘画的乐趣,接受美术的熏陶。

小贴纸的大作用

位 爽

"宝宝,请你跟上队伍,不要在斜坡上跑步。"宝宝听到我的提醒快速走回到队伍中,低着头一句话也不说。

每一次经过艺体教室斜坡时,宝宝都会停下来等前面的队伍走远,自己再迅速地跑过去。经过斜坡时,我都会关注到宝宝的行为并提醒他,但显然提醒的用处不大。每一次宝宝向上跑时,脸上一直带着笑容,还会"咯咯"地笑起来,向上跑的愉悦感战胜了老师的提醒。

"今天我们来个约定,哪个小组获得了第一名就可以得到一颗蓝色运动贴纸。""好"孩子们听到我的提议,开心地跳了起来,仿佛已经得到了贴纸。宝宝的运动能力在班级里有较高的认可。到了自由分组时,宝宝身边围了很多小朋友。"宝宝,我和你一组。""宝宝说要和我一组""我们组已经满了,你去其他组。"宝宝看到大家都想和他一组,他朝我走了过来说:"老师,他们都想和我一组,怎么办?"宝宝边说嘴角边上扬,说完眉头却皱了起来,看着宝宝既得意又为难的样子,我笑了笑蹲下来说:"你可以自己选择组员呀。"宝宝点点头跑到人群中,被宝宝选到了的队友抱住了他。

这次的游戏是"气球排球"游戏,需要两两小组进行PK,获胜的小组进行最后PK。随着外教老师哨声的响起,游戏正式开始了。宝宝小组最先出站,每一次宝宝都站在队伍的后面,眼睛紧紧盯着气球,气球往哪个方向飘，宝宝就快速跑过去，跳起来将气球拍走。突然，旁观的队伍突然大喊："宝宝，气球要落地了。"刚从厕所出来的宝宝快速地跑过去，双膝着地双手去接气球，再次将气球弹到了空中。看到气球被同伴拍到了对面，宝宝才蹲下来看了看自己的膝盖，摸了一下红的地方，站起来动了动腿，又继续加入游戏中。游戏结束后，宝宝和队友击掌，庆祝进入决赛。

决赛开始前，双方队伍站在规则线外等待游戏开始，这次的比赛强强对抗，你一来我一往，气球就在空中飘来飘去。随着比赛时间的拉长，小朋友们跑的速度没有之前那么快，脸上的汗珠也冒了出来。宝宝的眼睛一直盯着气球，嘴唇抿紧，身体半蹲做好准备。当对方用力地将气球打了过来时，宝宝迅速向前冲，虽然把气球打了过去，但是宝宝也踩到了规则线被淘汰了。被淘汰的宝宝低着头摆弄着自己的手，走到了旁边的队伍中安静地坐着。最后宝宝组得到了第二名。得到第一名的小组开心地欢呼，并来到我身边领取蓝色运动贴纸。而宝宝低着头不知道在想什么。

在我们即将整队回班时，宝宝突然跑到我身边低着头说："我今天没有运动贴纸。"宝宝低着头，嘴微微噘着，眼睛看着自己的脚尖。我蹲下身抱了抱他说道："我知道你感觉有点失落，我们下次还有机会。"宝宝还是低着头看着脚尖不讲话。我决定让他自己想一想，于是我站起身整理队伍。这时他突然抬着头说："如果我队伍排得比较好，可以得到一颗贴纸吗？"宝宝眼睛看向我，一脸期待地等着我的回答，我说："可以呀，但是在斜坡上也不能奔跑哦。"宝宝听了我的话又低下了头，不断摆弄着自己的手。最终，宝宝点了点头说"好"。

在回班路过斜坡时，我重点观察了宝宝如何走斜坡，当看到宝宝是一步一步走下来，还会主动提醒身边的小朋友不要奔跑。回到班级后，宝宝走到自己柜子前面将书包整理好找到位置坐下来，旁边小朋友和宝宝讲话时，宝宝眼睛也没有看同伴，安静地坐着。看到了宝宝这一系列的行为，我很欣喜于宝宝的改变，于是在围圈活动中，在大声表扬了宝宝的行为的同时，把属于他的蓝色小贴纸送给了他。宝宝拿到贴纸后，脸上再次浮现了笑脸。

点亮童年

　　通过这个事情也让我反思了关于班级评价机制的设立。宝宝没有得到象征着胜利的蓝色运动贴纸,但是他通过控制自己的行为,提升规则意识,得到了对他来说意义非凡的贴纸。这颗贴纸不仅仅是贴纸,还是宝宝努力的象征。

　　每一次在围圈活动中,孩子们拿到贴纸后的喜悦是真实,既是对贴纸的喜欢,也是对自己的认可,可能第二天就会不小心丢掉,但是孩子们的努力是不会随着贴纸的消失而消失,而是在这个过程中不断进行积累。小贴纸,大作用,不要忽视孩子们的每一次努力和进步。

一个看上去不可能完成的任务

吴燕婷

"我上崇文公众号啦"小D激动地跟小伙伴分享"大新闻"。

"你的方法很赞,可是我怎么也不能成功,能帮我看看吗?"好学的小K虔诚跟小X说。

"看了你的方法,我也成功了"小Z开心地跟同学说。

"你知道吗?我当时2小时内拍了8遍,真是争分夺秒"小G自豪地说。

这一切还得从去年说起,2020年,疫情的不期而至,我们改变了工作方式和工作内容,由线下教学转变为线上教学。年后,我接到的第一个任务就是指导学生居家实验,当时以为延迟开学只是缓几天,所以集团准备集中推出一系列的指导学生居家生活的微信。我负责的是科学实验,下午3点接到任务,第二天9点审核,所以力求提供的实验有代表性、趣味性强、操作性强、材料易取、学生能方便在家操作,同时尽量避免学生外出购买材料。网上现成的实验视频很多,可以直接拿来主义,这样的方法,最简单、高效,而且有海量资源等我筛选,但考虑到微信将在崇文公众号发布,是接下来的日子中崇文海燕学习的重要资源,而且优秀的学生有那么多,为何不作为学生的一次展示呢?于是,果断决定请学生出镜。

请学生出镜的实验?初想是简单的,因为平日里,科学老师提倡学生进行课外实验,并倡导学生将自己满意的实验录制成视频与同伴分享,班级中的确好评如潮。但当翻看各个优秀实验视频,更多的是实验的新奇,材料不易获得,而且学习者未必能跟着学会……这些实验更多的是展示性质,而本次公众号的实验展示性的同时更应有指导性,所以再次果断决定,决定重新选择实验,然后请学生重新录制。

印象特别深的是五年级的实验,头脑风暴后,觉得浮沉子实验材料易得、结果多样、探究性强,而且是寒假的推荐实验,一些学生已经进行了探索,现在正是给学生解惑的好时机,于是果断锁定浮沉子,这一次的果断已经是下午4点。

随后,我查看了所有进行分享的学生视频,发现不少同学失败了,但也有一些成功的。成功的学生中:浮沉子的材料有用吸管,也有用小瓶的;关于配种,有用回形针,也有用橡皮泥的;对于吸管,有直接用笔直的吸管,也有将吸管弯折的,形式还是挺多样的,同时成功的方法和失败的方法从操作而言是差不多的,这不正好是学生学习与修改完善自己成果的绝佳素材吗?于是,我选择了5种有代表性的方法,然后立马跟学生沟通。其中,小D平时话不多,但这次实验很认真,所以请她把方法详细与同学分享;小X是科学发烧友,请他录制最难成功的方法,并把注意点一一跟同学说明……

请学生先写稿子,我再一一指导把关,联系完学生已经5点,接着就是不断与学生沟通,包括语言、动作、镜头等的选择。敲定脚本已是晚上7点,8点收到5位同学的初稿。

"你的背景中有电视机,电视机的反光把大家的注意力分散了,换个环境再拍一次?"

"镜头能否推进,让学生能看到你手部的操作及浮沉子的变化?"

"吴老师,能再录一遍吗?我觉得自己太严肃了,再来一遍会更自然。"

"吴老师,刚刚的有句话我哆嗦了,我想重录。"

"我再录了一遍,这样能更简洁。"

……

一轮轮的修改中,实验更加聚焦,指导性更明确,学生更自信,实验质量越来越高。最后一个视频修改完已是晚上10:30,学生争分夺秒的任务完成了,影响学生睡眠的包裹终于可以卸下,同时我完成了所有的素材采集,剩下的就是连夜剪辑和组织微信稿,为了让更多的学生有展示,除了这5种方法,还剪辑进了其他五年级十多位同学成功作品瞬间。等最终的视频导出时,已经凌晨2点,终于可以长舒一口气,看到那么多学生有展示的机会,心里满满的欣喜……

微信推出后,镜头中的孩子,看到自己,满满的惊喜与自豪;镜头外的孩子,看到同伴的实验,纷纷跃跃欲试,让许多的失败实验转变为成功,学生完成了一个看上去不可能完成的任务;崇文线上线下掀起了实验潮,这让我觉得那18个小时的争分夺秒值了,本以为那么短的时间无法完成,于我而言,也完成了一个看上去不可能完成的任务。

校园掀起实验潮,师生共同完成一个看上去不可能完成的任务。镜头中的孩子也许是因为有了自我展示的平台,提升了自信,增加了实验的积极性;镜头外的孩子也许是因为学生亲自经历了,产生共鸣,有了学习的目标。或许是我的几次"果断"促成了这次实验潮,果断让学生出镜、果断让学生重录、果断选择实验内容、果断不厌其烦指导、果断让更多学生展示,我的果断让我和学生一起"享受"争分夺秒的时光,我的果断更是源于"给学生创设更多的展示平台,给更多的学生发挥的空间"的信念。

我想做一个"生意人"

凌 楠

四年级的小学生小Z是班里年龄最小的孩子,虽小却颇有个性,其行为屡屡超出成年人的思维模式。近期,小Z异常痴迷于画世界各国轮廓地图,并且将轮廓地图与棋盘游戏结合在一起,正在班里寻找"合伙人",准备售卖"寻找国家地理宝藏"益智游戏。无意中听到小Z与同学的对话"哎!我们一起开发一个新型校园益智游戏怎么样?我们几个是合伙人。""我算过了,等到这个游戏在学校里普及,盈利可不小呢,一年的零花钱都不用愁了!"

我感到无比震惊:一个班里个头最小、年龄最小的小伢儿,怎么就知道"开发""加盟""利润",人模狗样地谈起生意来了?

我不想扼杀孩子的热情与努力,于是找来了小Z,当面了解他"生意"的进行情况。更让人意想不到的是,小Z居然还在认真编写《经营"寻找国家地理宝藏"游戏的初步设想(方案)》,希望将该游戏在学校得以开展。其方案首先说意义,如学生学习紧张,课余需要放松;"寻找国家地理宝藏"游戏既丰富大家的课余生活,又能在玩中学,普及地理知识、扩展英语词汇。关于进货渠道,小Z写道:"原材料从淘宝进货,因为直接从实体店进货成本偏高。"关于投资和分红比例,小Z写道:"合伙人共投资100元,占大头,控股。老师和学生可自愿投资,投资额最低为1元,分红比例按投资比例分配。"有关利润,"一张游戏底盘卖1元。"…… 看完小Z的"杰作",我既震撼又感动,打心底里不得不承认,小学四年级的孩子做生意的头脑和已经具备的商业知识远远超出自己的想象。显然,改革开放的时代已经孕育出经商基因颇为强大的新一代。

然而基于传统的教育思维,小学生在校园经商是不被允许的。但是小Z觉得无法理解:"边学习边赚钱,难道不是一举两得的事吗?""我在做生意的过程中能学习到如何与人谈判、计算盈利等,难道不是收获了更多书本之外的知识吗?"小Z的想法不无道理。这时,如果我严厉训斥或无理打压或许会让孩子产生反感情绪。如何正确地引导小Z意识到在校经商的不合理性呢?我尝试组织一场围圈分享,引导班级学生讨论小Z经商的是与非。

"我赞同小Z的做法,如果小Z长大后要做生意,这样的经历对他来说是一种积累!"

"对的,我觉得小Z很有勇气,实践也是学习的一部分。"

"可是学校不是商场,学生不是顾客呀!我们在学校最主要的任务就是学习,而不是赚钱。"

"就是就是,如果每个人都在学校做生意了,那大家还能专心学习吗?"
众说纷纭。

看着班里学生讨论得热火朝天,我顺势说"小Z是无照经营,非法;所得利润,没有交税,是偷税漏税"。我的点拨开阔了孩子们的视野,即做任何事情都是有规则的,首先要遵守法律。听了我的话后,小Z若有所思。

从那之后,小Z的这门"生意"好像没了新进展,但是孩子的创业热情并没有丝毫消退。听孩子的父母说,小Z开始对企业经营的相关法律法规感兴趣,并看起了关于中小企业管理的书。

小Z身上展现出儿童成长的强大生命力和独特逻辑。他的故事令人感到震撼的是一个现代儿童的挑战精神;他的成长经历告诉我们,即使有升学压力,生活也是充满乐趣的。因人而异、因材施教是新班级教育的核心。小Z是一个机智过人、个性顽强和勇于挑战的孩子,如果按照传统的教育来要求或限制他,必然两败俱伤。但若把理解和尊重孩子作为爱的前提,总是能够发现孩子的出格行为中的合理或积极的因素,因而总是能与孩子有效沟通。从情商或社会情绪能力培养的角度来说,先是共情,即理解孩子的情绪;后是划界,即分清是非对错,承担责任。这样一种理性的教育,才可能培养出既有主动性又有自制力的孩子,而主动性与自制力是健康人格的核心。

居家就不能学习吗？

鲁君文

和往常一样，下午1点我准时坐在电脑前，开始今天的一对一线上个辅。班里的孩子们已经渐渐习惯了在视频电话的那头告诉我今天他做了什么，并展示他的学习成果。今天和小Y同学的聊天开始不久，她突然问：

"鲁老师，什么时候能开学？"

"我也不知道啊，要看疫情的发展情况吧，可能还需要一些时间。"

"为什么不能回学校学习，在家里很无聊。"

通过视频，我看到小Y同学的样子不怎么开心，情绪有些低落。我知道，爸爸妈妈开始上班后，小Y就只能跟年迈且行动不便的爷爷在家，老人自然是不能陪小朋友玩闹的。原本精力旺盛的孩子就这样被禁锢在家里，确实是要憋坏了。外面的世界正在同仇敌忾的抗击疫情，可孩子的内心却是如此空虚无聊。

"因为疫情还没有得到很好的控制，一旦开学，有再次传播的风险，所以我们还要再等一等。"

"还要等多久？我们这里不是没有病人嘛！"

看着小Y的不解和失落，我想，也许很多孩子都没有适应居家学习的生活，他们的身体不能出门，但是心灵和视野不能被锁在家里，我要带着他们去看世界了。于是经过一番思考和准备，我很快在班级群里向孩子们发

点亮童年

出倡议:关注新闻,了解时事。

从那以后,每次个辅连线前,我都会从近两天的新闻中选择有意义的或他们可能感兴趣的话题。比如方舱医院里的"读书哥"、蒙古向中国捐赠了3万只羊等等。我发现,孩子们很喜欢聊新闻,这不仅满足了他们想当"小大人"的心理,也让他们觉得外面的世界和他们有了连接,进而不再觉得无聊和孤单了。

为了让交流更充分,每天上午我都会把"今日话题"发给孩子。有时是我和学生一对一连线,有时我会组织他们进行5人小组连线,这令他们非常期待。下午1:00电话拨通时,孩子们接得格外快。看到了许久未见的同学,大家的脸上洋溢的难以掩饰的激动和喜悦。"同学们好久没见啦,快打个招呼吧!"我急忙说,"那么接下来,我们就聊一聊新闻,方舱医院里的'读书哥',谁先说?"小Z立马举起手来:"我知道,他是一个大学生,在医院治病时,一有空就专注的看书。据说他来医院带了很多书,还借给身边的病友们看呢!""他已经出院了,"小Y接过了话匣子,"而且还帮忙照顾病友的儿子,一个独自在家生活的陌生小弟弟。"大家像在教室里一样,你一言我一语,围绕新闻话题畅所欲言,视频那头传来了久违的欢笑声。看着小Y在视频那头侃侃而谈,我悬着的一颗心终于也放了下来。

随后,班里很多孩子还参与了社会活动。有的参与杭州市电视台声援武汉抗疫的歌曲录制;有的自己在家录制充满正能量的诗歌朗诵向媒体投寄;有的结合文学之星的主题征文写了他们眼中的医生和志愿者并在多家报纸发表;有的创作了声援武汉的绘画作品并获了奖。我也会把他们的好消息、好作品及时分享到班级群里。更多的孩子开始模仿、参与,让自己的居家生活不再枯燥、孤单。很快,他们不再是两耳不闻窗外事的旁观者,而是这个世界的参与者。

现实生活就是孩子们最好的教科书。孩子没有出门,但是他们没有关上心门,我们可以把生活变成一次珍贵的教育过程,让孩子们身体力行地感受自己和国家、和世界的密不可分。复学后,我坚持利用班会课、围圈分享的时间和孩子们聊一聊时事新闻,听一听他们对事件的疑问和看法,有时也会借此向他们讲述一段历史或一个人物,从他们专注的倾听和眼神中,我也能感受到他们对未知世界的好奇和对祖国的深情。生活的时时处处都可以成为他们学习的教材。孩子们的成长不仅仅只有对课本知识的学习,还应该有对生活的了解、探索与思考。

这样学英语，我喜欢

曾敏芳

每节课总有那么几位孩子游离在课堂之外，他们精神不振、目光涣散，热闹的课堂根本引不起他们任何的兴趣，完全像个局外人。英语学习如同一个沉重的担子，压得他们喘不过气来了。从他们的眼神中我读出了无奈与不安！

我陷入了深深的思考，如何对英语"特需生"进行更系统更有效的指导呢？是否可以为他们量身定做一套更适合他们的学习课程，指导学习方法，领着他们入门？更重要的是，如何激发他们的学习热情，让他们享受到英语学习的快乐呢？爱玩、好胜是孩子们的天性，我何不将学习内容设计成游戏，带着他们"游戏英语"呢？

不日，我向教导处申请，开设了面向英语"特需生"的《英语成长营》社团。以让学生至少不讨厌英语，让他们慢慢对英语学习建立信心为基本目标。社团的十六位成员都是我苦口婆心地动员来的。

第一节社团课，孩子们乖乖地带着笔袋来到教室，东一个西一个地坐下来，懒懒地斜靠在桌椅上，估计心里仍挂念着热情似火的篮球社团、精致优雅的刺绣社团、创意无限的陶艺社团……

"欢迎大家来到英语成长社团！"我热情地招呼大家，希望拉拢一下感情，但似乎并没有几位孩子把目光聚焦到我身上。

"今天我们做些什么呢?"我故意问道。

"抄写、默写、背诵呗,还能干什么?"一位男生脱口而出,引发了阵阵叹息。

虽然这样的答案是意料之中,但从一个孩子嘴里说出来,我心中五味杂陈。

我顿了顿,提高嗓门说:"今天我们不抄写、不默写,也不背诵!"当我说出第一个"不"时,孩子们的眼光就齐刷刷地看向我了,当我说完,他们不仅瞪大了眼睛,连嘴巴都摆成了大大的"O"字。

"那我们今天做什么?"孩子们疑惑不已。

"我们——玩——游——戏!"

在大家的惊叹声中,我拿出了自己精心设计的棋盘游戏"海底逃生"。里面精选了最近孩子们学习的词汇和常用的情境对话,为了增加趣味性和挑战性,游戏中还加入了"机会卡"和"惩罚卡"。

为了更顺利地通关,孩子们在明确游戏规则后,都非常认真地学习如何准确地发音或回答相应的问题。学习热情空前高涨,我竟有一点点被感动到了。接着,孩子们3-5人一组进行游戏,他们既是游戏的闯关者,更是监督者和裁判员,每个人都非常投入。如果遇到大家都不确定的情况,他们也会请我进行仲裁。在游戏中,他们大声、大胆地进行问答,是我之前在课堂上从未见过的积极、主动的状态。由于游戏设置的原因,他们不停地被打回,又不停地重新出发,问答也变得更流畅更准确。这边有同学不幸抽到了"Jump 30 times"惩罚卡,同组的同学们监督着一起数数"one, two, three...";那边有同学抽到了机会卡"Tell us 5 kinds of fruits",正拍着脑袋思考。教室里交流声、叹息声、欢呼声此起彼伏!一句句"再玩一遍"让我感觉到他们对活动的喜爱,也让我感受到了一股不服输的力量!

"这样学英语,我喜欢!"一名男生兴奋地跑过来对我说。孩子的话,也带给了我无穷的动力。

后来,我又设计了各种形式和内容的游戏。学生喜欢玩纸牌,我就从网上买来各种颜色的空白卡片,把常见的字母或字母组合做成卡片,大家围坐在一起可以进行各种各样的纸牌游戏。如,把卡片都排列在桌面上,指着卡片上的内容大声发音;或听老师或同学的发音,猜猜所对应的字母或组合。谁说对了,就可以将这几张牌收入囊中。为了赢得胜利,每位孩子都不遗余力,眼睛死死地盯着桌面上的卡片,竖起耳朵听同学的发音。孩子们在轻松愉悦的氛围中自然而然地将字母(字母组合)和发音之间产生联系,为词汇认读和拼写打好基础。还有"纸牌接龙""秘传口令""你做我猜""搬运工"等游戏,都有效地帮助孩子们摆脱死记硬背、枯燥无趣的低效的学习方法。

有趣的活动设计,大大激发了英语"特需生"学习英语的兴趣和热情,改善了学习方法。面对英语,他们不再愁眉苦脸,而是积极参与、勇敢面对。

那一句"这样学英语,我喜欢"让我更加坚信,每个孩子都是一个独特的个体,我们应不断深入研究教学方式方法,开发适合不同学生的课程内容,因材施教,将枯燥的语言知识转变为学生乐于接受的、生动有趣的活动。只有学生喜欢了,学习才能有动力!

英雄画像

马亚丹

上课铃声响起，我拿着各种材料走进一年级教室。"同学们，说到中国英雄，在你心里一定会想到某一个人。今天我们就要来画一画中国英雄。"

教室里瞬间热闹起来，同学们开始讨论着自己准备要选取的人物和他的故事。大伙儿纷纷拿出画笔施展拳脚，有的说要画一画王小二，有的说要画海娃，还有的说画雷锋，还有的似乎没有任何头绪……看来，大家熟知的英雄人物都来源于课本。

"马老师，我心中的英雄是袁隆平爷爷，我想画他。"小X瞪着圆圆的眼睛，望着我，似乎渴望我的肯定。

"为什么袁隆平是英雄呢？"

"袁隆平爷爷不是科学家吗？"孩子们纷纷发出疑问。

我追问道："那你为什么要画袁隆平爷爷呢？"

"因为从小我的爷爷奶奶就告诉我要珍惜粮食，他们那时常常吃不饱饭。有一次，我在学校阅览室看到一本绘本《一粒种子改变世界 袁隆平的故事》，我才知道，袁爷爷用大半生的时间，都在忙碌一件事情，让人们吃饱肚子。"

看着小X胖嘟嘟的小脸蛋上认真的神情，心想这孩子平时吃饭最积极，怪不得每一次都"光盘"。

听了小X的话，其他孩子依然很诧异。看来孩子们还不能准确地理解"什么是英雄"。

于是，我带着孩子们一起来到阅览室，找出了绘本。当孩子们看到全国闹饥荒的年代，只能靠吃野菜、树皮活命时，纷纷皱起了眉头；当孩子们看到为了让水稻增产，袁隆平不停地查资料、搞试验时，个个紧握拳头；当孩子们看到杂交水稻正式宣布成功的时候，他们不禁欢呼雀跃。孩子们的心中也有了一个美丽的"禾下乘凉梦"。

读完绘本，我请孩子们谈谈自己的想法。

"袁隆平爷爷真厉害！没有他，我们现在就吃不饱饭。"

"我以后也要节约粮食，不浪费一粒米"

"我觉得袁隆平爷爷也是一位大英雄！"

"的确，英雄不止存在于我们的课本中，也在我们身边。他们可以是科学家，可以是警察叔叔，可以是白衣天使……"我笑着说道。

同学们七嘴八舌，依然没有停止。

"老师，我想到疫情防控期间就有很多抗疫英雄。我在电视上看到，80多岁的钟南山爷爷不辞辛劳几次前往武汉。真是太伟大了！"

"还有还有，我在看电影的时候，知道中国英雄机长刘传健，当飞机遇到危险的时候，用自己的冷静和智慧救下了飞机上所有的乘客。"孩子们你一言我一语地说开了。

回到教室，没有人再问我画什么英雄，大家纷纷拿起画笔作画。雷锋、袁隆平、中国机长、白衣天使……一幅幅英雄画像跃然纸上。画像栩栩如生，好像在向孩子们传递着自己的英雄精神，孩子们与英雄们交流着，感受着。我想，学生不仅仅只是用画笔描绘故事或者人物，更要了解每个熟悉的名字和每段历史背后感人肺腑的故事。一篇篇感人的故事、一首首雄壮的诗篇，是见证中国人民不屈不挠的历史画卷。

"塑造美好心灵，坚持立德树人，扎根时代生活，弘扬中华美育精神"是新时代美术教育工作者承载的历史使命。美术教学中不仅仅是传授技能，更是融合生命教育、卫生健康、时事新闻、先进事迹、亲孝感恩、社会规则、责任担当、家国情怀等教育内容的过程。我通过感悟英雄事迹，引导孩子们明白什么是真正的英雄，理解英雄人物的概念。当孩子们用画笔画出心中英雄人物的形象时，正是对美术创作引起了情感共鸣，这才是有意义的学习。

"挎"越障碍

周 健

每个人自己度过的时光里，都会有让人难忘的故事。作为教师的我，在与学生共同成长的历程中，鲜活的教育故事比比皆是。因为我生活在故事的海洋里，天天有故事，时时有故事，只要关注，只要倾听，就能发现故事背后的故事，体会"小"故事中的"大"智慧。蓦然回首，正是这些平凡而又不凡的故事，带给我深深的思考：我们是园丁，育人犹如春风化雨；我们是蜡烛，授业不惜蜡炬成灰。

三年级的孩子好动，体育课上容易出现注意力分散，练习时不积极主动。在一节越过障碍物体育课上，我的设计不是以教授同学们越过障碍物的动作要领为主，而是以引导同学们主动参与、探究方法、团队协作精神，在实践中去提高身体素质，培养学生自学、自练的能力为主要目的。在障碍物设计时，选定了三个层层递进难度的障碍，而这些障碍对三年级运动能力弱的学生来说，有一定困难。为了消除孩子们的畏惧心理，使他们变得勇敢起来，我先确立了一个"小红军"越过障碍抢占敌人根据地的主题。立起来的圆圈是敌人封锁线上的铁丝网，纵向摆放的体操凳是通向敌人据点的独木桥，折立起的体操垫是敌人据点的城墙，我们的任务是通过障碍物，攻入敌人的据点。这时乐乐的积极性被调动起来了，和她的同学们一起跃跃欲试。

第一个障碍"穿越铁丝网"，A同学像教练一样与组员交流：

"B同学,你个子高,应该侧身过。"

"C同学你有点胖应该两只手先过去撑住地,然后再两只脚迈过去。"

"D同学我们个子小可以直接蹲下跨过去。"A同学一边讲一边示范。

很快大家在A同学的指导下都成功了。顺利通过第一个障碍后,进入"飞渡独木桥"环节,B同学抢先一步说"这个我行,看我的!"说着便一步跨上独木桥快速平稳而过。

"大家走的时候眼睛看正前方,千万不要低头看脚下,如果这样不行大家可以侧身走,不过这样会慢一点,但会更平稳。"B同学边说边示范。果然,同伴们在B同学指导下都通过了独木桥。

最后一项也是最难的一关,需要用到助跑后单脚起跳动作,协调性较差的学生容易出错,C同学就是其中的一个。看着面露难色的孩子,我让他们在自己组内调整出发的顺序,勇敢的孩子马上就冲到了前面,他们的顺利过关给后面的同学起到一个很好的示范,随着同学们的鼓励和掌声越来越多的学生通过了障碍,此时的C同学紧锁着眉头,涨红着脸,脚步也变得那么沉重。

我走到C同学身边问道:"C同学,你准备好了吗?"

"周老师,我跳不过去,同学们会笑我……"她面露难色。

"你看同学们可都在给你加油,我们会一起帮助你的。"我马上鼓励她。

终于C同学忐忑前行,朝着目标出发,虽然动作不是很顺畅,但总算顺利通过。一次的成功给她增加了自信,接下去的几次练习更是进步很快,和同学们你追我赶,熟练地掌握了动作要领。

体育本是一个来自游戏、发展于游戏的学科,本应受到学生的喜爱。目前有许多学生在接触了一段体育课后,就发现现实中正规的体育课和他们头脑中一种欢乐的、玩的体育课之间的差距实在太大了,如果此时教

点亮童年

师的教学方法呆板、生硬,组织形式单调就会使这种落差陡然增大,使有些学生慢慢地疏远体育,上课处于被动状态。如何改变目前存在的现状,如学生学习兴趣的激发,学习能力的提升,体育素养的达成,是目前我们急需研究的重要课题。我再一次体会到,面对一个个生动活泼、人小鬼大的精灵,必须要潜心研究,走进学生,读懂学生,才能达到理想的效果。

第六篇
家校钮联·携手迈向同一个地方

苏霍姆林斯基说
"若只有学校而没有家庭,或只有家庭而没有学校
都不能单独地承担起塑造人的细致、复杂的任务。"
在孩子成长的道路上,学校和家庭是教育的共同体
相互钮连,多向互动
在崇文,就有这样一群有爱的老师,一群可爱的家长
他们彼此尊重,彼此信任,彼此支持,携手同行
共画家校共育的"同心圆"
携手迈向孩子健康全面成长的彼岸

点亮童年

为了你我曾经的约定

葛娟飞

小杨，今天是我第二次到你家。知道吗？今年的家访你还是首选，不为别的，只为你我曾经的约定。

记得吗？去年暑假，新接班的我第一次见到你，是在你家小区的门口。29位同学中，只有你，是用这种独特的方式跟我认识的。你妈妈告诉我，听说新班主任要来家访，你激动了好几天，那天一早你就开始不停地念叨："老师什么时候，几点钟到？"你把放在冰箱里的葡萄洗了一遍又一遍，准备泡茶的水杯看了一次又一次，到窗口探了一回又一回……听到这些话，我很感动。其实在家访前，我就听说你是这个班的捣蛋鬼之一，我还心有芥蒂呢！可当我听到你妈妈的话的时候，我无法将你跟"捣蛋鬼"三个字联系起来，多么热情、多么善良的孩子，从那一刻起，我喜欢上了你。由衷的！

第一次家访是愉快的。清楚地记得，近1小时的家访，你一直都笔直地站着，用心倾听我跟你父母的谈话，即使爸爸妈妈说几句你的不是，你也都是"嗯嗯嗯"地应着，没有一丝不满。乖巧、懂事是我对你的第二印象。

当我告诉你，"无论你以前怎样，对我来说你是一个全新的你，相信你会很优秀"时，你的眼里闪着亮光，你问我："老师，我以前做的错事你都不想知道吗？"在得到明确的答复之后，你是那样的高兴，你跟我说："老师，你放心,我一定会表现得很好很好,我今天晚上就把暑假作业补完。"那豪言壮语,犹在耳畔。

家访结束,你和爸爸妈妈把我送到了楼下,你追着我问:"下次你还来吗?"我说:"如果你有进步,明年家访我一定来。""好,一言为定!""一言为定!"

就是为了这个约定,去年、今年我都来了。虽然,这两年,你的表现还不是非常的尽如人意,但是我知道你已经很努力了。

有时忘了带作业,你会一脸歉疚地看着我——"明天我保证带来";

有时影响课堂纪律,你会"投案自首"——"下次一定改正";

有时顶嘴辩解,你会主动道歉——"对不起,我没有尊重你"……

在你的成长手册上,看到最多的是你的保证——"今天我表现不好,明天不能这样了,请老师相信!"

这样的话,隔三岔五都能听到,虽然有时候看到这些会觉得有点为你自己"开脱"的味道,但我相信你在写这句话的时候是真诚的,只是有时你管不住自己。

这学期末的最后一天,我像往常一样把你们送到放学点。平时到点儿就一溜烟就不见的你,居然拉住了我:

"葛老师,暑假你来家访吗?"

"你希望我去?"

"那当然,你来家访就说明,我这学期不错。其实这学期我进步还是有的,我在鼓号队里小号吹得不错,还带了徒弟。"

"是。大队辅导员也夸你呢!"

"我跟你保证,下学期我会更好!"

"好!我一定去家访。"

孩子,无论你的进步有多少,我想,我都应该遵守跟你的约定,因为我知道,我的到来会给带去你新的希望和期待……

叮——

手机上一条信息传来:葛老师,儿子让我跟你说,他下午6:30在小区门口迎接你!

傍晚。小区门口。我看到了满头大汗的你,看到了翘首以盼的你,去年的情景再次浮现,去年的感动再次蔓延……

照亮学生前行的路

汪小莉

小Z是我们班一个活泼开朗的孩子,喜爱乐高,心灵手巧,他折的纸飞机栩栩如生,让同学们心生敬佩。可二年级的一次家庭变故让他原本快乐的童年蒙上了一层阴影。

小Z的爸爸妈妈闹离婚,双方为了抢夺孩子的抚养权而闹得不可开交,爸爸甚至为了抢夺孩子,当着他的面打了妈妈。当时我很遗憾,没能第一时间保护到孩子。那时我便暗暗祈祷,希望不会再有这样可怕的事情发生在孩子身上,如果小Z父母间的争吵不可避免,我希望能陪在孩子身边,站在他背后,给予他支持和力量,将伤害降到最低。

从那时起,放学时我都留了心眼:让小Z紧紧跟在我旁边,确保孩子自愿被接走才让他离开。那天,跟往常一样,我带着小Z放学。还没走到放学点,远远就看到了小Z爸爸。此时我明显感觉到小Z的身体颤抖了一下,他下意识地往我背后缩了缩,我知道他感觉到危险了。于是我立刻拉住小Z的小手,让他紧紧贴着我。其他同学都陆续被接走了,只剩下小Z。他的爸爸向我走来,要求接走孩子。出于对小Z安全的考虑,我询问了小Z的意愿。小Z没有说话,眼里露出恐惧的神情,边摇着头边又往我身后躲了躲。我读懂了他的意思,于是我建议再等等小Z的妈妈。没想到，还没等到妈妈，小Z的爷爷一个健步冲上来，用力扯过小Z扛起他就往汽车里扔。小Z则拼命挣扎，大声痛哭，双手捶打着爷爷死命反抗，奈何爷爷力气太大，他抗争不过。我发现情况不对，立刻跟上去，趁爷爷把孩子扔进车里的同时也紧跟着孩子进了车厢。我一边紧紧抱着小Z，拼命安抚他的情绪，一边与他爷爷周旋。在这个过程中，我得知法院已经下达判决书，孩子归爸爸所有，即便这样，我仍然抱着小Z不放。就这样整整三十六分钟过去，终于等到小Z妈妈出现，没想到等来的是妈妈和警察，结果又是一番争执。小Z从刚见到妈妈如遇救命稻草的欣喜到看到双方的激烈争执，他哭得更加声嘶力竭，浑身不住颤抖。看到小Z这样，我真是心疼不已。

那一天正好是"六一"儿童节，本该是小朋友享受爸妈的陪伴和呵护，快乐过节的难忘日子，却成为小Z心中挥之不去的痛苦回忆。父母的婚姻失败不可避免，这本不是小Z的错，小小年纪却承受了本不该承受的痛苦，如何帮助小Z从这段伤痛中走出来，将伤害降到最低，重新快乐面对生活，无论是当时还是后续，我采取了"以爱之名"的一系列措施。

一、有效沟通，保护为先

当得知孩子已经被法院判给爸爸后，我并没有放开孩子的手任凭孩子哭闹被带走，而是和他爸爸妈妈进行了长时间的沟通，要点有四：1.这天是儿童节，任何影响情绪的行为都不应该发生在孩子身上，更不能让孩子成为家长极端情绪的发泄处；2.既然法院已经判决，孩子的归属问题不能更改，希望爸爸能等待孩子的情绪稳定，取得孩子信任后再接近孩子，寻求亲子有效沟通，消除隔阂；3.安抚和疏导妈妈的情绪，希望妈妈能在孩子面前帮爸爸树立正面形象，积极引导；4.孩子的健康快乐成长比什么都重要，希望这样伤害孩子，让孩子痛苦的事情尽量避免，本着保护孩子的目的，放学接送时会继续征求孩子的意愿而定。经过一番沟通，父母双方情绪稳定了,小Z不再哭闹,带着爸爸的儿童节礼物又破涕为笑,跟着妈妈快乐过节去了。

二、多次家访,信任至上

为了更好关注小Z的情绪,全方位了解情况,我多次进行了家访,既是看望小Z,

也为了全面、深入了解家庭情况,以便及时提供力所能及的帮助。前几次家访,小Z仍住在妈妈家,情绪较为稳定。看得出来,经历过婚姻失败以及"抢子大战"后,妈妈的情绪也面临着崩溃的边缘。我一方面了解小Z的心理和情绪变化,另一方面也适时地安抚妈妈,毕竟母亲的情绪变化直接影响着孩子的健康快乐。几次家访下来,小Z的状态逐渐恢复,脸上重新出现了笑容;妈妈也是个坚强的女性,时间抚平了伤疤,小Z的懂事和家人的陪伴也让她心态逐渐平和。多次家访,我、小Z、妈妈之间建立了信任的桥梁,小Z有时还会敞开心扉主动跟我聊爸爸。看到孩子的转变,我由衷替他开心。爸爸那边的沟通交流我也并不松懈,时不时告诉他小Z的近况,取得的优异成绩……同时建议爸爸放平心态,用更温和的方式与小Z相处,逐步赢得信任。

三、转移注意,快乐陪伴

为了让小Z尽快调整情绪,走出阴影,我经常在全班同学面前鼓励表扬小Z,帮他

树立信心,鼓起快乐生活的勇气。我知道同学们的陪伴和玩乐也能帮助小Z忘却痛苦,绽放笑容。于是我充分发挥小Z"折纸高手"的才能,让他当同学们的师傅,教大家做手工;课间还让同学们和小Z一起交流搭乐高心得,一起玩乐高。渐渐地,孩子的心情开朗了,笑容多了,整个人也乐观了不少。最近几天,小Z竟然主动提出双休日跟爸爸生活。这样以心交心的方式让我悬着的一颗心终于放下了。

点亮童年

　　教师的使命什么？是对学生的责任，不仅对他们的学业负责，更关注他们的身心健康。虽然我们只是学生人生中匆匆经过的一站，但是哪怕停留的时间再少，教育的能量再微弱，也希望能在这短暂时刻中为学生照亮前行的路。

我与"小哪吒"的故事

孙晓燕

国产热剧《哪吒之魔童降世》受到了大小朋友的青睐,这部笑点、泪点、燃点交织的影片,的确让人思绪万千,片中的小哪吒不再是正义化身的小英雄,而是以颠覆性的形象出现在大众面前,无缝对接了家长口中的"熊孩子"形象。这不禁让我想到了我与班中"小哪吒"的故事。

小A,个性活泼开朗,喜欢和男生打成一片,但在实际相处中矛盾层出不穷,整天喜欢打小报告。与女生相处过程中,易出现闹情绪的情况。思维活跃,敢于大胆地提出任何问题,个性张扬。在任何场合都是"焦点人物",说话特别大声,甚至会出现尖叫或者大喊的情况。与老师相处中,相对较为平静,但是大声喊叫或无理取闹的情况仍有发生。这个外表秀美的小女孩是全班女生眼中不可一世的小魔王,是全班男生心中不可触碰的小火山。

事件一:飞流直下三千尺

7月初,我随着小A妈的脚步,走进了该小区进行家访,然而走进家门,我并未见到传说中的"小A小姐",家里的一切显得尤为的安静。真当我纳闷之时,小A妈妈不经意的一句"不知道,这小姐又有什么创意了呢?"可还没等我缓过神来,迎接我的竟然是从天而降的"飞流直下三千尺"。因为小

点亮童年

A小姐沿着窗帘顺势滑下,伴随一声"啊——哈哈——",紧接着就是窗帘扣啪啪地掉下来四个,她重重地倒在我的面前。

这就是我和小A的初次见面,仪式显得隆重而又特别,从未谋面的我们就这样认识了。一个小女孩竟然是这样迎接她的新班主任的?一个小女孩竟然在妈妈去小区门口接老师的时间里想出那么独特的欢迎仪式?一个小女孩竟然有那么出乎意料的大胆?虽说在接触小A前,我已在前班主任、隔壁班葛老师、启蒙老师陈老师等有所耳闻与了解,但是还是有些出乎我的意料。

这样的"混世小魔王",我该使出什么洪荒之力来面对你呢?我对着班级照片,翻阅资料,细细琢磨。其实,小A就是一个稚嫩,甚至可以说简单至极的孩子,她可以为了让你知道她,而想出各种金点子。她可以为了告诉老师,早上她来得挺早的,她每天会"千里迢迢"去楼上班的老师处报到,鞠着躬,说一句"葛老师,早上好!"然后默默离开,这样的孩子有时候想得就是那么简单。也许,今天她这种"不见其人先闻其声"的见面方式,就是最好的说明,也许就是让老师知道她,认识她,了解她。

于是,在开学的第一天,我准备了隆重的欢迎仪式,特别是为这个闪亮登场的小主角,我整理了该生一至四年级的活动照片,把她光彩亮丽的形象投放在班级的大屏幕上,并让她当着全班的面介绍自己,让我这个新班主任更好地认识她。谁知我这特意为止的行为还真是深深地吸引了她,她大方地自我介绍,似乎比往日多了几份害羞与内敛。通过这样隆重而简单的仪式,让她有一种被重视的感觉,首因效应的重要性便显现出来。这便是我"我们同处一个频道"计划的第一步。

事件二:复恐匆匆说不尽

在和小A相处的日子里,我们似乎少了一些生疏。她最近在爱做的事情便是用尖尖的嗓子,开始"扫射"班级同学,她的射击范围非常的广泛,可以说是班级中每一个孩子,男孩子首当其冲,成为她的第一个箭靶子。每一次都见她滔滔不绝,越说越有劲儿,甚至眉飞色舞,手舞足蹈,但都没有停下来的意思。记得一次放学的时候,她越说越起劲儿,似乎要把她知道的所有班级人物事迹都说一遍,生怕遗漏了哪一个呢。我似乎已经来不及对号入座,但看到她那"复恐匆匆说不尽"的样儿,我似乎想笑出来。她还是这样念叨不停,一旁的小A妈妈不止一次地试图阻止她,但这样的方式是无效的。

其实,仔细聆听小A的说话内容,大多都是抱怨班级同学的一些缺点与不足,似乎说起这些东西,她已如数家珍。可想而知,这样的孩子在班级同学交往中相对是比较困难的,一个孩子只记得身边人的不足,那她会有多少的不幸福啊。在后来的了解中,的确也证实了:她也不是很受同学的欢迎。原因也是非常简单的,因为小A会像个男孩子一样,根本不顾周围人的感受,有时候还会放肆地大叫。其实,从小A的种种"说不尽"中,我并没有感觉她是有多么不喜欢同学,有时候我觉得她只是一种情绪的宣泄,没有什么恶意。对同学的很多评价,大都站在自己立场上去谈论,去思考。

面对这样一个"小哪吒",我开始扪心自问,苦苦思索。我想唯有爱,唯有耐心,才可以陪伴你这个天使慢慢长大。在接下来与你相处的日子,我像对待男孩那样大大咧咧地与你相处,我会给你一个自由的天空,让你畅谈。于是,我在班级中设立了"孙老师信箱",并向全班同学隆重宣布,这是一个我们自己的信箱,鼓励孩子通过书信的方式与我沟通交流,特别是我第一天就给小A同学写了一封信,与她交流最近开学来孙老师发现她的进步,并秘密地和她约定"孙老师信箱",以后便是我们交流沟通的新天地。

谁知"孙老师信箱"还真挺有魅力的,她竟然主动给我写起了信,虽说第一封信只是一些简单的聊天,但是我发现慢慢地她便和我开始谈同学,谈老师,甚至聊她的家人,就这样我开始慢慢走进她的内心。遇到她开始噼里啪啦向我说同学的"不是"时,我总是微微一笑,"我们同处一个频道",信箱就是我们的好朋友,你写下来和孙老师慢慢说吧。是啊,让这个急躁的小女孩多一点思考的空间,多一点缓冲的时间,多一点理性的思考。有时候,她竟然会傻傻地和我说"孙老师,这事儿不说了,解决了!"就这样,我会用更多的时间,和她交流,教会她与人相处。三年的相处,让小A慢慢学会了交往,学会了沟通……

其实,我们的身边有很多像小A这样幼稚而又天真的"小哪吒",他们更需要我们去关注,去关爱,陪着他们慢慢长大!

爸爸在这儿

陈逸青

2018年,我来到崇文世纪城校区,重回一年级执教。第一次新生家长会时,我发现了一个奇怪的现象:参会的绝大多数是妈妈,爸爸屈指可数。即便参加的爸爸也像局外人——把玩手机、不记笔记,会议一结束就起身离开,似乎参加家长会只是为了应付老师布置的任务。

爸爸去哪儿了?

经过半学期的接触,我发现班里除了两位离异家庭的爸爸,还有三位爸爸从未出现。究其原因,无非就是爸爸太忙了,或借口笨嘴拙舌,不擅长和老师沟通。

其实,家长会谁参加并不重要,重要的是父母双方对孩子的教育都足够重视并发挥作用。期末一对一家长会时,我觉得有必要和每一位家长都表明自己的想法:"父亲对孩子的作用是任何人都不可替代的,履行父亲职责的方式多种多样,关键是心中有孩子、肩上有责任,这样才能以符合自身特点的方式与母亲实现优势互补。"我说此番话的初衷就是希望能唤醒爸爸们对于孩子教育的重视,让父亲在家庭教育中不再缺位。

爸爸回来了！

第二学期，我将班级特色主题定为"传承好家风"，主要针对家庭教育中父亲角色缺失的问题，挖掘言传身教的好爸爸榜样，并定期开展主题活动。

在期初家长会前，我发放了一份调查问卷，收集了第一手资料。调查显示：陪伴孩子学习生活多为妈妈的任务，七户家庭爸爸长时间不住家；十户家庭爸爸工作忙碌，常常晚归，或者回家后基本与孩子无交流。

根据调查结果，我想到本次家长会需要主动邀请爸爸们参与，调动爸爸参与家校共育的热情。我用心制作邀请函，邀请优秀爸爸代表作主题讲座《陪伴是最好的爱》。

期初家长会前，我又温馨提醒特别欢迎爸爸们参加，还准备了60枝玫瑰花，爸爸参加的领取两枝，一枝送给爸爸，一枝带回去送给妈妈。家长会当天，参与的爸爸共计16人（班级共26个学生），成效显著。

家长会后，我发现妈妈们的朋友圈感慨颇多，好多人晒出了那枝意义非凡的玫瑰花。其中有一位第一次参加家长会的爸爸写道："今天参加了家长会，首先对俞校长提出的让孩子学会做好梦想的主人、作业的主人、时间的主人，非常认同。我又参加了班级家长会，重温了《家长公约》，对孩子本学期的目标和任务，有了比较清晰的认识。第一次在家长会中聆听爸爸的专题讲座《陪伴是对孩子最好的爱》，让我意识到自己做得还远远不够，要给予孩子高质量的陪伴，引导其勇于接受、克服困难。整个家长会，老师们精心准备，为鼓励爸爸多参与，准备的玫瑰花也挺有讲究。真诚感谢！"

除了邀请爸爸参加家长会，我还将"让爸爸走进孩子成长"的理念融入平常班级的主题活动中：父亲节进行亲子朗诵会，我邀请孩子和妈妈一起赞颂父亲伟岸的形象、为家庭作出的贡献；家庭亲子运动会时，我会特别调动爸爸参与的兴致，爸爸、孩子齐上阵，让孩子们体会到何谓坚持、责任与勇气;"国际不打小孩日"组织每户家庭召开家庭会议,引导全家人针对"怎样的家庭教育适合我们家"的话题,让父母和孩子一起进行思考与讨论;在评选模范家长时,平日里表现特别突出的爸爸班级优先推荐,因此每一个孩子都会努力挖掘爸爸的闪光点,让爸爸们更有融入感和成就感。

爸爸在这儿呢!

在经历了一次又一次主题式的班级活动后,我明显感觉到爸爸们参与班级活动、家庭教育的积极性提高了。家长沙龙中,有爸爸来讲自己擅长的科技发明;亲子活动中,有爸爸取消了重要会议,陪孩子登山毅行;家长会时,有爸爸主动请缨,来为家长分享经验。因为有了爸爸的鼓励与示范,孩子们变得更加自信、更有担当,遇到事情也不会想着逃避。整个班级体现出大气、正气的班级风貌,斤斤计较的小矛盾减少了,内向孤僻的孩子也变得阳光起来,尤其是班级的男孩子,一个个都特别有责任感,常常可以看到小绅士们给女生提重物的景象。我们班的爸爸很给力,我们班的孩子很幸福!

高质量的陪伴,讲究"有效互动"。简单地说,就是和孩子在一起时,观察孩子生活节奏,和他一起动起来。比如,在送孩子上学的路上聊一路风景,谈遵守交通规则的故事,或者其他孩子感兴趣的话题;回家时,和孩子讨论一天的所见所闻。总之,只要一有"空隙",就可以和孩子进行有质量的互动。

期待,每一个孩子在爸爸妈妈的陪伴下,拥有快乐童年!

"百灵鸟"的故事

朱 莎

"他们真厉害,好羡慕啊!唉,不像我……"

还记得第一次见到小梦:个子高瘦,却因为常年驼背,看起来并不挺拔;眼睛藏在厚厚的刘海下,让人看不清表情。"老师,我们孩子学习不好,人也不爱说话,我们尝试了好多方法都没用,急死了!"焦虑的小梦妈妈一直数落着孩子的缺点。一旁的小梦愈发紧张了,手指头搅在一起,嘴唇张动着想要说些什么,却又沉默。

转眼开学,内向文静的小梦果然一下子淹没在了人群中。活动时尽量把自己藏匿在人群中,不让别人发现;课堂上小小的手却似千斤重,怎么也举不起来。不注意,甚至你都发现不了这个人。

"小梦,来,你试试!"每当老师鼓励着小梦展示自己,小梦却总是低着头:"老师,我……我不行"。看着小梦紧张的样子,每位老师都心疼着,也着急着。

如何能培养小梦的自信,让她在崇文快乐学习,自信成长?我想先要走进小梦的世界。一段时间里,我默默观察发现小梦每次音乐课回来都十分开心,甚至好几次是哼着歌回来。

通过和音乐老师沟通,我们发现小梦音色亮,乐感好,具有音乐天赋。小梦妈妈也表示女儿热爱唱歌,但是怕影响学习,平时唱的机会很少。平时，大家只看到了小梦学习薄弱，却忽略了小梦身上的闪光点。久而久之，小梦自己也缺乏自信。

那天，学校合唱团招新了。我想，机会来了！

"小梦，你喜欢唱歌吗？学校合唱队招募了，想不想去试试？"我单独问道。

"喜欢，可是妈妈说我学习不好，要把精力放在学习上，再说了，我胆子小，不敢上台。"小梦声音越说越小。

"不要怕，你可以的，给同学和老师一个机会，让我们有机会听你在舞台上唱歌好吗？"

小梦抬起头来，点了点头。第一次，我发现小梦眼睛明亮，乌黑清澈。

小梦妈妈一开始不同意，担心影响孩子学习。"小梦妈妈，其实每个孩子都有自己的闪光点，不能只靠成绩来评价孩子，如果能借助唱歌帮助小梦更自信、更快乐，相信对学习也有帮助。"在我们反复地劝说下，小梦妈妈改变了看待孩子的方式。

校园里，我们发动全班同学，一起为小梦加油鼓劲。慢慢地，小梦妈妈也不再只盯着小梦的学习，每天晚上一家人聆听小梦练习唱歌。

"朱老师，你知道吗？爸爸妈妈也说我唱歌好听，原来我也有优点。"小梦一看到我就迫不及待地说道，脸上是掩不住的开心。

不出意料，小梦成功入选合唱队，每天风雨无阻参加早训。小梦的笑容慢慢多了起来，背也渐渐挺了起来。再提起小梦，大家第一时间想到的就是歌声悠扬的小小"百灵鸟"。

小小"百灵鸟"也需要展示的舞台。艺术节悄然来临，我们鼓励小梦尝试参加街头艺术秀。

"全校面前表演，我不行吧……"小梦又打起了退堂鼓。

"没关系，你试试，我们全班都去给你捧场！"

艺术节表演那天，穿着粉色的裙子，拿着话筒，小梦就像一只百灵鸟，婉转悠扬、清脆悦耳的歌声流进每一位听者的心田，也流进了小梦妈妈心中。

看着和以前判若两人的女儿,小梦妈妈偷偷把我拉到一旁:"老师,你不知道,我以前一直觉得女儿一无是处。我也知道孩子自卑内向,可不知道怎么办。"小梦妈妈哽咽着,"你让我看到一个不一样的小梦。"看着不远处沉浸歌唱的小梦,我们相视一笑。

此后,开学典礼表演、区合唱比赛……每一项活动都能看到小梦的身影,舞台上自信歌唱的"百灵鸟"一次次用歌声赢得掌声阵阵。

时间流转间,小梦默默地发生着改变,她文静的脸上笑容越来越多了,课堂上敢于发表自己的观点了,甚至遇到难题还会主动来提问了。

"他们真厉害!不过,我也不错!"小梦眼神坚定,脸庞上灿烂的笑容格外动人。

看着小梦自信飞扬的笑脸,我真庆幸面对不同的孩子时没有用一把尺子衡量,而是耐心走进孩子的世界,发掘闪光点。正如世界上没有一模一样的两片树叶,每个孩子都是与众不同的个体。正是这样,我们班调皮的小李成了信息世界里的"小编程师",内向的小陈也是运动场上自信的"飞毛腿",还有"小画家"小赵、"小书法家"小然……每一个孩子都能个性发展,找到属于自己的那一方天地,自信翱翔。

爱的秘密计划

张 婷

我们常常感叹，感叹许多人逐渐成长为了不起的人，却也逐渐把自己的情绪情感藏在心里。在印象中，一、二年级的孩子敢说敢做，他们喜表达，乐说爱，纯真且直接。可现实里，小小的嘴巴竟也会犹豫。

2020年的寒假很特殊，新冠肺炎疫情在全国多地爆发，道路封闭、停工停课、居家隔离……在这样特殊的背景下，平日忙碌的家长和孩子拥有了更多可贵的亲子时光。朝夕相处之间，有无数的快乐甜蜜，也有躲不开的烦恼摩擦。

那段日子，我们与孩子的交流也由线下转为线上，我们会每天通过语音或视频的方式和班级里的每一个孩子"面对面"地交流。

有一天视频连线的时候，我问孩子们："你觉得你的爸爸妈妈爱你吗？"他们不假思索地说："爱！"几双眼睛在镜头前映着亮闪闪的、坚定的光。我又问："你爱你的爸爸妈妈吗？""爱！"这回，有几个孩子抬高了点下巴，有一种自豪的模样，有几个孩子则微微低下了头，羞着笑着。"那你们会每天和爸爸妈妈说我爱你吗？""呃，没有。"几个孩子马上向后坐了坐，显出不好意思的样子。这一下让我愣住了，一年级正是孩子们最喜欢表达，最敢表达的时候，但他们在说爱的时候竟也会退缩，会觉得开不了口。如果这样下去，他们将来会更羞于表达，会把爱埋进心里，也会把更多的事情藏在心里。

于是我问:"那我们一起给爸爸妈妈准备个惊喜,表达我们的爱好不好?""好!"

于是,孩子们的"爱的秘密计划",就此开始了。

为了保守我们的秘密计划,后面几天的视频里,我和孩子们总是互相提醒,不让爸爸妈妈参与进我们的视频通话。为了这份秘密计划,孩子们分外小心翼翼,也格外投入。

既然是"爱的秘密计划",那孩子们眼中的爱到底是什么呢?

我在视频中问:"这个假期里,你和爸爸妈妈一起做了哪些开心的事儿?"小欣说:"我和妈妈一起做了一顿饭,特别好吃。"小谢说:"爸爸和我一起下围棋,他太厉害了。"小宸说:"妈妈和我一起剪视频做导演。"……可能,爱是陪伴吧!

我又问:"爸爸妈妈为我们做过什么事儿?"小桐说:"爸爸妈妈会送我上学。"小宇说:"爸爸妈妈会陪我运动。"小梦说:"爸爸妈妈会带我出去玩"小华说:"爸爸妈妈会给我买很多好吃的、好玩的。"……可能,爱是付出吧!

可能,爱是快乐,爱是感恩……孩子们渐渐意识到,每日陪伴在自己身边的爸爸妈妈其实都在用各自不同的方式爱自己。

于是,我们开始排练"爱的告白"。孩子们带着自己和爸爸妈妈朝夕相处的回忆,用稚嫩的语气开始练习那一句"爸爸(妈妈),您辛苦了,我爱您!"每每说着,他们还会不自觉地做出拥抱的样子,表达他们青涩却真切的爱意。一些孩子虽然最初有些羞涩,但在这爱的氛围中,也渐渐弯起了眼角,弯起了嘴角,勇敢地说出爱。

其实,与此同时,爸爸妈妈们也在准备着他们的"爱的秘密计划"。

在一次线上交流会的最后,我也问了爸爸妈妈相似的问题:"你爱你的孩子吗?"爸爸妈妈们听后,有的羞涩地点点头,有的轻轻低头微笑,有的小声说了爱。"你们会每天和孩子说我爱你吗?"有的爸爸妈妈红着脸说没有,有的爸爸妈妈不好意思地笑出了声,只有几个妈妈自信地说会经常和孩子表达爱。

于是，爸爸妈妈们的"爱的秘密计划"，也悄悄地开始了。

每一对爸爸妈妈都给孩子写了一封短短的家书：夸一夸孩子居家学习、运动、劳动、阅读的表现；赞一赞孩子在这个特殊的寒假中收获的成长与进步；说一说自己平时没对孩子表达的深深的爱……爸爸妈妈们也开始排练起来，他们对着摄像头录制视频，一遍又一遍，一回又一回。

一边是孩子们在偷偷排练，一边是家长们在偷偷准备。在这个彼此给对方准备惊喜的过程中，爱的泡泡泛着光，在这个似乎有些黯淡的冬天里闪耀起来。

在惊喜到来的这一天，我将每一组家庭的实时画面投放在视频的大屏幕上，大家沉浸在这一场特别的告白中。有的妈妈在分享之中落泪了，有的爸爸在告白之时脸红了……看着他们紧紧拥抱、不愿分开的身影，看着被亲到歪的笑脸，听着这一声声爱的告白，我也湿了眼眶。

朝夕的相处或许会带来一时的冲突与摩擦，但日日夜夜的彼此陪伴与共同成长也沉淀出了每一个家庭、每一对亲子之间深深的爱。当初因为亲子摩擦而焦虑的爸爸妈妈们终于舒展了皱起的眉头。居家学习的后半段日子里，我时常能看到不同家庭晒出亲子间快乐活动的照片与视频。从那以后，我们班的孩子们和爸爸妈妈们也变得越来越会表达爱，在每一个平常的日子里，爱都闪着光。

"爱的秘密计划"其实只是一次小小的活动，但在这样的过程中，孩子们学会了去发现身边的爱，可能是家人的爱、朋友的爱、老师的爱，也可能是陌生人善意的表达、好心的帮助，他们感受着爱与被爱。孩子们也学会去表达爱，在每一个节日，甚至每一个平常的日子里，他们都会勇敢说出自己的爱，他们学会感恩，乐于表达，用爱的目光关注身边事，用爱的心意关心身边人，表达爱，把爱传递下去。

架起心灵的桥梁

沈晓红

随着网络的迅速发展，我们不无担心地看到有些孩子因为好奇心强，缺乏自制力，在网络中寻找归属感，成绩一落千丈，亲子关系日渐紧张。

都是上网惹的"祸"

一天傍晚，小Q的妈妈发微信给我，说儿子近来做作业，老想要查百度完成，还说老师同意查资料的。也有其他家长告诉我，小Q在深夜十一二点还在网上发表情，有时还在玩手机游戏——王者荣耀。

原来都是网络惹的祸呀！怪不得这段时间小Q的作业拖拖拉拉，书写马虎，成绩明显下降。小Q是一个聪明的孩子，见识广、思维活，对信息技术有着浓厚的兴趣。可是，爸爸妈妈都各忙各的，无暇顾及孩子，他从小是爷爷奶奶管的，妈妈在他四年级时才"接手"管他，根本不知道怎么管，孩子忽悠她要用手机查资料。结果呢，查着查着就去玩游戏了。

网络是一把双刃剑，它在提升信息技术的同时，让不少孩子没能抵挡住网络游戏的诱惑，深陷其中。凭借以往的经验，如果苦口婆心地跟小Q讲道理，指望他自己顿悟，可能性不大。加上父母管得又少，我与家长多次沟通，提醒他们不给他手机，小Q不听劝阻，还跟父母闹情绪。

这种方法只能激起他的逆反情绪,怎么才能让他戒掉网络游戏瘾呢?我沉思起来。

电脑技术为我所用

一天下午放学后,我找到小Q说:"听说啊,你的电脑技术很不错,你看这两周我们的行为规范的评比表用完了,你能帮助老师重新设计一下吗?"小Q非常爽快地说行!

我打电话给小Q的妈妈,晚上让他作业做完,帮助设计一下电子表格。

第二天,小Q就把设计好的电子表发给了我,我一看不愧是电脑高手,设计得合理又周到,评比的栏目更详细了,"午餐光盘""抽屉卫生"等内容都放入其中。下午的围圈分享的时间到了,我对于小Q进行了大大的表扬,告诉大家,非常感谢小Q同学帮助老师进行了行为规范评比表的制定,大家不约而同地鼓起掌来。我又说很多家长反感孩子玩电脑,但是看小Q他能用自己掌握的电脑知识为大家服务,真得很棒,让电脑为自己所用,不像有一些孩子只知道玩游戏,要向他学习哦。此时我悄悄地关注小Q的神情,他已经涨红了脸低下了头,我想此时他的心情是复杂的,有兴奋有自豪,当然一定还有惭愧。他正在自我反思,定会逐步成长。

临近期末,事情也特别多。休业式的时候还要进行表彰活动,那天下午我就对小Q说,马上要进行休业式了,能不能帮忙做一张表彰用的PPT呀? 就是把各个小海燕奖项、姓名做成PPT。他一口答应"没问题"。果然,第二天又拿出了色彩明丽、很有仪式感的休业式灯片。几个家长悄悄地告诉我晚上小Q已经很久没有在网上出现,他不上网。

运动音乐争相陪伴

事情有了转机之后,我和小Q的爸爸通了电话,希望这个时候父亲能多和孩子玩,玩什么?打篮球、打乒乓球……用运动转移网络游戏兴趣,爸爸听取了孩子的意见,于是和他一起每周练两次乒乓球。他对儿子说,两个人要进行比赛,还要对打,看谁打得好。后来他为了超越爸爸,不断地花时间练习,也越来越享受这种进步的感觉。小Q的奶奶是老年合唱团的主唱,小Q从小耳濡目染,喜欢唱歌,音色也不错,还是校合唱团的成员。我鼓励他重拾尤克里里,边弹边唱,还让爸爸把他练习的一曲《贝加尔湖》放在班级圈,大家纷纷为他点赞、留言,这种开心和幸福是超越网络游戏的一时快感的。有了运动和音乐陪伴,找到一种更加持续更加令人兴奋的快乐时,他自然放弃了那些低级的快乐,自然而然地摆脱了手机的控制。除了运动和音乐,每周还安排适当的家务劳动,让小Q为家人做美味的佳肴……

　　孩子沉溺游戏,千万不要一味地责备孩子,大人都没有自制力戒掉手机,更何况孩子呢?我们需要的是站到他们身边,陪伴他们度过困境。这是一个全社会性的问题,需要我们共同来关注。这也是一个刻不容缓的事情,千万不要觉得这个事情概率很小,玩手机的孩子很多,不要等到他们上瘾之后才后悔莫及。

坚定理想奋发向上

　　又到批改心情日记的时候了,我发现小Q的一则心情日记很不错,他说自己将来要成为网络程序员的愿望,这是他由来已久的理想,最近不断获得的成就感让他更加坚定了自己的理想。理想和信念真的是一个人奋发向上的动力源泉呢,最近又在自学编程。我看时机成熟了,可以跟他谈谈游戏的事情了。放学后我让小Q留下来,我拿着他的心情日记本表扬他找到了自己人生发展的方向,通过自学就能掌握一定的编程技术,计算机方面的天赋超过了一般人,前途不可限。我还告诉他,要想将来能够成为优秀的出色的网络培训师的话,必须要有优秀的成绩。小Q听了以后对我说,老师,我知道了,我以后也会控制自己不玩游戏。当初知道小Q玩网络游戏的时候,我并没有直截了当指出他的错误,而是绕了几个弯,激发了他内在自我教育的力量,让他更信任老师,也让他在班级中实现了自我价值,积极向上,效果也是事半功倍的。

窗外的紫薇开得正好,阳光里,细细碎碎的花瓣,粉红的、淡紫的,紧紧簇成微笑的一团,吐露着我心中一种不张扬的喜悦。

点亮童年

美好，总会悄然而至

徐 聪

有一种相遇不是在路上，而是在"心"里；有一些美好不在于遇见，而在于寻找。在小Y的身上，就藏着那份在遇见中寻找到的"美好"。

两年半前，她还是那个"隔壁班"的孩子。因为俱乐部活动，给我们来带了一段短暂而又奇妙的"师生缘"。初次相遇，就被她那甜美的笑容所吸引。小Y的课堂听讲习惯非常好，但不善于表达。12次活动，720分钟，除了"被"请到发言之外，她不怎么说话，也不喜欢与同伴交流，总爱享受一个人的独处时光。

相遇的这段时光，让她成了"隔壁班"里我最熟悉的那个人，这也是"美好"的起源。两年前，小Y从"隔壁班"的孩子，变成了我们班的孩子，我即将成为她最熟悉的"接班"人。

接班后的第一次家访，让我记忆犹新。在整个家访过程中，小Y没有一次主动向我表露过自己的想法。每问一句，她总是会看看爸爸妈妈，过了一会后再用及其精简的"嗯""好"或是点头来回应。性格、学习等各种因素掺杂在一起，让她不敢也不愿意更多地表达自己的想法，当然这其中也包含着一丝"害怕"。庆幸，我是她最熟悉的"接班人"。

找到"人"，找准"点"……我开始制订起心中的"Y计划"。

找谁呢？当然是最得力的"盟友"啦！爸爸在家庭教育中是一位主导

者,妈妈是一位非常好的执行者。通过不断地沟通、探讨,爸爸妈妈决定先从"理解"孩子的困难开始,多些包容,多些肯定。在不断地摸索和改进中,他们渐渐找到了适合小Y的方法:创设良好的学习环境,减少干扰,再配以无"声"的陪伴;父母是孩子最好的榜样,以身示范,用"爱"助行;以家庭"展示"为平台,增加赏识教育的频率。

和"盟友"的配合越来越默契,激励的切入"点"也来得刚刚好。

一场"疫情"拉开了居家学习的大幕。小Y的"生长"也迎来了黄金期。在最开始的一对一视频连线中,我们常常"冷场",很多时候需要一旁的妈妈来教她怎么说、怎么做。发现问题后,我就寻求"盟友妈妈"的支持,请她在给孩子调试完设备后暂时光荣"退休",退居二线。让小Y在特定的情境中,由"被动角色"转化为"主动角色"。鉴于孩子喜欢写作、想交朋友的情况,后面几天的连线,我会给她安排不同的活动,多找几个"听众"。同学、妈妈、老师一起听她读习作;我们一起聚焦"疫情",举行一场场小型新闻发布会……通过这些活动,还让她收获了几枚小粉丝呢!在互动交流时,我也适当"示弱",给予小Y更多的话语权。"这题老师要想一想,你想出来了吗?""这么快答出来了,你是有什么小妙招吗?"每一次思考和表达,都是小Y自己慢慢进步的过程。我寻找的"美好",开始有了雏形。俯下身子,走近孩子,理解孩子,我们就能找到他们的"生长点"。

校园,一定是最有故事的。我相信,孩子一旦找到自己的"生长点",就能把他的能量都激发起来。见小Y喜欢用笔记录下自己眼中的"美好",我就顺水推舟,和"盟友爸妈"一起鼓励和推荐她参加各类征文活动。看到自己的文章在校报上刊登时,我欣喜地发现她的眼眸中闪烁着耀眼的光芒。艺术节中,鼓励她积极申报个人画展。看到她落落大方地向每一位参观者介绍了自己的绘画作品时,我知道"美好"又开始了。课堂上,你总能见到她高高举起的小手;舞台上,你会看到那个光彩照人的她;悦读节活动时,那个最美的书香家庭中又有她的身影……

每个孩子的"生长点"各有不同,让我们携手同行,助力孩子成长。我

点亮童年

相信,有了"盟友"的助力,找准"激励"的切入点,属于孩子们的"美好"还在不断发生。

  静是无言,花亦待开,等待慢时光下的绽放。美好,总会不期而遇。

  时光不语,花开不止,携一缕时光相伴成长。美好,定会悄然而至。

战胜困难就是超越自我的起点

郭 祥

"只要想起一生中后悔的事,梅花便落满了南山",我把《镜中》的这句诗念给小L,她满意地笑了,羞红了脸,作势要打我。每当小L拿出她"小公主"脾气撒娇,不愿意写作业、不好好读书,我就把这句诗念给她听。这时候,小L就会开开心心地跑去写作业了,这是我们两个人约定的秘密。

一年前,小L刚上小学,面对小学里全新的作息时间,全新的学习状况,全新的生活环境,一点准备也没有,产生了入学适应困难。

作息时间是一个大挑战,晚上不愿睡觉,早上赖床又害怕因为迟到被批评,几次在门口哭着不肯进学校。保安师傅连哄带骗地把她带到我身边,看到我就噘着嘴流泪,委屈得仿佛世界都要毁灭了。同时,学业也是很大的挑战,小L小肌肉发育不够好,写字总是拖到最后,读课文时更是磕磕绊绊、疙疙瘩瘩。

状况百出的小L太需要人帮帮她了,但是弟弟才三岁,妈妈更多的精力都花费在弟弟身上,无暇更多顾及"大公主"。

L妈很着急,我和L妈沟通支招,一方面让妈妈在照顾弟弟的同时,也要给予小L陪伴。另一方面让妈妈给小L讲人体生长的知识,让她明白早睡早起的重要性。在周末,妈妈和弟弟陪小L一起参与制作作息时间表,共同绘制了一张打卡表格,约定了每天上床时间;妈妈还和小L一起读绘本《晚安,月亮》《不睡觉世界冠军》等绘本故事,在感受亲情的同时体会早睡的好处;等早上起床时,妈妈会用一个甜蜜的吻唤醒她,给予情感支持和鼓励。

同时,面对小 L 学业上的困难,我要想办法帮她解决。我利用中午空闲时间或放学后把她稍微留下来一会儿,帮她把当天的课文读熟,生字练会,还会把第二天的课文也读熟。这样,原本回家要花费一个多小时的课文朗读,十分钟不到就完成了。早早睡觉,早早起床,小 L 再也没有迟到过,也越来越喜欢上学。

好不容易熬过了入学适应期,十月份要进行"一分钟跳绳检测",这件事又让小 L 生气又难过,因为小 L 怎么也跳不起来,每次没跳几个,不是绊到脚,就是打到脸。

在一次跳绳时,小 L 生气地把绳子丢在地上,难过地表示再也不要跳绳了。"你觉得哪里不好呢?"我问她,"脚总是会挡住绳子,绳子又会打到我的脸!"小 L 沮丧地说。"你瞧!"我笑着说,"跳绳是全身配合的运动,刚开始学的时候,你的手、脚和绳子还很陌生,它们还不知道怎么配合,作为小主人,你得让它们相互熟悉起来呀。"

"那该怎么办呢?"小 L 觉得我说得既有意思又有道理。

"你可以先让脚休息,试试手和绳子的配合,像我这样。"我说着拿起一根备用绳,一剪为二,甩了起来。"这个简单!"小 L 高兴地拿起绳子学着我的样子,一前一后地甩起来。"绳子听话了!"小 L 高兴极了,一口气甩了二十多下。

"接下来该怎么办呢?"小 L 又犯难了。"还需要谁和谁配合呢?"我尝试着启发她。"手和脚也要配合好!"小 L 略一思考便想到了:"现在我只练手和脚!"说完她拿着绳子,一边甩手,一边向上跳。

看着小 L 分开练习得不错了,我鼓励她拿起绳子试一试。"现在,拿上自己的绳子,像刚才练地那样跳,预备——开始!"

"郭老师,我跳起来了!"小 L 兴奋极了,虽然跳是还不够快、不够多,但是小L已经很开心了。

此后,小L一有空就开始练习跳绳。慢慢的,小L一天比一天跳得熟练,跳绳检测当然也顺利过关了。同时,伴着小L一天天地进步,班里掀起一股比赛跳绳的热潮。

渐渐地,小L变了,她每天早早来到学校,她的课前准备做得又快又好,上课善于倾听、积极发言,每个老师都很喜欢她。现在,小L经常主动要求留下来,我在办公桌前处理事情,她一遍一遍不厌其烦地读课文、写生字、练跳绳……

小L对我书桌上的书很感兴趣,我就把书上的故事念给她听,别看只是一年级的小不点,他们对文章会有自己的想法。《镜中》就是那时候读的,当读到"只要想起一生中后悔的事,梅花便落满了南山",她的眼睛亮了,说这句诗好像就是专门写她的。我趁机说:"那不妨把这句诗作为咱俩的秘密口令,以后你要做让自己'后悔'的事时,我就赶紧把这句诗念给你好不好?"她很开心地答应。

孩子成长过程中,会不断遇到困难:拼音字母既不好认又不好拼;数学算式的含义太复杂,绕来绕去说也说不清;跳绳太难,跳上几十个就累得不行……这些困难,就像石头,当孩子没有战胜困难的信心,缺少坚持不懈的决心时,它们就会变成一块块绊脚石,阻碍孩子的成长;当孩子勇敢面对,积极挑战时,它们就成为成长路上的铺路石,帮助孩子走向更远的远方。我们需要正确引导孩子面对困难,使其成为孩子超越自我的起点,当我们再回头时,那个过程又是多么美好啊!

看到你笑,我很幸福

吴凌放

七月,在家访中我认识了A,一个高个子的小姑娘,不爱说话、喜欢粘着妈妈、不喜欢靠近爸爸。而妈妈则是雷厉风行,说话妙语连珠,不停地夸张A是一个懂事文静的孩子。同时也实实在在说她有点害羞,不喜欢与陌生人交谈。

来到幼儿园前两周,当小朋友还在哭哭啼啼喊着妈妈的时候,她就看看同伴,没有大哭。当老师靠过去和她说话,她多次习惯性地向后退一步。然后找到一个角落站着。当小朋友开始小组游戏,她独自走到场地边。一旦有老师和小朋友靠近她,特别是男老师和男孩子,她立马转身走开。不管男孩子怎么热情地想和她交朋友,她会使劲地挣脱开小手,就会重复说一句话:"我不要牵手。"

很长一段时间,她一直保持着躲在角落看着身边老师和小朋友的状态,从来没有看到过她的笑容。经过最近长期的关注,我意识到A不仅仅只是因为陌生的环境与同伴不能友好交往。于是,我尝试以下方式,希望能真正帮到A小朋友。

1.家园沟通,全面了解

看着A每日孤单的身影,我非常心疼。我意识到自己需要第一时间从家长这里了解A的成长环境和对待身边人的态度。于是,我主动打电话约谈爸妈。开始妈妈表示自己最近在国外，不能很快回来。我没有放弃，再次电话交流。妈妈被感动，说需要延后几天，我耐心等待。我在电话中阐明自己想面对面交流，是因为我很希望能帮到A尽快融入新集体。我能理解爸妈平时都很忙，但是孩子的教育不能等。我们老师和父母的责任不能等。或许妈妈被我的某句话触碰到心灵，她表示自己会赶紧调整工作，尽早安排来园做深入交流。

我感受到A妈妈还是非常希望孩子能有进步的，也极力配合着老师的工作。为了能高效地进行此次面聊，赢得家长的信任，我做了以下准备：以照片或视频的方式收集A日常在园的生活、学习、同伴交往等画面。我想通过本次面谈能了解到A在家各方面表现；了解家长日常陪伴A小朋友的方式；如何缓解A在新环境的不适应等。

果然，爸妈如约来到幼儿园。我先具体表扬A小朋友在园优点，例如能较好地控制情绪，每天坚持来园；很独立，自己能做的事情都会尝试去做等。于是，爸妈逐渐地开始与我聊进一步的话题。原来A从小是司机和阿姨照顾，他们无时无刻地盯管，让A基本失去和陌生人接触交流的机会。A爸妈让孩子不跟陌生人交流的教育理念根深蒂固。这意味着A上幼儿园是她人生中第一次接触较多的陌生人，她要重新认识周围的一切。

2.家园携手，温情陪伴

A爸妈的工作状态很忙，A日常陪伴几乎不是直系亲属给予的。A阿姨、司机宠着她，随叫随到。这都让她不习惯与其他陌生人进行交流和交往。我希望A能和其他小朋友一样爱笑，享受幼儿园的快乐时光。

了解到A家庭的情况，我尝试着给家长进行"盯梢"式指导。每次活动开始前，我先将通知发给A爸妈，让他们有时间准备。努力邀请家长参与到孩子的活动中，让A不再孤单，不再因为爸妈没有配合而感到内心的失落和伤心。在游戏中，当A离开小组幼儿，我会牵上她的小手和她一起游戏。渐渐地，我发现她开始与女孩子牵手，看到她会笑。持续了一段时间，我又欣喜地发现她开始接受男孩子的邀请,游戏中看到表情放松了。

在活动中,观察到她皱眉头、眼睛注视同伴的时候,我会靠近她,及时给她帮助和支持。我还会引导同伴和她一起制作完成一个作品,大声地表扬。渐渐地,温情陪伴,让她开始爱笑了……

3.持续跟进,点赞成长

看到A每日的改变,我与家长的沟通交流更密切了,每日和他们交流A在园的具体表现和欣喜变化。借助照片、视频的形式,直观地反馈A在集体活动中开始靠近群体,喜欢与同伴交流,喜欢接受建议,喜欢表露情绪。听到电话那头家长的那句"感谢",我们的心更近了。爸妈更加重视A在园的各项活动。妈妈擅长绘画,她开始每天坚持用画的方式记录她的变化。爸爸用讲故事的方式夸赞A的进步。他们还一起制作了一张张"A成长记录单",为A的进步表现及时点赞。

转眼,A即将大班结束。现在A爱笑了。A爸爸感受到A开始主动靠近自己,A越来越习惯爸爸来接送她回家,逐步摆脱了司机和阿姨的接送。妈妈尽量把事情挪到白天完成,争取把晚上的时间留给自己的孩子。即使真的实在太忙,会主动向A小朋友说明一切,让孩子理解妈妈的辛苦。

节日活动依然如火如荼地进行着,每每发消息给爸爸妈妈,他们已经有意识提早准备。在节日活动中,A感受到自己的准备很充分,越来越享受活动的幸福感和满足感。只要是幼儿园和班级的活动,A的爸爸妈妈都积极参加,提前安排好工作,做到孩子的幼儿园生活不缺席。

现在A每天来园很早,主动牵手老师一起游戏,每天能看到她的微笑。不知道从什么时候开始,她上课的举手积极性越来越高,越来越独立、自信。

为期三年的努力,在爸爸妈妈的配合和支持下,我们一起见证了A的进步。每一个孩子都是独一无二的,只要我们做用心的老师,关注孩子的成长需求,家园携手共进,助力孩子全面成长。

做孩子心灵的守护者

邹静雯

在每年的九月,幼儿园都会迎来一批小天使。他们要迎接新同伴、新环境、新生活、新成长……这一连串的"新",是令人欣喜的,因为小班幼儿将要走进一个全新的世界。同时,这一连串的"新",也令人担心的,因为他们要迎接一次分离。

虽说分离焦虑是一种正常现象,但每一个孩子的哭声都深深地揪着我的心。经过一段时间适应,大部分孩子都已经适应了新环境,可是有一个小女孩却一天比一天哭得厉害,一次比一次抗拒幼儿园。她叫小T,是一个有着乌黑头发,大大眼睛,像洋娃娃一样漂亮的小女孩。根据值周老师反映,很多个早上小T都会躲在幼儿园门口的一棵大树边偷偷哭泣。偶尔,小T也能够自己走进班级,但是进了教室以后,小T就会躲在自己的收纳柜门口,不参与任何活动。还有几次,小T水壶忘记带了,妈妈把水壶送来教室,小T一看见妈妈就坐在地上,紧紧抱住妈妈的脚不肯松开。当幼儿园举行活动,其他小朋友妈妈前来做活动志愿者时,小T又会一个人躲进自己的收纳柜里偷偷地哭泣。

小T的分离焦虑如此严重,我看在眼里,疼在心里。于是,我努力找到小T分离焦虑的原因。在平时一日生活中,我用一个小本子专门记录小T的心情变化。当小T开心时,我将能够让小T开心的因素记录下来;当小T

不开心时，我也将小T不开心的原因记录下来。在日常观察的同时，我也及时与小T妈妈进行沟通交流，全面了解小T在家的具体表现和成长环境。原来小T有一个两岁的弟弟，小T妈妈肚子里又怀了三胎即将要临盆。加之，小T爸爸常年在外地工作，没有办法陪伴小T。我在与小T的一次谈话中发现，两个弟弟的出现让小T对自己"家庭地位"产生了深深的担忧。爸爸妈妈的"忽视"，让小T情绪管理和语言表达都受到了影响。

得知了小T分离焦虑的真正原因后，我及时与小T爸爸进行家校合作。在向小T爸爸反馈问题的同时，我也与小T爸爸达成了几点共识。小T爸爸决定增加每周回家时间，将周三定为家庭日，每周三晚上小T爸爸会和小T一起烹饪晚餐、做家务、玩游戏。每个周末小T爸爸也一定会抽出一天时间带着小T一起到大自然里走走看看。小T的爸爸妈妈也反思了自己对小T的"忽视"。家里孩子越多越是要一碗水端平，虽然小T是家里最大的孩子，但是也不能忽视小T一些细微的心理变化。在学校里，我常常抱着小T一起阅读绘本《我当大姐姐了》《你们都是我的最爱》《我会有个弟弟吗》等，我用绘本故事帮助小T减少对弟弟的抗拒，让小T对新的家庭成员产生更多期待。在潜移默化中，突然有一天，小T对我说："我觉得有两个弟弟也是一件挺开心的事情。"

在我和小T爸爸妈妈共同努力之下，小T现在每天都梳着漂亮的头发，睁着自己洋娃娃一样的大眼睛，一蹦一跳开心地进入校园。在教室里，小T也常常会来和我聊天分享自己的生活和心情。小T与幼儿园里很多小朋友和老师都成了好朋友，上幼儿园也成了小T最开心的事情之一。

与家长一起努力，帮助孩子更好地成长。看到小T每天的进步和成长，我的开心一点也不亚于她的爸爸妈妈。作为一名幼儿教师，我既要给孩子妈妈般似水的爱，呵护孩子成长，做孩子心灵的守护者；也要给予孩子成长的机会，鼓励她迈出第一步。

第七篇
血色青春·青春是用来奋斗的

青春少艾
奋斗正当时
在崇文人眼里
正青春的可不仅仅是年轻人哦
怀有对教学工作满腔热情的你,是一位正青春的崇文人
怀着对孩子满心爱意的你,是一位正青春的崇文人
殚精竭虑、夙兴夜寐思考怎么开展好学生活动的你,是一位正青春的崇文人
……
看青春永驻的"崇文铁军"
如何书写属于青春的奋斗篇章

点亮童年

用青春书写崇文故事

曹林方

"啪",黑幕下的灯光点亮,四个小厮登台,台词未说,动作已经出彩地抓住了观众的眼神。"………这不正是刘姥姥吗?"灯光打到舞台前侧,伴随着台下雷鸣般的掌声,此刻,专属六(7)班的毕业汇演拉开帷幕。

时间再往前推?三个礼拜前是"六年级毕业汇演"的集中排练。再往前呢?嗯嗯,从头说起,才能说清我这个体育老师与这幕剧的渊源。

9月,我这个专职体育老师,受命成为本校六(7)班班主任。12月文艺节上,六年级的主题是"重读经典、演绎经典",孩子们选择了《红楼梦》,主动要求排演书中《刘姥姥进大观园》这幕戏。我对《红楼梦》的印象就是"天上掉下个林妹妹",不用说,我对剧中的角色和演绎角色的学生,同样知之甚少。准备的时间很紧,似乎前一夜我才揣摩明白人物台词背后的背景,第二天孩子们就要在文艺节上表演了。排练时我这个"焦头烂额"的导演,指导得时好时坏,上场时孩子们自然也演得慌里慌张,这次演出虽然没有惊吓,但是也毫无惊喜!

时光飞快,我担任班主任超过半年了,朝夕相处中,对每个孩子性格逐渐了如指掌。3月,收到毕业汇演"戏剧之夜"的任务时,不知是谁在班里提出建议,"曹老师,这一次我们还是演《刘姥姥进大观园》吧!""书中写得确实好,要是根据我们每个人的个性来创新改写剧本,会演得更出彩!"大家七嘴八舌。"不如我们都上场！"没想到经历了上一次文艺节的小挫败，孩子们竟有了意料之外的默契，纷纷附议要"一雪前耻"。面对先前的"一败涂地"，孩子们愿意"重起炉灶"，我自然大力支持。

孩子们争先恐后地"抢"起了角色。如何才能选出最符合角色的小演员又不打击孩子们参与的热情呢？我决定以竞选的方式进行。把选择同角色的孩子分为一组，自主研读剧本，通过"个人角色大比拼"，既能让每个孩子提前"过把瘾"，又能在比赛的氛围下深入挖掘角色特点，一举两得！

为了成为角色竞选的合格"裁判"，我这个体育老师开始细读《红楼梦》，向"红学专家"靠拢。认真厘清大观园里的人物关系，揣摩人物性格，制定合理的"角色竞选标准"。研究闲隙，我还深入各个角色组，和孩子们一起推敲台词的语气、讨论表演动作与神情。通过角色对读，小L一句千转百回的"老太太"，念出了王熙凤的泼辣专横、八面玲珑，让我也对剧本有了全新的理解，当然也启示了其他同学思考如何更好地演绎角色。我有时也会参与表演，虽然一个体育老师的拙劣演技常被孩子们笑话，但在笑声中，慢慢地我们的讨论更自如自信了……

教育戏剧大师道格·奎恩说："戏剧可以塑造和发挥每个学生的潜力。"短短三周的排练中，通过自由开放的沟通交流，我充分授权和认可孩子们思维碰撞的成果，孩子们也认可我的示范与指导，在彼此亲近的同时我忍不住想"嘚瑟"：懂"红学"的导演和体育老师才是一个好班主任。

此刻，音乐厅舞台上的原班人马又经过了三周排练。嘴皮子利索又压得住阵脚的小X，一气呵成地念起了旁白，大方得体地开了场。刘姥姥和板儿嘻嘻闹闹地登了台暖了场。板儿未入豪府前嬉皮笑脸、见到王熙凤立马吓得躲在人后；见到珍肴玩具又无所顾忌、两眼放光，活脱脱一个调皮可爱的乡野儿童，台下观众被逗得捧腹大笑；刘姥姥夸张到位的表演也赢得喝彩：一个年过七旬老人，带着五六岁的外孙，出现在荣国府大管家的屋内，窘迫与尴尬通过小F弯腰弓背的身体语言展现出来………

台下观众雷动的掌声让我回神，孩子们的生动表演得到了大家的赞赏，毕业晚会完美收官！这次红楼之旅，让我学会了倾听孩子们的声音，探索学生的潜力，也摸索到了解决问题的一些教育方法。我想，正是因为我作为年轻人的探索心焰仍炽，关心爱护学生的初心不忘，我和我的孩子们才能完成这不曾想、不敢想的事情！

坚 守

罗 靓

　　大学毕业后到崇文工作，我怀揣最朴实的梦想，付出最真实的努力，崇文如同母亲，温柔陪伴我十二年。我是崇文踏实肯干的一员，亲历崇文的变化与发展，我在成长中的蜕变，崇文见证之余，更给予我动力与底气。

　　2014年，我完成了人生重要身份的转变，成了"孕妈妈"。又在这一年，我第一次"荣升"四年级一个班的班主任。激动兴奋之余倍感责任重大。四年级，首先要面对的是区体质抽测。班里孩子的体质整体比较弱，小病小痛时有发生，运动能力也不强，若是代表学校进行体测，成绩肯定不理想；而家长们也很希望我这个新班主任的到来，能够改变现状。双重压力让我很焦虑，像个没头苍蝇开始想办法：

　　"每天放学后集体训练半小时，怎么样？""好多孩子放学后有俱乐部要参加，很难集中训练啊！"

　　"体育课主攻体能训练可不可以？""35分钟不能都是体能训练吧，各项运动技能都要教的。"

　　"中午午间活动的时候训练可行吗？""刚吃完中饭，孩子们需要的是闲暇时光放松放松，饭后运动对身体也不好！"

　　"跟体训队一样，晨间训练行不行？""孩子们都是吃完了早饭来上学，早饭还都在胃里呢就开始跑步，那怎么能行！"

点亮童年

一个个想法被否定，一稿稿方案被推翻，距离体测的时间也越来越近了，我的紧张焦虑情绪越来越重。在多番协商、权衡利弊后，我最终还是决定开展早训这一方案：体育老师不能参与我们的早训指导，只能由我这个"菜鸟教练"顶上。再三请教训练技巧与要点后，我的教练角色便"荣耀"登场了。

尽管事先与全班家长做过沟通，但问题还是层出不穷——担心孩子身体吃不消，担心早餐问题，担心学习精力等等。我积极与家长沟通协商获取支持信任，也及时对学生管理和运动强度做出了调整——孩子们早餐少吃些，可以带适量点心到校，早训结束后统一就餐。集中高强度运动孩子们吃不消，就变成低强度高频次的训练。

慢慢地，家长们的反对声消失了。孩子们也适应和习惯了每日早训，他们越来越积极，训练也能全身心投入了。我心中的大石头总算落了下来，踏实了不少。

当一切都顺利进行着的时候，新的问题又出现了。作为教练的我每日站在操场上又是喊口令又是吹哨的，引起了许多身边人的关注。大家对我的身体状况很是担心，毕竟此时的我已经怀孕6个月了。

我与家人商量，家里人都觉得现在应以身体为主，尽可能减少这样的激烈活动，可就此放弃又让我心有不甘。找不到答案，我又和班里的孩子们商量。

"罗老师，您还是好好休息，我们自己能行！"班长首先发言。

"对，我们都四年级了，能自觉训练，您就放心吧！"体育委员拍着胸脯喊。

教室里窸窸窣窣地小声议论开了。

"可是有您在我们才有动力啊！"前排传来一个弱弱的声音。音量不大，却足够清晰。教室里一下子安静了下来。孩子们都盯着我，他们在等我的答案。我一下子明白他们的豪言壮语不过是让我放心，可那热切的目光让我顿时明白他们需要我！

教室里安静极了,静得每个人的呼吸声都那么清晰。我好像一下子就不纠结了:每天乐此不疲地"蹦跶"在操场上,让我"活力满满",一切孕期的不适都离我远去。没有太多的思索,我平静地对着全班说:"大家能克服一切困难参加早训,我也应该向你们学习啊!要不然怎么好意思称自己是咱们班的'领头羊'呢!"话音刚落,孩子们一阵欢呼,难掩内心的激动。前排那个小个头冲上来抱着我的肚子,温柔地说:"小宝贝,我们一起加油!"

此时的我忽然明白:我和孩子们是一个共同体,他们的成长需要我的陪伴,我的守候需要他们的回应。

我和孩子们的约定一直进行着,尽管后来我们班并没有被抽中参加区体质测试,但我们一起坚守着每日清晨的这份约定:享受清晨阳光奔跑跳跃的感觉;一起流着汗相视一笑的画面;互相打气、加油鼓劲的情谊;哨音响起,奋力一搏的激情。因为热爱,便有无穷力量为之坚守!孩子们如此,我如此,崇文亦如此!

点亮童年

做一颗不生锈的螺丝钉

吴丽明

从1990年踏入小学校园,匆匆间,从教已三十年有余。很惭愧,与同辈的名师名校长相比,我没什么成就,也没有获得什么拿得出手的荣誉。值得回忆的,就是工作的经历很丰富、很快乐。我教过除科学、信息技术外的所有学科,除了没做过校长,其他管理岗位都干过。

2008年,我到崇文实验学校挂职。刚到崇文,就安排我到二年级担任包班班主任、全科教师,那个班就是老崇文人都知道的"四小金刚班"。当我知道这个班的数学老师就是被这几个孩子气走的时候,心理压力很大。我想了解孩子,取得家长的认可,是解决问题的关键一步。我的好配班小吴老师整整一个暑假陪我家访。开学后,在年级组长和老师们的大力帮助下,通过期初家长会、家长开放日、上公开课……我的工作得到了家长的认可和孩子的喜欢。

第二个学期,因为组织需要,我临时代理年级组长,这是学校行政团队给予我的最大信任。挂职就是来尝试新事物的,我欣然接受。崇文倡导携手共进、团结进取的组织文化,组内老师们非常支持我的工作。我印象最深的是一次将跑、跳、投项目结合起来的实践活动。当时八个班的孩子和老师集齐操场,加油声此起彼伏,孩子与老师那个激动开心啊!期末结束时,学校召开教学工作会议。会上,教导处李老师和我说:"你们班数学进步很大，和其他班差距很小了，真的好！"其实，我知道和其他班还是有差距的，但是李老师的一句话，让我感受到学校的肯定，令我信心倍增。我崇文的第一年，收获了信任和自信。

2009年9月，刚熟悉年级组长工作的我，竞聘为学校办公室副主任。新岗位还没熟悉，学校就交给我编写校庆十年纪念册的任务。这任务对于一名新崇文人来说，困难是巨大的。我走访老校长，查阅档案，找老师访谈，翻遍校园网所有通讯报道，百度所有与崇文有关的新闻，渐渐勾勒出崇文的历史轨迹，选定一百多件大事记，再到终稿确定为35件。写文稿，找照片，改设计，校文字，整整三百多个日子，不知道放弃了多少休息日，也不知道度过了多少不眠之夜。这次经历，让我对崇文文化理解更加深刻，也更热爱这个学校，体会到一颗崇文螺丝钉的幸福。

接下来的几年，我的工作岗位一直在变化，从校长助理到分管党务的副书记，到分管后勤的副校长。我从没因为工作任务重而烦恼，也没因为工作多而推诿。我觉得无论在哪个岗位上，都要做好一颗螺丝钉，要钉得牢靠，要钉得实在。

2019年3月，同年级数学王老师产假，一时找不到合适的老师代课。行政会上，两位校长讲到这里时，向我投来期待的目光，就一个眼神，我就接了这个任务。为什么会再接一个班的数学，这就要从我到崇文工作的第二年谈起。2009年，我继续教三年级两个班的数学，同班的班主任语文高老师因事请长假，我就代班主任，语文老师当时找不到，俞国娣校长主动提出来上语文课。上率下行，给了我深深的教育。那段时间，我担任行政后勤副校长、党委副书记，还教着五(7)、五(6)两个班的数学课。不敢说每天最早到校，但绝对是最晚回家的。忙完教学，心里踏实了，再到办公室忙学校行政工作，每天披星戴月。暑假，我以为五(6)班数学教学会还给王老师，自己继续带熟悉的五(7)班，多顺手啊！可教导主任鲁老师又找我了，说六年级了，你又要换个班教了。我愣了一下，这也太挑战了吧。但我依然坦然接受，我想学校一定有学校的考虑。六(1)班学困生多些，我做起了

"特需生"导师,缓解学生情绪,顺应学生思维适当点拨,抓住关键减少机械重复。一年后,我的这批孩子也很令人满意地毕业了。

做老师三十年,做崇文老师十三年,我很幸福,也很满足,相信每一段经历都不会白过,每一次痛苦都值得回味。有很多人和我说,你如果待在原来学校,资历有,又轻松,这么辛苦干嘛呢?我说,我在崇文的感觉是累并快乐着!即使是一颗不起眼的螺丝钉,也感觉幸福更多!

35节微课的故事

鲁哲清

去年疫情宅家的那段时光,在崇文教育集团党委开展的"我是党员,战疫当前"的系列活动中,发生了许多美好而难忘的故事。

停课不停学,如何开展线上教学,对于学校教学部门来说是一个需要探索的难题。在集团中心的牵头下,我们开始研讨并开发海燕翱翔课堂,教学方式也不断地发生变化。短短三周,教导处已经制定了三个阶段的学习建议,提出了三个阶段的学习方案,审核了三个年级组所有的微课。这其中,让我感触最深的是微课的审核。三个年级35节微课,每节课15分钟左右,一共历时525分钟,8.75个小时,加上有七八节课退回去重新录制,再审再交流,这是我周五晚收到微课到周六晚进行反馈的工作量。我曾经一度以为,这是不可能完成的任务,内心也遭受过拷问,到底要不要这样去做?我甚至想过,这些微课已经由学科组长、年级组长审核过,教导处可以稍作松手,比如以跳跃的方式看个片头或结尾,但又很快就打消了自己的念头。录播课堂放在班级公共资源平台,学生和家长可以反复观看,这容不得半点失误。崇文线上课堂教学质量的这道门,应该由教学部门来把守!

在这样的信念与使命之下,我开始了35节微课的审核与反馈。那是个春光明媚的双休日,窗外啾啾的鸟鸣声开启了美好的一天。"天气那么好,要不喝喝茶晒会儿太阳?""不了!"这是我与先生之间简短的对话。打开电脑,接收文件,一节课一节课地看下来,竟然看出了许多乐趣与收获!平时在学校因为时间有限,没能来得及听取所有学科所有老师的课堂教学,而现在,却因为疫情的缘故有了大把的机会可以学习!都说教学相长,无论是年轻还是年长的老师,无论是不同学科迥异的教学风格,都能带给自己启迪与帮助,还有什么比这更让人身心愉悦?

"中午吃些什么?""随便!"隔了三小时,这是我和先生的第二次对话。沉浸在微课的世界里,我实在舍不得轻易抽离。虽然,长时间盯着屏幕,眼睛酸痛得实在厉害;虽然,有些课在审核时因为质量问题被退回,老师们可能会有埋怨与不解。但是,在这一刻,我的内心无比坚定,因为我是一名党员,要发挥先锋模范作用,崇文品质更需要我们来缔造守护!就这样,简单放松一下,闭上眼睛,和着微课结束的音乐做会儿眼保健操;或者和老师们视频互动,交流反馈的同时顺便加油鼓励。不知不觉中,太阳的影儿西沉,双休日的一天过去了,35节微课终于反馈完毕。

"这么累,值得吗?""那当然!"与先生的第三次对话,我格外释然。在审核微课的时候,我的内心被深深地感动着,我看到的不仅是老师们神采飞扬的授课,也看到了老师们守初心、担使命的责任感。各位学科组长领衔各个学科组,大家齐心协力,精益求精,每一位老师都以党员的标准严格要求自己、精耕教材、刻苦钻研,将崇文新班级教育理念融入短短十余分钟的微课之中。一遍不满意再来一遍,最后递交的最终版已经记不得修改了几遍!当看到这些凝结着每一位老师辛勤耕耘的微课时,"崇文精神""四有好老师"这几个词眼再次浮现在我的眼前。

面对疫情,我们积极响应相关政策措施,立足实际,各司其职,时刻保持战斗状态,这就是崇文精神,这就是"四有"好老师!

面对疫情,我们积极践行教师的道德情操,始终牢记立德树人的根本任务,使居家隔离的疫情危机变为学习契机,这就是崇文精神,这就是四有好老师!

面对疫情,我们毫无畏惧、努力钻研,用更有底气的专业素养与爱生爱校的情怀引领学生健康成长。这就是崇文精神,这就是崇文好老师!

35节微课的故事,很平凡很简单,在那段难忘的时光里,就这样静静地流淌。

点亮童年

对爱的领悟

储 梅

作为一名从教33年的老教师，临近退休的我以为，支持我在崇文继续兢兢业业完成本职的是一份责任，一种惯性。2020年疫情最严重的那段时间，一边牵挂着远在伦敦的女儿，一边忙着做好云上毕业班班主任以及语文老师的各项工作。充实的体验让我难忘，也让我重新审视了自己的这一段崇文故事。

2020年的这个春节，是我们所有人都忘不了的一段时期，我们经历了前所未有的疫情，同时也看见了许许多多的感动。很多人用自己的平凡之躯，为身后的亿万中国人筑起防护的堡垒。他们是鞠躬尽瘁的李兰娟、钟南山、张文宏，是抗击在第一线的平凡又不平凡的援鄂医护人员，也是我们身边熟悉的各位同事们。

作为语文教师，我以实际行动尽力缓解家长的焦虑情绪。在第一、第二阶段，学校没有给孩子寄书的时候，班级中有不少家长表示了对学业放慢脚步的忧虑、对管教孩子的无奈。针对个别家长的焦虑情绪，面对班级中学生学业水平的差异以及自主管理能力差异的现状，我除了做好各项常规工作以外，还尽我所能做好两头学生的辅导工作。对优等生，重点辅导征文的修改；对后进生，重点辅导写人记事文章的练习。前后一共辅导六位后进生24篇习作。六年级后进生的习作，本来就写得糊里糊涂，又通过照片传递，再加上我的视力较差，一篇习作好几个来回，这种体验虽然辛苦，但是看到学生统测时取得的好成绩，看到屏幕那一边认真听讲的样子，我觉得所有的付出都是值得的。

为了丰富孩子们的宅家生活以及落实"生活即教育"的理念，我们班主任都积极进行班级圈建设，做好细节工作。在一周反馈上，提前预告下周分享内容，让孩子们能提早做准备。做好优等生视频、音频以及文字的指导和审核工作，以便给班级同学做好示范等，每天的电话以及空中课堂就更不用说了，相信大家都有深刻的体会。

我还承接了王瑛老师"道德与法制"科目的学科组长工作，承担第一节直播课的备课、课件和脚本工作。在区里没提供一点儿资料的情况下，我尽可能独立完成道法课教学内容的确定、资料的收集以及审核、录制等工作，给其他的老师减轻负担。

可能那段时间用眼太辛苦了，我的球结膜出血了。一只眼睛红得很可怕，不敢出去买菜，因为样子太吓人了。最要命的是红眼睛不能佩戴隐形眼镜，不然容易感染细菌。因为我的视力先天缺陷，超高度近视眼框架眼镜没有办法矫正到能在电脑上办公的状态，平时在家佩戴的框架眼镜只能进行普通的日常生活。所以，电脑上办公、录微课我都是戴着一只眼镜在工作，眼睛疲惫不说，需要花比平时更多的时间，这给我的腰颈带来了巨大的考验。这种痛楚，是别人难以理解和体会的。

要打退堂鼓吗？我的脑海中反复出现这个念头：我都快退休了，实在撑不下去了。但是，我又想到我是一名党员教师，在这特殊时期，一个萝卜一个坑，我不能给学校添麻烦，给同事增加工作量。这些孩子面临着小升初，家长又有各种焦虑，我不能临阵退缩。笨鸟、慢鸟那就先飞吧。于是，我尽可能地合理安排好时间，尽可能地想出高效可操作的举措，尽可能地提前做好各种细节工作。在个人努力下，在同事们的帮助下，我的班级工作、学生面貌以及学科成绩都非常令人惊喜。

特殊时期最能考验人。通过这两三个月的时间，我看到了我对工作、

对学生的热爱,这一份热爱并没有随着退休时间的到来而递减。所以,我想说,对学生的爱、对工作的爱是不会消失的、不会递减的。爱是恒久忍耐,爱是永不止息。

我的幸福教育梦

何旭业

作为一名从教10年的崇文教师，我的"幸福教育梦"是什么呢？每位小海燕都快乐地学习；我拥有一双"慧眼"，能发现每位学生的点滴进步；我和孩子一起沉浸于学习喜欢的知识……

拥有幸福的教育梦需要一份温暖。

教书育人是一份对自己未来与生命的责任，让我坚定这份责任，来自我最亲爱的孩子们带给我的温暖。清晰记得第一次登上讲台，从来不知道仅仅三尺的讲台也可以变成难攀的高峰，双腿打颤，呼吸变得急促紧张，忘了昨日的备课，脑海中一片空白，不知道下一句要说什么。这时，一位学生说："何老师，我最喜欢上数学课了！""我也是！我也是！"其他同学积极地响应着。我发现孩子们的求知欲是那样的强烈。于是我暗暗鼓励自己不能让孩子们失望，我应该把自己最好的教学展示给他们，让他们感受到学习的乐趣，从而学到更多的知识。不知不觉一堂课结束了，一支粉笔一块黑板一本课本，输出的知识却并不简单，我永难忘怀初上讲台孩子们带给我的温暖，也不断在这样的环境中感受到课堂教学的乐趣。

点 亮 童 年

拥有幸福的教育梦需要一种感动。

做了八年班主任,体验着与孩子们的"爱恨情仇"。每天批改孩子们的心情日记,字里行间透露出满满欢喜,我享受着他人感受不到的甜蜜。印象深刻的是我的"第一封情书"。小主人公叫小宝,一个看似"威猛"却常常傻乐的小女孩,在她的学习与生活中没有"着急"二字。我常常在催促声中与她四目相对:我的眼神中透露万马奔腾、她的眼神里闪现平静似水,结果是我败下阵来。为了有效果,我改变策略:用微笑的鼓励、耐心地等待,每次做作业前给个信号:加油,好好做!做完了给个肯定的眼神,全对了给个大大的赞,我这些看似平常的策略,却产生了巨大的作用。小宝的速度变快了、正确率提高了,对数学也逐渐上心了,一天天的进步中,我看到了她的付出与努力。某天她给我写了一封"类情书",开头就是"我爱你",信里面孩子表达了会好好学习数学的决心,让我意外与欣喜。加油,小宝,我们都能行!

拥有幸福的教育梦需要不断付出。

幸福的教育梦里有温暖,有感动,更需要我不断付出,在付出中享受到独属于教师的幸福感。班中的学生因为肺炎感染住院,不能前来学习,看着家长那着急却又无奈的眼神,我也是无比担心,孩子的求知欲是他们最宝贵的财富。于是,为了能够把知识传递给孩子,我利用休息时间,几次专程赶去医院给孩子补课,在病床上的教学和互动,因为孩子的认真与努力,让我的付出成为享受。我想,一切,都是值得的!

拥有幸福的教育梦需要一份信念。

作为教师,我坚信成就理想的教育需要有广博的知识,只有拥有丰富的知识才能给学生以人格的感召力。第一次走上讲台,我便深深渴望着自己能够有游刃有余、挥洒自如的那种成功课堂。这一份对成功课堂的渴望、对教书育人的追求我从未停止：从新入职的教师到三年崇文书院毕业，再到现在工作十年有余，我不断通过努力来充实自己，让自己的知识更丰富，让自己的心胸更广阔，让自己的爱更丰盈。不知多少次，搜肠刮肚的寻找自己能够运用的语言技巧。然而发现，教师这一平凡的工作岗位，一生都需要用智慧、用心灵去体验去给予。如何让自己有不竭的智慧与奋斗目标？我思考着自己工作的价值、生命的价值：人是要有信仰、有追求的，拥有了这些，你才不会觉得疲惫，你才会有前行的力量。我不再简单重复着昨日的故事，教学方法的创新、学习方式的变革、注重学生的体验与合作，试图通过自己的努力，让学生的学习更有效。

教书育人十载有余，记忆深刻都是平凡事。平凡点滴中，有温暖、有焦虑，有欢笑、有感动，更有付出之后满满的收获与进步。没有动听的故事，没有辉煌的成就，而我，却如此真实地拥有着让我幸福的教育梦！

努力一小步，梦想一大步

吴 芳

能参与到2022年的亚运会服务，应该是每个杭州人的梦想！2020年，我和学生一起参与了由2022年杭州亚运组委会宣传部和中国日报报业集团联合主办的"亚运双语小记者"选拔活动，如果入围，孩子们将有机会进入亚运赛场，现场采访运动员们。

我和四年级孩子们经历了漫长的3个月，从入围赛、复赛到总决赛，体验了通过一小步一小步的努力，实现一个大大的梦想的过程，可谓"跌宕起伏"。

入围赛要求上交约120字的英语小短文，孩子们被吓到了："120字，天哪！也太多了吧！""我们才四年级，压根儿就没有写过小短文，更别说120字了！""怎么办？要不，老师你写，我们背吧。"孩子们七嘴八舌说出的话，其实也正是我的困惑：到底要不要让四年级的学生参加难度如此大的比赛？我要给学生代笔写稿吗？经过一番天人交战，我最终还是决定让学生参赛，并且由我指导学生写稿。我笑眯眯地鼓励学生："这个要求对我们来说有点难，但是大胆尝试写一下才有机会，吴老师和你们一起修改，万一我们成功了呢。就算失败，我们也可以当做一次学习呀！"我组织召开一对一选题会议：头脑风暴拓展思路；遴选主题选定框架。学生们完成了初稿，我挑灯夜战进行修改，每一个措辞都是几易其稿，才确定了最佳表达。明明是120个字的作文,改的时候觉得似乎增加了一百倍。当我们终于完成了120字的最终稿时,我和孩子都感受到了别样的"轻松"。捷报传来,我们复赛入围了两人。

进入复赛了,上传演讲视频这项大工程又让我们忙开了。如何在短期内提高学生的演讲水平?我决定对两个孩子实行"影子训练法",即由我示范,让学生逐句模仿。每天放学后,我都会和孩子一起进行训练:"international 这个词重音在后面,听我示范……""英语是按照意群读的,不能一个单词一个单词蹦!""说'I'的时候,右手按在胸口。说到'stronger',右手举起,过头顶……"

家长们的手机上,至今还有我的语音、表情和动作的视频示范。渐渐地,孩子们口中,一个个单词流淌成了富有情感的篇章。本来以为录制前的训练够扎实了,但是到了录制的时候,因为"镜头感"的培养不是朝夕之功,所以还是NG了无数次。当我再一次喊"停"的时候,小H整个人立马就垮了,他一屁股坐在地上,"吴老师,我怎么觉得你有强迫症呢!我不干了!不干了!"

看着躺倒在地准备"耍赖"的小H,我又心疼又好笑,刚想上前安抚他几句。没想到,他却很快站了起来,认命似的整理了下自己的红领巾,清了清嗓子,提起笑肌,准备第N+1次的拍摄。当我宣布录制完成的时候,他飞一般地冲出了教室,欢呼雀跃着在走廊上大叫一声!在我时而严厉时而温柔的指导下,这个曾经说话含糊不自信的"小霸王",最终获得了浙江省二等奖。

到了决赛,层层筛选,参赛的学生只剩下了小S。临赛前一周,针对她表现力不足、缺乏自信,我专门帮她借用学校报告厅进行演讲的优化。最开始,她上台后眼神会一直寻找我,看到我,她整个人仿佛才能安定下来。渐渐地,她已经能"旁若无人"地进行演讲:自信大方、声音响亮、语句流畅。我还请来了强大的外援——学科组长,给她进行最后的突击和问答演练。赛前三天,偌大的报告厅,只有我们三个人,进行了一轮又一轮的

彩排。

决赛比赛日的下午，我通过钉钉照片和视频了解现场赛况，把小S的演讲视频点开了一遍又一遍，激动而忐忑。最终，听闻她获得了小学组全国一等奖的好成绩，我提起的心终于放下了。和四年级的她一起站上领奖台的，可都是来自全国各地外国语学校的六年级的孩子们！我接通钉钉电话说出的第一句话就是"小S，你太棒了！"

从最初的一小步，再一小步地向前迈，到最终跨出了一大步。这个比赛与其说是锻炼学生，还不如说是在锻炼我。崇文教师崇尚让每个孩子获得个性发展，我坚信，有梦想、有能力、有付出、有坚韧，才能成为展翅高飞的小海燕！此刻，钉钉里的截图，又提示我有一个学生进入了"中华经典诗词中英双语诵读活动"的总决选，新的一小步又有待我和学生一起去跨越，而未来，永远有大大的梦想鼓励我们前行！

品书香之韵，沐红色之光

贺 文

我的信仰，要从书架上那几本发旧泛黄的红书说起，不管是赞颂红军爬雪山过草地艰苦卓绝精神的《长征》，还是歌颂面临毒刑拷打依然机智勇敢的江姐等革命烈士的《红岩》，一字一句都牵动着我的心。这些"红色故事"将一种特别的信仰埋在了我心中，也在我身上镌刻了"红色印记"。

作为学校的图书管理员，我将"红色印记"拓印在校园的每个角落，让更多的小海燕传承红色基因，让校园充满浓郁的书香氛围。我借助图书馆平台，设立了"爱国书籍"专区，让满墙红书填满了书架；我开辟出"好书推荐"墙，把一张张绘有革命战士浴血奋战的好书推荐海报，张贴在校园的角角落落；在各班评选出一年一度的"书香家庭"后，我又搜集制作材料，校对文字排版，在微信公众号推出"书香家庭"专栏；在亲子阅读活动中，我在朗读亭里录制孩子们与父母的朗诵片段，让他们静享属于自己的亲子时光；在悦读节前，我购买上千册"与作家面对面"活动所需的书籍作品，花了整整一周的时间，做好环境布置，营造了浓浓的书香氛围。

让阅读"课堂化"，让课堂"溢"书香。每学期，我都会协助全校语文老师开展"语文课堂进阅览室"活动。有一次，我在图书馆看到二(5)班的小海燕正捧着《闪闪的红星》一书认真阅读，我忍不住将他们沉迷书籍的精彩瞬间拍摄下来。当他们互相交流阅读感受后，我又将他们的推荐语同照片一起打印、张贴在图书馆中,记录下阅读足迹。悦读节前,我得知二(5)班的小朋友正在紧张地排练《闪闪的红星》课本剧。我便结合先前"语文课堂进阅览室"活动,帮助他们寻找素材,一起绘制《闪闪的红星》好书推荐海报。除了书籍资料,我也搜集了大量"红色电影"素材,帮助小海燕一起排练课本剧,用行为动作演绎书中情节,加深阅读记忆。在这些阅读活动的开展中,我将班级活动与图书馆联结起来,形成一条图书馆特有的"红色丝带",这样的"丝带"联结到了每个班级和每位学生。我们在联结中互相交流,在联结中共同成长。

"红色印记"溢于书香,更刻入心底。身为三(1)中队的党员辅导员,我与小海燕们常常围坐在一起,共读"红色书籍"、分享入党故事、交流阅读感受、重温"红色"故事。我们深情演绎一首首红歌,将一代代共产党员身上的顽强拼搏精神传唱出来。

"红色印记"的传承,除了学生,也需要老师们加深镌刻。我为老师们布置出一方"党员教师读书吧"的阅读天地,在这里我们分享阅读感受,汲取书中的精神力量。

品书香之韵,沐红色之光。时光荏苒,当我被评为"教师书香个人",站在全校师生面前接受表彰时,灿烂的阳光洒向校园,再一次照亮了我奋斗的初心!

从一至百,成长蜕变

徐 赛

2014年的夏天,没有任何从教经验的我,成了幼儿园大班的班主任。新学期开始后,我发现家长遇见问题总是会去咨询搭班老师。于是,我暗下决心,一定要成为一个让孩子喜爱,令家长信任的好老师。至此之后,每一次成长手册的回复和群消息的发布,我总是先打草稿,询问搭班老师的意见,逐字逐句的修改,确保没有任何错误再发送给家长;每一次搭班老师和家长沟通,我也总是跟在身侧,默默学习着有效沟通的小技巧,然后反复斟酌、演练,尝试着独立和家长去沟通。渐渐地,越来越多的家长来跟我沟通孩子学习和生活的情况,在和他们交流的过程中,我能感受到他们对我日益剧增的信任,这也使我充满信心。

家长开放日于教师而言,是一次让家长看到教师专业素养和育人能力的机会。我告诉自己一定要抓住这一次机会,让家长看到孩子们在幼儿园的变化,也看到我的成长和蜕变。备课的过程中,凭借着对绘本教学的热爱和执着,我走遍了杭州大大小小的书店寻找有趣的绘本书籍;我大胆创新,根据大班孩子的身心发展特点,创设符合活动内容的情境,设计了一节以音乐为载体的艺术绘本活动。准备开放日的三周里,我磨课、试教不下十次。观看自己的课堂实录,在前辈的指导下,不断调整自己的教学过程；反复斟酌每一个问题，推敲每一句话语，力求每个细节都尽善尽美。终于，在开放日当天，孩子们在课堂上全情投入、勇敢表达，获得了家长们的一致好评。那天的傍晚，我收到了很多家长对我肯定的微信，其中一条长达300字的微信，让我记忆犹新——"徐老师，我第一次看到我们家小H由内而外展现出自信的笑容，在课堂上如此精彩的表现，你的绘本课真的很有魅力！你讲故事时那么生动，富有表现力，我也被这个故事深深地吸引了，好听的音乐贯穿整个故事，有趣的表演环节让每个孩子都能有展现自己的机会，听了你的课，我也想成为你的学生！同时，也非常感谢你，你的课堂给了孩子很大的思考空间，我第一次发现绘本是这样有趣且有内涵！我们真的非常放心把孩子交给你！谢谢你，徐老师……"

2020年，我欣然接受了学校新的工作安排：具体负责崇文书院幼学园教育教学管理。新的工作，对于只有七年教龄的我来说，充满了未知和挑战。

家园共育能实现幼儿园与家庭的有效衔接，进而提升教育质量。由于岗位调整，新学年，幼学园又多了几位三年期内的新老师，他们在教学和家长沟通上缺乏经验。从新教师一路成长而来的我，深知他们在独立面对家长时的忐忑，帮助他们自信坦然地面对家长，成了我的工作重点之一。从教学研磨，成长手册的回复，钉钉群消息的发布到一对一的家长沟通，我把自己新老师时期积累的一些经验，毫无保留地奉献给他们。新学期开始的第二个月，因为小陈老师急需动手术，班里只有一位工作第三年的小王老师，家长们对于年轻的小王老师是否能独立管理好一个班级充满担忧。面对这样的情况，我主动召开家长座谈会，缓解家长的焦虑，针对他们在教学和班级管理上提出的一系列问题，我积极应对，给出了园方的措施和解决方法。同时，我走进班级，和小王老师一起进行班级管理，每一次小王老师和家长的交流我都会陪伴在侧，给予鼓励和帮助。慢慢地，小王老师在教学上有了明显的进步，家园沟通上更加的自信和从容，家长们对他也越发信任和支持。

七年来，我一直坚守着自己的岗位，从未停歇前进的脚步。所有的成长、努力与积淀，让我在面对学生、面对教学、面对家长时更加从容和自信。我愿用自己的一言一行，努力描绘"崇文好老师"的模样，不忘初心，砥砺前行！

点亮童年

后　记

　　2021年，我们学习党史，越来越感受到中国共产党的伟大与光荣。在这个大时代中，我们该做些什么？我们如何完成历史教给我们的使命与责任？这是一直萦绕在我们脑海里的问题。

　　学史明志，学史力行。我们正衣冠，正言行。党旗下成长起来的每一位教师，特别是每一位党员教师，践言践行，把责任与爱写在了细水长流的教学日常中。我们在交流中，发现了一些小故事，犹如一闪一闪的小星星，照亮了方寸之地，引领着一棵棵小树苗茁壮成长。我们把它记录下来，希望与大家分享。

　　这本小集子的出版得到了全校教师的大力支持，大家提交的稿件很多，限于篇幅，忍痛割爱很多篇，对未入选的作者深表歉意！校稿时间正值学期结束工作、学校招生之际，人手不足，谬误一定不少，也敬请读者批评与谅解！

　　在此，特别感谢志愿审稿人：葛娟飞、何慧玲、谭鹏飞、吴丽明、鲁哲清、楼说行、邵建辉、谢莹、孙晓燕、吕娟。

　　还要感谢各位党小组长、支部委员们的工作付出！

　　谨以此书，献给伟大的中国共产党诞辰100周年！让我们在党旗下继续谱写星星闪烁的育人故事！

俞国娣

2021年5月

图书在版编目（CIP）数据

点亮童年 / 崇文教育集团党委编. -- 长春：吉林大学出版社, 2021.6
　ISBN 978-7-5692-8584-0

Ⅰ. ①点… Ⅱ. ①崇… Ⅲ. ①小学教育-教育工作-文集 Ⅳ. ①G62-53

中国版本图书馆CIP数据核字（2021）第143797号

书　　名	点亮童年
	DIANLIANG TONGNIAN
作　　者	崇文教育集团党委 编
策划编辑	曲天真
责任编辑	曲天真
责任校对	代红梅
装帧设计	书道闻香
出版发行	吉林大学出版社
社　　址	长春市人民大街4059号
邮政编码	130021
发行电话	0431-89580028/29/21
网　　址	http://www.jlup.com.cn
电子邮箱	jdcbs@jlu.edu.cn
印　　刷	杭州万星印务有限公司
开　　本	710mm×1000mm　　1/16
印　　张	19.75
字　　数	280千字
版　　次	2021年6月　　第1版
印　　次	2021年6月　　第1次
书　　号	ISBN 978-7-5692-8584-0
定　　价	53.00元

版权所有　翻印必究